Ullstein

ÜBER DAS BUCH:

Mit ihrer 15 m langen Stahlyacht *Freydis* und wechselnder Crew streben Heide und Erich Wilts der einsamen Gletscherwelt der Antarktis zu, in der bis dahin noch nie eine deutsche Yacht gesegelt ist. Diese Reise wird zu einem einzigen Abenteuer: In den eisigen Schneestürmen der hohen südlichen Breiten knicken schwere Brecher Bugkorb und Relingstützen, Segel fetzen aus den Lieken. Staunend erleben die Segler eine ursprüngliche Natur und Landschaft von grandioser Strenge, tosende Wasserfälle, Bäche mit milchig-grünem Gletscherwasser und gleißenden Firn unter blauschwarzen Wolkengebirgen. Es ist die Welt der zutraulich-neugierigen Pinguine und röhrenden See-Elefanten. Nur spärlich hat hier der Mensch flüchtige Spuren hinterlassen.
Zum erstenmal betritt Heide Wilts auch die antarktische Vulkaninsel Deception, auf der sie nach ihrer Rückkehr Jahre später stranden und mit ihrem Mann unter dramatischen Umständen überwintern soll. Zwar wenden die Wilts den Bug ihrer *Freydis* bald wieder nach Norden, runden Kap Hoorn, erforschen die Patagonischen Kanäle, vollenden die Umrundung des südamerikanischen Kontinents; aber mit diesem Besuch in der Antarktis beginnt eine lebenslange Faszination, die das Ehepaar bald wieder in die hohen südlichen Breiten lockt.

DIE AUTORIN:

Dr. Heide Wilts-Massar wurde 1942 in Stuttgart geboren. Als sie acht Jahre alt war, wanderten ihre Eltern nach Südamerika aus. Als Zwölfjährige kehrte sie nach Deutschland zurück, studierte Medizin und legte 1967 das Staatsexamen ab. 1969 lernte sie ihren Mann Erich kennen, einen Diplomkaufmann und begeisterten Hochseesegler. Kleineren Törns auf europäischen Gewässern folgten bald Trans-Ozean-Reisen, für die das Ehepaar schließlich seine Berufe aufgab, um ganz auf See zu leben. Diesem Buch über ihren ersten Antarktisbesuch folgten der Bericht über ihren Vorstoß in die Arktis (»Wo Berge segeln«) und zuletzt der sensationelle Bericht über ihre zweite Antarktisreise und die Überwinterung auf Deception Island, »Gestrandet in der weißen Hölle«.

Heide Wilts

Weit im Norden liegt Kap Hoorn

Mit der Segelyacht *Freydis*
in die Antarktis

Ullstein

maritim
Ullstein Buch Nr. 23078
Herausgegeben von J. Wannenmacher
im Verlag Ullstein GmbH,
Frankfurt/M – Berlin

Ungekürzte Ausgabe

Umschlagentwurf:
Hansbernd Lindemann
Umschlagfoto: Autorin
Fotos: Christian Piper (7), Folkmar Ukena (17),
Erich und Heide Wilts (14)
Alle Rechte vorbehalten
Taschenbuchausgabe mit Genehmigung
des Verlags Delius Klasing & Co., Bielefeld
© Delius Klasing & Co., Bielefeld
Printed in Germany 1993
Druck und Verarbeitung: Ebner Ulm
ISBN 3 548 23078 4

August 1993

Gedruckt auf Papier
mit chlorfrei
gebleichtem Zellstoff

Die Deutsche Bibliothek – CIP-Einheitsaufnahme

Wilts, Heide:
Weit im Norden liegt Kap Hoorn:
mit der Segelyacht Freydis in die Antarktis/
Heide Wilts. – Ungekürzte Ausg. –
Frankfurt/M; Berlin: Ullstein, 1993
(Ullstein-Buch; Nr. 23078: Maritim)
ISBN 3-548-23078-4
NE: GT

Kapitelübersicht

Von den Kanaren nach Bahia: Erstmals zu zweit 11
Tausend Meilen zum Eingewöhnen — Kapverdische Ungereimtheiten — Langustengefühle am Vulkan — Fernando Noronha: Verstecktes Paradies

Gott ist Brasilianer! 29
Afro-brasilianischer Cocktail in Bahia — „Saudade" bedeutet Sehnsucht — Der Navigator wird gefordert: Abrolhos-Archipel — Robi heuert an: „Tatze gegen Koje" — Spotlights aus Rio — Am Wendekreis des Steinbocks funkt „Peter der Große" — Zwiebeln für die Weiterfahrt — Vom Wetter her ist alles drin

Vorstoß in die Antarktis 65
Crew-Zuwachs: Der Countdown läuft — Stürmischer Jahreswechsel — Noch Frieden auf den Falklands — Wärmflaschen für die Drake-Passage — Schock im Nebel: Der erste Eisberg — Antarktistaufe

Weit im Norden liegt Kap Hoorn 89
Im Kratersee eines tätigen Vulkans — Segeln im Eisschrank — Palmer-Station: Südlichster Punkt — Antarktische Tierwelt — Wie kocht man Nudeln in der Drake-Passage? — In „Fahrstuhl und Zentrifuge" bis Kap Hoorn

Im Irrgarten der Patagonischen Kanäle 111
Die Erde hat uns wieder — Williwaws und Ankerbruch — Wildwasserfahrt durch den Kirke-Kanal — Abschied: „Whisky on the rocks" mit Gletschereis

Und dann schlägt Rasmus zu 125
Drei Wochen Sturm und Orkan — Begegnung mit Heinz — Im „versteinerten Wald" — Geburtstag in der „deutschen Ecke"

Von Robinson zu den Inkas 145
Langusten, Ameisenbären und – Blindgänger — Im zoologischen „See-Garten" des Humboldt-Stroms — Alte Inkakultur und neue Gangstermethoden — Im Amazonasdschungel

Abstecher Galapagos 165
Wie kommt ein Alligator an Bord? — Höllenhund mit satanischem Gefolge — Heile Seelöwenwelt — Ungewöhnliches Treffen auf hoher See

Im Geschwader durch die Karibik 187
„Happy hours" auf vier Yachten — Nächtlicher Überfall — „Trockene" Schildkröten — Harte Kreuz im Golfstrom — Mach's gut, Freydis

Die Reise aus der Sicht des Skippers
Anhang — Von Erich Wilts 207
Planung des Törns — Aufbau einer Crew — Wahl der Route — Vorbereitungen am Schiff — Ergänzung der Ausrüstung
Tabelle: Die Reise auf einen Blick
Wetter: Barographenkurven

Seemannschaft auf Blauwasserfahrt 221
Ulis Schlimbach-Rede — Die Crew für die große Reise — Zusammenleben an Bord — Verhalten im Sturm — Navigation in Nebel und Eis — Medizinische Versorgung

Das Schiff 237
Ausrüstung — Einrichtungsplan — Segelriß

Meinem lieben Vater

Vorwort

Am Anfang einer jeden Reise steht die Idee! Bei meiner Frau und mir hatte alles damit begonnen, daß wir einmal für ein halbes Jahr aus dem Berufsalltag „aussteigen" wollten und uns überlegten, das Winterhalbjahr auf eigenem Kiel in der Karibik zu verbringen. Dann kam der Tag, an dem uns das Buch „Als erste deutsche Yachtsegler rund Kap Hoorn" von Joachim Schult in die Hände fiel, in dem er die Kap-Hoorn-Umrundung der deutschen Segelyacht JOSHUA beschreibt. Diese Reise wurde von den Berlinern Götz Schreiber und Hans-Joachim Pusch 1972/73 durchgeführt und stellt eine historische Tat im deutschen Hochsee-Yachtsport dar.

Man könnte mit Stefan Zweig fragen: „Was gilt eine Tat, wenn sie nicht dargestellt wird?" – Die Berliner fanden in Schult ihren Pigafetta; wie jener einst bei Magellans Weltumsegelung 1519 bis 1522, wurde dieser zum Chronisten einer für unsere Zeit bedeutsamen Reise. Wir verschlingen das Buch und studieren die sorgfältige Dokumentation. Allmählich nimmt unsere Idee Gestalt an: Auch wir wollen um das Kap der Stürme segeln, und zwar entgegen dem „logischen Weg", den Moitessier und die Berliner gewählt hatten.

Von Ost nach West soll unsere Reise gehen, gegen die Stürme und die Strömungen, die in dieser verlassenen Ecke der Erde den Seglern das Leben schwermachen. Verbinden wollen wir diese Umrundung mit einem Abstecher durch die Drake-Passage zur antarktischen Halbinsel, vorausgesetzt, die Eisverhältnisse um die Jahreswende 1981/82 werden ein solches Vorhaben überhaupt zulassen.

Die Ausarbeitung der Reiseroute und die Ausrüstung unserer 15 Meter langen Stahlyacht mit ihrem überdimensionierten stehenden und laufenden Gut – in Anhang ausführlich beschrieben – nehmen etwa zwei Jahre im Anspruch, denn wir gehen beide unserem Beruf bis zum letzten Augenblick vor dem Start nach.

In der verhältnismäßig kurzen Zeit von zehn bis elf Monaten soll die FREYDIS eine Distanz von fast 23 000 Seemeilen, also mehr, als die Erde an Umfang hat, zurücklegen – auf einer Route, die durch alle Klimazonen der Erde mit oft schwierigsten Windverhältnissen führt. Dies ist keine Route für Einhand-Segler oder für eine zweiköpfige

Familiencrew. Sie hat auch nur noch streckenweise mit dem Kurs derjenigen Segler zu tun, die auf der sogenannten „Barfußroute" im tropischen und subtropischen Gürtel quasi ohne einengende zeitliche Vorgaben um die Erde segeln.

Schon auf den Sechs-Wochen-Törns der Vorjahre, die nach Spanien, Island, Mittelnorwegen und Finnland führten, hatten wir die für uns ideale Synthese aus Familien- und Mannschaftssegeln gefunden: große, schwierige Abschnitte mit fünf- bis achtköpfiger Crew und kleinere, leichtere Etappen zu zweit. So wird diese Reise geplant, und so wird sie dann auch durchgeführt: Von Gran Canaria bis Brasilien und von Peru über die Galapagos und Panama nach Nassau segeln meine Frau und ich allein, an der brasilianischen und chilenischen Küste sind wir zu dritt. Auf den übrigen Etappen – Leer/Gran Canaria, Montevideo/antarktische Halbinsel/Kap Hoorn, Nassau/Azoren/Leer – sind es zwischen sechs und neun Crew-Mitglieder. So wird diese Reise insgesamt 21 Seglern zum Erlebnis. Heute – fast ein Jahr nach Abschluß der Reise – besteht immer noch reger Kontakt zwischen allen Teilnehmern, ein Zeichen für den überaus harmonischen Verlauf und ein Ergebnis der sorgfältigen Auswahl der Crew und des konsequenten Vorbereitens der Reise.

In diesem Buch berichtet meine Frau von den vielen großen und kleinen Erlebnissen der Reise, die 325 Tage dauerte, davon gut 200 Tage auf See und insgesamt vier Monate an Land.

Erich Wilts

VON DEN KANAREN NACH BAHIA: ERSTMALS ZU ZWEIT

Tausend Meilen zum Eingewöhnen — Kapverdische Ungereimtheiten — Langustengefühle am Vulkan — Fernando Noronha: verstecktes Paradies

Mitte September auf Gran Canaria.

Schon am Morgen ist es drückend heiß, die Liegestühle im Hotelgarten am Swimmingpool sind alle besetzt. Ich bin vor einigen Tagen von daheim direkt hierher geflogen, um auf unsere Segelyacht FREYDIS zu warten, mit der mein Mann Erich nun schon sechs Wochen lang mit mehreren Segelkameraden von Leer aus unterwegs ist. Morgen sollen sie ankommen.

FREYDIS ist eine 15 Meter lange Stahlslup mit über hundert Quadratmeter Segelfläche und Hubkiel, die sich bereits bei mehreren Hochsee-Probefahrten bewährt hat. Die Erfahrungen mit ihrer Vorläuferin, einer Super-Secura, die wir auf Fahrten nach Skandinavien und Island gesammelt hatten, waren bei ihrem Bau eingebracht worden. Diese erste, 11,5 m lange Yacht hatten wir verkauft und danach bei einem befreundeten Schiffsbauer eine um ein Viertel größere Version mit einer Reihe von Verbesserungen entwerfen lassen, die den speziellen Anforderungen unseres Antarktis-Unternehmens Rechnung trugen. Den Rumpf gaben wir bei einer Leeraner Werft in Auftrag, ausgebaut wurde sie im wesentlichen von uns selbst.

Seinen Namen erhielt das Schiff nach einer Gestalt der Wikingersaga. Freydis, die Tochter Eriks des Roten, war die erste Frau, die als Haupt einer Expedition den Atlantik überquert hat – ein beziehungsreicher Name für unser Vorhaben.

Für die geplante Reise von etwa zehn Monaten, unter anderem auch in stürmische, teils antarktische Zonen, hatten wir Rumpf, Deckshaus und Niedergang verstärkt, reichlich Heizanlagen eingebaut und Sicherheitsmaßnahmen getroffen, die uns gegen alle Widrigkeiten dieser Reise abschirmen sollten. Nicht ohne Grund kam damit die Yacht auf ein Gewicht von 22 Tonnen.

Doch jetzt, auf Gran Canaria, ist der Gedanke an die „brüllenden Vierziger" und alles, was dann kommt, noch fern. Bei der Hitze draußen ziehe ich es vor, in den kühleren Aufenthaltsraum zu gehen und ein bißchen „Navigation" zu wiederholen. Schließlich sind seit meiner Sporthochseeschiffer-Prüfung schon einige Jahre vergangen. Manches ist aufzufrischen.

Mein Zimmernachbar, ein freundlicher älterer Herr aus Stuttgart, hat mich beim Studium beobachtet und spricht mich darauf an. Als ich ihm unser Vorhaben schildere – Segeltörn nach Brasilien, Umrundung Südamerikas mit Abstecher in die Antarktis – stoße ich, seinem Blick nach zu schließen, zunächst auf Unverständnis: Aufschneider oder Verrückte, denkt er wohl. Wir sprechen dann noch eine Weile über unser Vorhaben, und schließlich wünscht er mir alles Gute und viel Glück zu diesem nach seiner Meinung selbstmörderischen Unternehmen.

Nach Auswertung aller einschlägigen Unterlagen hatten wir die Pläne für die Fahrt mit vielen erfahrenen Segelfreunden durchgesprochen, die Route geplant und die Zahl der Mitsegler für die jeweiligen Etappen festgelegt. Die Idee, um Kap Hoorn und zur Antarktis zu segeln, stammt eigentlich von meinem Mann Erich. Er ist als Diplomkaufmann in einem Familienunternehmen tätig und hat als Mann von der Waterkant schon während des Studiums ausgedehnte Segeltörns unternommen. Ich dagegen, Ärztin an einem Krankenhaus in der Nähe von Leer und geborene Landratte, hatte mich erst allmählich mit dem Segeln angefreundet, mich aber dann immer stärker dafür begeistert.

Die vier Wochen voller Hetze nach dem Auslaufen der FREYDIS sind nur noch bruchstückhaft in meiner Erinnerung – Wohnung vermieten für zehn Monate, Schreibereien und Telefonate mit Botschaften, Versicherungen, Verbänden, mit Verwandten und Freunden, Laufereien zu Banken, Besorgen von Auslandswährungen und Travellerschecks und vieles andere. Mein Urlaubsproblem ließ sich glücklicherweise lösen. Chef und Kollegen zeigten viel Verständnis für mein abenteuerliches Vorhaben. Der Weg war frei!

Heute ist nun der 17. September 1981.

Wenn alles planmäßig verlaufen ist, soll unsere FREYDIS an diesem Tag ankommen. Eigentlich recht vermessen, von einem Segelschiff zu erwarten, daß es auf den Tag genau ankommt, nach fast sieben Wochen anstrengender Fahrt bei nicht vorhersehbarem Wetter.

Bestimmungshafen ist Pasito Blanco, etwa sechs Kilometer von meinem Hotel entfernt. Ich bin mehrmals dort gewesen und habe erkundet, wo und wie wir Dieselöl und Wasser übernehmen können; wo Proviant günstig einzukaufen ist und ein gutes Restaurant der Crew Abwechslung vom Konservenessen an Bord bieten kann.

In Gedanken sehe ich unsere FREYDIS mit geblähten Segeln einlaufen und mich vor Erwartung fiebernd am Kai stehen. Der Tag vergeht – nichts geschieht. Dennoch kommt sie fast pünktlich – aber in der Nacht, und ich stehe nicht zur Begrüßung am Kai. Statt dessen schließe ich Erich um vier Uhr früh verschlafen, aber glücklich im Hotel in die Arme.

Die erste Etappe ist geschafft, das Schiff hat sich von seiner besten Seite gezeigt, auch in schwierigen Situationen. Alle Mann sind an Bord und schlafen sich aus.

Die nächsten drei Tage vergehen schnell: Ein bißchen Tourist spielen, kleine Reparaturen am Schiff vornehmen, Öl und Wasser tanken, Proviant ergänzen. Inzwischen gewöhnen sich die Segelkameraden wieder an festen Boden unter den Füßen, um ihn bald mit dem weniger festen eines Flugzeugs zu vertauschen, das sie in den nüchternen Alltag zurückbringen wird.

Für meinen Mann und mich aber beginnt die nächste Segeletappe; allein über den Atlantik, zunächst zu den Kapverden, dann nach Brasilien.

Leinen los am 20. September 1981.

„Wieviel Knoten machen wir eigentlich?" frage ich Erich mit Blick auf den Zeiger des Geschwindigkeitsmessers, der nur noch schlaff zittert.

Die erste Panne. Noch kaum 20 Seemeilen von Pasito Blanco entfernt. Der Impeller? Ist er vielleicht verbogen oder gar abgeschoren durch ein Tau des Nachbarschiffes beim Auslaufen? Ohne Log aber ist keine sichere Koppelnavigation möglich. Ein Risiko wollen wir gerade am Anfang der Fahrt nicht eingehen und segeln zurück, bis wir in ruhigerem Wasser sind. Erich taucht. Unser Verdacht bestätigt sich. Zum Glück kann er den Impeller wieder leidlich zurückbiegen. Geschätzt zeigt er jetzt rund zwei Knoten zu wenig. Mit diesem kleinen Fehler müssen wir leben, weil eine einwandfreie Reparatur viel Zeit gekostet hätte.

Neuer Start. In den nächsten Tagen schiebt uns der Nordost-Passat gleichmäßig mit etwa Stärke 3 voran. Die See ist verhältnismäßig ruhig, und die Seekrankheit, die uns sonst meist am Beginn einer Reise quält, vergißt uns zum Glück diesmal. So werden wir sanft eingestimmt und können uns in Ruhe an den Bordrhythmus gewöhnen, an die Koch- und Eßzeiten, die Zeit der Standortbestimmung und an die Wacheinteilung. Meine Wache geht von 20.00 bis 24.00 und von 06.00 bis 10.00 Uhr. Die übrige Zeit der Nacht wacht Erich. Der für die gesamte Reisedauer gültige, sichernde Rundblick – alle zehn bis fünfzehn Minuten – wird uns schon hier zur Gewohnheit. Unentwegt ziehen Frachter, wahre Ungetüme, an uns vorbei. Ab und zu trägt der Wind das Motorengeräusch herüber. Einige kommen beängstigend nahe, dann liegen wir auf der Lauer und beobachten, wie ihre enormen Bugwellen hochgischten. Ausweichmanöver mit einer Kursänderung lassen sich zuweilen nicht vermeiden.

Unseren Standort bestimmen wir zweimal täglich nach der Sonnenhöhe. Ein Zauberstück von Kleincomputer – vorprogrammiert mit astronomischen Daten bis zum Jahre 2000 – erledigt das Rechnen für uns. Die HO-Tafeln landen zunächst in der hintersten Ecke meines Schapps.

Ein weiteres modernes Wunderding ist unsere elektronische Selbststeueranlage, die uns fast alle Steuerarbeit abnimmt.

In der vierten Nacht wird die See zunehmend ruppiger. Die Windstärke steigt auf steife 6 bis 7 Beaufort. Der Passat hat seine Allüren. Zwar hält er zuverlässig seine Richtung aus Nordost ein, frischt aber manchmal durchaus bis Sturmstärke auf. Schnell baut sich dann eine hohe See auf. Nun greifen wir doch zum Sibelium, unserem früher schon erprobten Mittel gegen Seekrankheit.

Wir haben Neumond. Die Dunkelheit wird nur durchbrochen durch faszinierendes Meeresleuchten. Ich kann mich nicht sattsehen am Spiel der gespenstisch fluoreszierenden Wellenkämme, die näherkommen, sich übereinandertürmen und endlich unter uns hinwegrollen. Ab und zu schrecke ich auf, wenn ein Fliegender Fisch an Deck knallt. Manchmal fegt Nieselregen durch das Cockpit, dann wird es ungemütlich. Ich ziehe die Schaumgummimatratze, auf der wir während unserer Wache nachts draußen liegen, ganz unters Deckshaus.

Morgens sammle ich die Fliegenden Fische ein. Es sind mehrmals gerade zehn, als ob ich Zehnerpackungen bestellt hätte. Sie reichen zu einem kleinen Frühstück für uns zwei. Übrigens finden wir bald heraus, daß uns nur dunkle Nächte diese Beute verschaffen, im Hellen erkennen die Fische offenbar die Falle.

Am 25. September, dem Geburtstag meiner Mutter, bin ich ein bißchen traurig, daß ich sie vom Schiff aus nicht einfach anrufen und ihr gratulieren kann. Ich würde ihr dann erzählen, wie ich gerade an der Reling sitze und die Fische, auf die schon die Pfanne wartet, aus ihrer harten, schuppigen Haut schäle.

Wir haben zwar ein Funkgerät an Bord, aber zu unserem Kummer arbeitet der Sender nicht. Wir hoffen, ihn später in Ordnung bringen zu können.

Bereits am sechsten Tag kommt wieder Land in Sicht. Steuerbord querab liegt die Insel Boa Vista in etwa 15 Seemeilen Entfernung. Es ist die erste der fünfzehn Kapverdischen Inseln. Als wir in territoriale Gewässer kommen, wird es höchste Zeit, die richtige Flagge zu setzen. Aber welche? Die portugiesische oder eine eigene Nationale? Knaurs Almanach hilft. Die Portugiesen hatten die Inseln 1560 entdeckt. Offenbar schienen sie ihnen nicht sehr attraktiv; gerade gut genug, um sie mit Negersklaven zu besiedeln. Seit 1975 sind die Kapverden eine selbständige Republik mit eigener Währung und eigener Nationale. Wir haben sogar eine in unserem Flaggenset.

Im Jahre 1831 und später noch einmal wurden die Inseln auch von Darwin auf seiner denkwürdigen Reise mit der BEAGLE besucht. Darwin schrieb in seiner Reisebeschreibung über die Kapverden vom „zwar großartigen, aber trostlosen Anblick einer Landschaft, in der das vulkanische Feuer vergangener Zeiten und die sengende Sonne an den meisten Stellen den Boden untauglich dafür gemacht haben, eine Vegetation zu tragen." Während unserer weiteren Reise werden wir noch häufiger auf Darwins Spuren stoßen, da wir teilweise die gleichen Routen wie die BEAGLE befahren.

Wir steuern die Insel Santiago am 27. September an. Um 8.00 Uhr morgens laufen wir in den Hafen Porto Praya ein. Die farbige Besatzung einiger kleiner Fischkutter bemüht sich eifrig, uns den besten Ankerplatz zu zeigen. Fremde Yachten sind hier noch eine Seltenheit. Nachdem wir das Schiff einigermaßen aufgeklart haben, wollen wir uns erst einmal ausruhen.

Während Erich fest schläft, schlägt der Kiel mehrmals hart auf Grund. Da ich ihn nicht wecken will, gehe ich selbst daran, mit aller Kraft den Kiel durch einige Drehungen mit der Kurbel am Niedergang hochzuholen. Das gelingt mir auch wider Erwarten gut. Zufrieden stelle ich gerade Betrachtungen an über die offensichtliche Besserung meiner Kondition schon nach acht Segeltagen, als ich einen Schlag an die Stirn bekomme. Der zwei Tonnen schwere Kiel hatte sich wieder gesenkt und die zurückschlagende Kurbel mich voll getroffen. Mein Schmerzensschrei weckt Erich. Er verklebt mir meine stark blutende Augenbraue kunstgerecht mit Klammerpflaster.

Als „blessierter Pirat" sehe ich dem freundlich lächelnden Hafenkapitän entgegen, der zusammen mit einem Zollbeamten in einem kleinen Boot angefahren kommt. Der Hafenkapitän tut sich recht schwer mit dem Entern der FREYDIS. Aber am Sonntag kann man ihm die Promille auch nicht verübeln. Ohne Hilfe des Zollbeamten von unten und Erichs von oben wäre er sicher samt seinen Formularen baden gegangen.

Es kann nur Freude am Papierkrieg sein, daß wir rund zwanzig dieser eng bedruckten Bögen weitgehend ausfüllen, zumindest aber unterschreiben müssen. Pässe, Impfscheine, Bootspapiere werden abgegeben. Die Gastlandflagge der Kapverden am Mast wird mit

Genugtuung registriert. Das kühle deutsche Bier, das wir dann spendieren, bringt uns schließlich echte Sympathie ein.

Gegen 18.00 Uhr setzen wir mit dem Dingi zum Strand über. Der Hafenkapitän hatte uns davor gewarnt, Schiff und Beiboot allein zu lassen. Juanito, ein freundlicher Neger, ist gegen Entgelt gern zum Aufpassen bereit.

Über schlechtgepflasterte Straßen erreichen wir den oberen und Hauptteil des 25 000-Einwohner-Städtchens. Der erste Eindruck ist recht trostlos: Eine Art Herberge, eine Art Café, wenige armselige Lädchen, ein Platz und ein paar Bänke mit spärlichem, müdem Grün darum herum, ein Schulgebäude mit kahlem, staubigem Hof und kleine, unansehnliche Häuser nehmen uns in Empfang. Es ist zwar Abend, aber die Stadt immer noch ein Brutofen. Nur wenige Menschen sind auf den Straßen und Plätzen.

Ganz langsam weicht die überhitzte Luft einer warmen Abendbrise und lockt die Bevölkerung vor ihre Häuser. Ich hatte der Einfachheit halber meine Shorts anbehalten, da mir Jeans zu warm und ein Rock zu hinderlich bei der Schlauchbootfahrt waren. Aber mich treffen deswegen nun verwunderte und strafende Blicke. Das ist begreiflich, wenn man weiß, daß Frauen hier auch nicht ins Meer zum Baden gehen, und wenn überhaupt, dann nur in voller Montur. Der Bikini hat hier noch keine Chance.

Die Inseln sind vom Tourismus noch nicht entdeckt worden. Wüstenklima und fast ständig wehende heftige Passatwinde lassen sie als Urlaubsziel auch wenig geeignet erscheinen. So haben sie die Aussicht, sich ihren besonderen Charakter weiterhin zu erhalten.

Die Innenstadt sieht am nächsten Morgen viel freundlicher aus: geöffnete Läden, geschäftige Menschen, das kleine belebte Café am Platz mit den Bänken und Oldtimer, die durch die Straßen knattern. Auf dem kleinen Markt bekommen wir außer Milch alles, was wir brauchen: Bananen, Papayas und sechs frische, noch dampfende Brötchen. Eine mitgebackene Kakerlake dämpft allerdings meinen Appetit.

„Sprechen Sie deutsch?" frage ich den großen Blonden, der gerade neben mir Kartoffeln einkauft. Er ist Deutscher. Dr. Gerhard Schäfer arbeitet in Praya im Planungsministerium an einem von der Entwicklungshilfe der Bundesrepublik unterstützten und finanzierten Projekt. Er ist gern bereit, uns einiges über die Insel und deren Bewohner zu erzählen. Wir verabreden uns im einzigen Café Prayas zu einem Treff gegen Abend.

Wir suchen eine kleine Werkstatt auf, um die vier Schellen zur Befestigung unserer Windsteueranlage anfertigen zu lassen. Ein Stück rostfreien Spezialstahl haben wir mitgebracht. Trotzdem scheint es Probleme zu geben. Der Meister arbeitet nur nach Augenmaß und gibt schließlich auf, als er feststellt, daß er das harte Material nicht bearbeiten kann. Über die Werkstatt der Fischfabrik gelingt es uns schließlich, in den Besitz handgeschmiedeter und passender Schellen zu kommen. Wir können uns an die Reparatur der Windsteueranlagenhalterung machen, die während der ersten Etappe nach Gran Canaria gebrochen ist.

Wie verabredet, treffen wir am Abend Dr. Schäfer im Café. Er bringt einen Kollegen und dessen Freundin mit. Ingrid und Rudolf sind in Fogo bei der GTZ tätig, der „Gesellschaft für technische Zusammenarbeit" im Rahmen der deutschen Entwicklungshilfe. Fogo, eine Vulkaninsel, haben wir uns ja als nächstes Ziel vorgenommen. Unsere neuen Freunde arbeiten dort an verschiedenen Projekten, die der Landwirtschaft und Infrastruktur des Landes dienen. Dabei gibt es nicht nur Erfolgserlebnisse, Reibereien mit Behörden sind eingeschlossen. Wir verabreden uns alle für den nächsten Abend an Bord der FREYDIS. Der Vorschlag, Rudolf und Ingrid sollten mit uns nach Fogo segeln, wird begeistert aufgenommen.

Das Inselinnere sehen wir uns vom Leihwagen aus an. Dabei dient uns als Ersatz für eine Straßenkarte, die es nirgends gibt, eine Skizze Dr. Schäfers. Auf Kopfsteinpflaster aus der frühen portugiesischen Kolonialzeit rattern wir durch die Berge, an deren Hängen Futtermais wächst. Lediglich einige vom Wüstenwind geschützte Täler zeigen frisches Grün. In diesen Oasen gedeihen Bananen, Papayas und auch Palmen. Ansonsten ist die Wasserversorgung eines der Hauptprobleme der Insel. Im Dorf Tarafal zum Beispiel sehen wir die Bewohner Schlange stehen vor den öffentlichen Ziehbrunnen. Selbst in der Hauptstadt Praya haben nur wenige Häuser einen Wasseranschluß.

Überraschung am Abend. Dr. Schäfer kommt allein. Rudolf und

Ingrid bekamen vom Polizeichef keine Genehmigung, das Hoheitsgebiet der Kapverden per Schiff mit uns zu verlassen. Es wird ihnen nur erlaubt zu fliegen. Der Grund dafür könnte sein, daß Rudolf im Rahmen seiner Aufgabe bei den Bauern Befragungen für seine Untersuchungen durchgeführt hat – ohne spezielle polizeiliche Genehmigung. Für den Polizeichef heißt das „Einmischung in die inneren Angelegenheiten des Landes". Seitdem hat man ein scharfes Auge auf die „suspekten Ausländer". Sand im Getriebe der technischen Zusammenarbeit. Um keine neuen Probleme zu schaffen, eventuell auch für uns, verzichten sie nun auf den Törn nach Fogo.

Am 30. September verlassen wir Praya. Der Wind bläst genau von vorn und macht uns das Leben schwer. Stundenlanges, nervenaufreibendes Gegenankreuzen.

Nach einigen Seemeilen plötzliches lautes Keuchen um uns herum. Sechs Delphine tollen um die FREYDIS und lassen sich abwechselnd von der Bugwelle mitziehen. Ich hocke im Bugkorb und kann mit meinen Zehen die Tiere fast berühren. Mein: „bravo – gut – hopp" scheint sie anzuspornen. Es sieht aus, als ob ihre Sprünge dadurch noch höher und gekonnter würden. Aufregende Wasserspiele für beide Seiten.

Ganz faszinierend wird das Schauspiel in der Nacht, als Delphine bei ungewöhnlich starkem Meeresleuchten pfeilschnell um das Schiff jagen. FREYDIS ist plötzlich umgeben von Feuerbällen mit weithin sichtbarem fluoreszierenden Schweif.

Nach unseren Berechnungen müßten es jetzt noch etwa 30 Seemeilen bis zur Insel Fogo sein. Da taucht auch schon der mächtige Kegelstumpf des fast 3000 Meter hohen Pico auf. Seine Spitze scheint in der Luft zu hängen, abgeschnitten durch eine Wolkenschicht, die sich vom Himmel kaum abhebt. Die 30 Seemeilen aber wollen kaum abnehmen.

Ich muß an den englischen Freibeuter Francis Drake denken, der 1578 mit seiner Flotte von fünf Schiffen an Fogo vorbeisegelte, auf Kaperfahrt unterwegs zur Westküste Südamerikas, die er durch die Magellan-Straße erreichen wollte. Wie Francis Drake und seine Mannen die Insel Fogo vor über 400 Jahren sahen, beschreibt sein Neffe: „Südwestlich von Santiago liegt... eine andere Insel, die jedoch wegen ihrer Höhe nicht mehr als drei Meilen entfernt zu sein scheint. Die Portugiesen nennen sie Fogo, die brennende Insel, oder den feurigen Schmelzofen. Auf dieser Insel erhebt sich ein steiler Berg schätzungsweise mindestens sechs Seemeilen über der Wasseroberfläche. In seinem Inneren brennt ein verzehrendes Feuer, das von schwefelhaltiger Materie genährt wird und von großartiger Tiefe und auch Breite zu sein scheint. Das Feuer selbst ist nur viermal in der Stunde zu sehen... In diesem ausbrechenden Feuerstrom sind große Mengen von Bimssteinen, die mit der starken Hitze des Feuers durch die Öffnung des feurigen Schlundes getragen werden... Häufig fallen diese Steine in die See und werden aufgefischt und verwandt, wie wir es auch taten, als wir sie auf dem Wasser schwimmen sahen. Der übrige Teil der Insel ist dennoch fruchtbar und von Portugiesen bewohnt, die sehr bequem dort wohnen wie auf den anderen umliegenden Inseln."

Nach ermüdender Fahrt laufen wir schließlich bei totaler Finsternis in die Bucht von Saõ Felipe auf Fogo ein. Die schwarzen, vulkanischen Gebirgshänge, vor denen sich die aufgeworfene Brandung grellweiß absetzt, fallen fast senkrecht ins Meer. Erst dicht vor der Brandungslinie zeigt das Echolot eine ausreichende Ankertiefe von fünf bis sechs Metern. Unser Manöver ist etwas riskant, aber der Anker hält auf Anhieb – hoffentlich auch über Nacht.

Beim Licht des nächsten Morgens werden wir uns der bedrohlichen Lage erst richtig bewußt. Wie wild zerrt FREYDIS an ihrer Kette. Nach einem hastigen Frühstück verlassen wir schleunigst dieses ungemütliche Revier. Ganz in der Nähe verspricht eine Bucht mit Sandstrand leidlich Schutz. Wegen der hohen Dünung ankern wir in Buchtmitte und lassen das Schiff an langer Kette schwojen.

Unser Dingi wird zur Badewanne, als Erich mich an Land rudert, um die Formalitäten zu erledigen. Der Hafenkapitän ist zunächst sehr freundlich, wird aber zusehends dienstlicher, als er in unsere Papiere sieht.

In Praya war Salvador statt Fogo als nächster Zielhafen eingetragen worden. Um Schwierigkeiten zu umgehen, verweisen wir den Hafenkapitän auf einen Defekt in unserer Bordelektrik, der uns zum Anlaufen Fogos gezwungen habe. Seine Miene hellt sich auf, da er uns als Havaristen die Erlaubnis geben kann, 24 Stunden in der Bucht zu bleiben.

Diese Zeit ist aber auch schon fast notwendig, um das an Bürokratie zu bewältigen, was dann folgt. In dem einzigen Häuschen am Strand ist die Hafenbehörde untergebracht. Auch hier drinnen ist die Hitze noch mörderisch, und die Energie der vier Beamten, die sich unserer Angelegenheiten annehmen, dementsprechend.

Auf der vorsintflutlichen Schreibmaschine basteln sie gemeinsam stundenlang an der Formulierung des Gesuches an die Regierung. Durch die Fenster des „Amtsgebäudes" kann ich leider nur tatenlos zusehen, wie Erich versucht, das Topplicht zu reparieren. Über die Pier kommende und unter der FREYDIS hindurchlaufende Brecher lassen die Mastspitze Ausschläge machen, als wolle sie ihn mit Gewalt abwerfen. Mir wird übel vom bloßen Zusehen. Einige Hühner schauen neugierig zur offenstehenden Tür herein, wohl um zu sehen, ob es hier für sie etwas zu picken gibt, und verschwinden dann wieder, als hätten sie sich in der Tür geirrt.

Bevor es zur Unterschrift und, vielleicht, zu meiner Befreiung kommt, wird mir vor Augen geführt, wieviel Arbeit es für einen Hafenkapitän auf Fogo zu erledigen gibt. Akten werden gewälzt, der alte Safe zigmal auf- und wieder zugeschlossen, zahllose Behördenschriften gekonnt mit Stempeln versehen, signiert, aus- und wieder eingeordnet. An- und, Gott sei Dank, auch abschließend bringt uns – den Hafenkapitän und mich – ein teures Taxi zum Zollbüro, dann zur Polizei. Der Polizeichef ist hoch erfreut, als er aus meinem Paß ersieht, daß ich Ärztin bin. Für seinen juckenden Hautausschlag habe ich Medikamente, und für uns gibt es in Fogo keine Probleme mehr.

Gegen Nachmittag holt uns Ingrid mit dem Wagen ab. Sie und Rudolf sind erst vor wenigen Stunden in Fogo eingetroffen. Bei Tee und Kuchen im Innenhof ihres Hauses beschließen wir, am nächsten Tag den Pico zu besteigen. Der letzte Lava-Ausbruch dieses noch aktiven Vulkans liegt gar nicht lange zurück. Einen besonderen Anreiz erhält diese Exkursion für mich durch einige goldschimmernde schwarze Glasbrocken, die Rudolf am Kraterrand gefunden hatte – Obsidiane, wie sie sich beim plötzlichen Erkalten bestimmter vulkanischer Eruptionen bilden.

Es ist noch vollkommen dunkel, als wir uns am nächsten Morgen um 04.30 Uhr für unseren Pico-Exkurs fertigmachen. Später aufzubrechen hätte wenig Sinn, da man während der Mittagshitze unmöglich die Kraterwand hochsteigen kann.

Das bestellte Taxi schüttelt uns auf der gewundenen Schotterpiste bis auf 2000 Meter Höhe zum Außenkrater. Die dichte Wolkendecke, die den Berg meistens verhüllt, so daß er von See aus wie zweigeteilt aussieht, bleibt unter uns. Wie von einem Flugzeug aus schauen wir auf die rote Scheibe der Sonne, die sich über die Wolken schiebt.

Der imposante Außenkrater weist zum Meer hin, wo sich die Lava einen Weg gebahnt hat, keinen Rand mehr auf. Aus dem Boden des Mutterkraters ragen außer dem fast 3000 Meter hohen Pico noch mehrere kleinere Innenkrater, an deren Hängen Wein und Mais angebaut wird. Die übrige Fläche ist mit schwarzem und rotem Bimsstein und teigig aussehenden Lavaformationen bedeckt.

Von einem kleinen Dorf am Fuß des Pico aus soll uns ein „Bergführer" den Weg zum 1000 Meter höher gelegenen Kraterrand zeigen. Antonio ist ein freundlicher, stämmiger junger Weinbauer, aber natürlich kein erfahrener Bergführer.

Keuchend versuchen wir an den Felswänden das schweißtreibende Tempo mitzuhalten, das er vorlegt. Während wir uns über Geröllhänge und Basaltfelsen quälen, eilt und hüpft er leichtfüßig und sicher wie eine Bergziege nach oben. Als wir schließlich völlig erschöpft den Kraterrand erreichen, blicken wir in den 200 Meter unter uns liegenden Schlund des Pico mit seinen Rauch- und Schwefelschwaden. Faszinierender noch ist der Rundblick über die Kraterlandschaft und das durch den Dunst silbrig schimmernde Meer.

Nach der nun wirklich wohlverdienten Stärkung führt uns Antonio, wie wir später erfahren, einen sehr ungewöhnlichen Weg zurück. An der fast senkrecht abfallenden Kraterinnenwand entlang bieten nur die hervorstehenden Steinbrocken dem Fuß ein wenig Halt. Aber auch sie erweisen sich oft als trügerisch. Manche lösen sich beim Tritt leicht aus dem porösen Untergrund, andere sind aus Bimsstein und brechen sofort ab. Nie habe ich eine solch halsbrecherische Strecke durchklettert und nie solche Todesangst ausgestanden. Unter uns, am Ende der Steilhänge, die qualmende und brodelnde Suppe des Kraters. Ich muß an die Langusten von gestern abend denken, die lebend ins kochende Wasser geworfen wurden. Steht uns ein ähnliches Ende bevor?

Es geht gut! – Mit weichen Knien erreichen wir schließlich die feste Krateraußenseite. Wie zur Belohnung für überstandene Angst, finde ich dort einige für mich wertvolle, schwarz glänzende Obsidiansteine, die mich immer an die Minuten davor erinnern werden.

Nach der dann folgenden zweieinhalbstündigen Taxischüttelfahrt nach Saõ Felipe nehmen wir bei unseren Freunden dankbar-erschöpft die Einladung zu Tee und Süßwasserdusche an. Ingrid hat auf dem kleinen Markt für uns grüne Bananen, Papayas, Guavas und Gurken als Bordproviant ergattert. Sie ist stolz darauf, denn das Angebot ist meist recht bescheiden. Fleisch gibt es nicht alle Tage, aber fast immer guten Fisch und gelegentlich mal eine Schildkröte. Langusten werden von den Tauchern frei Haus geliefert.

Das reife Obst wandert in unsere Bordkühltruhe. Es war Erichs Idee gewesen, für die Kühltruhe eigene Kompressoranlagen einzubauen, eine an der Hauptmaschine, eine zweite am Hilfsdiesel. Wenn wir vor Anker liegen oder segeln, genügt eine halbe Stunde Betrieb des Hilfsdiesels täglich, um für ausreichende Kälte zu sorgen. Bei Fahrt unter Motor übernimmt die Hauptmaschine die Kühlung über den anderen Kompressor. Nach dem Abschiedsessen an Bord mit Rudolf und Ingrid säubern wir einen Teil des Unterwasserschiffes von dem schon beträchtlichen Muschel- und Algenbewuchs. Ein paar junge Burschen, die hier gerade baden, helfen uns. Trotz der wilden Schiffsbewegungen haben wir alle einen Riesenspaß dabei.

FREYDIS ist wieder startklar. Ein letzter Blick auf die Insel, die uns doch schon ein wenig ans Herz gewachsen ist, dann nehmen die Auslaufmanöver unsere Aufmerksamkeit in Anspruch. Es geht weiter in Richtung Südwesten. Der Nordost-Passat, treuer Begleiter seit dem Start in Gran Canaria, hat uns verlassen. Dafür haben wir jetzt 30 Grad im Schatten und bleierne Schwüle. Die Zeit bleibt stehen.

Gegen Abend ziehen immer wieder riesige, spinnenartige Wolkenungeheuer, meist aus Südosten, auf und türmen sich bedrohlich über uns. Regen prasselt dann bald wie aus einer aufgedrehten Dusche an Deck. In Windeseile seifen wir uns ein und hoffen, daß der Regen nicht versiegt, bevor die Seife wieder herunter ist. Ein herrliches Gefühl, die Salzkrusten wieder einmal vom Körper zu waschen. Der Regen ist somit stets willkommene Abwechslung.

Das kann man nicht gerade von den zwei Wasserhosen behaupten, die wir an einem Morgen während eines Regengusses plötzlich sehen. Sie scheinen unabwendbar auf uns zuzurasen und sind kaum noch zwei Seemeilen entfernt. Zunächst sind wir wie versteinert, aber dann haben wir es sehr eilig, das Deck kahl zu räumen, bevor es vielleicht die Wasserhosen tun. Der gewaltige Gischtfuß aus Meerwasserstaub läßt Böses ahnen. Irgend jemand, ich glaube, es war Slocum, hat einmal eine Windhose mit dem Gewehr „erschossen". Aber ich habe meine Zweifel an dieser Methode. Nachdem alle Klamotten unter Deck sind, sitzen wir durchnäßt im Cockpit und beobachten voll Sorge das Näherkommen der rotierenden Gewalten. Zum Glück aber ist der Spuk plötzlich verschwunden – Entwarnung!

Auf 4° nördlicher Breite sind wir immer noch in den Kalmen. FREYDIS schiebt sich unter Motor durch spiegelglattes Wasser. Die Hitze ist kaum zu ertragen.

Die Nächte auf See haben hier etwas Unwirkliches, Phantastisches. Wir erleben sie, wie man einen Traum erlebt. Der Vollmond erscheint größer und heller als zu Hause. Am Horizont kommt nur noch selten das Licht eines Schiffes auf, kaum einmal in jeder Nacht. Allein auf Wache überfällt mich oft das Gefühl unendlicher Weite und Einsamkeit: kein Land in der Nähe, über mir die glitzernden Sterne, unter mir gewaltige Tiefen. Nach unseren Unterlagen müßten wir uns ziemlich genau über dem Zentralteil des mittelatlantischen Rückens befinden. Dieses Gebirgssystem, das fast von Pol zu Pol reicht, durchzieht den gesamten Atlantik. Seine Gipfel ragen an manchen Stellen bis fast an die Meeresoberfläche. Auch eine der größten Tiefen des Atlantiks, die Romanche-Tiefe mit über 7000 Metern, liegt in unserer Nähe.

Nach zwei Tagen und zwei Nächten Flaute endlich wieder Wind. Er kommt aus Süden. Wir setzen Segel und stellen den Motor ab. Wohltuende Stille! Liegen die Mallungen nun hinter uns? Bei unseren Standort-Berechnungen staunen wir über die Stärke des äquatorialen Gegenstroms, der uns täglich bis zu 20 Seemeilen östlich versetzt hat.

Unsere Windsteueranlage macht uns wieder Kummer. Jetzt sollte sie einsetzbar sein, bei dem gerade herrschenden Wind. Aber sie ist zu schwergängig und müßte gründlich gereinigt werden – mindestens ein Tag harter Arbeit. So übernimmt die elektronische Anlage wieder die

Steuerung. Am Abend ist unsere Stimmung ausgezeichnet, denn der Wind hat auf Südosten gedreht und unser Sollkurs von 225 Grad liegt nun an.

Am 9. Oktober empfangen wir endlich den Flugsender von Fernando Noronha. Obwohl noch 600 Seemeilen entfernt, ist der Sender, wenn auch schwach, so doch schon klar zu hören. Die Kennung ist eindeutig.

Zum Mittagessen besucht uns ein kleiner bunter Vogel. Er trippelt ins Deckshaus, wirft neugierige Blicke ins Schiffsinnere, findet den Weg nach achtern, kurz, er inspiziert das ganze Schiff. Aber anscheinend ist unser Boot doch nicht die kleine Insel, von der er geträumt hat. Selbst Frühstücksmüsli mit Sesam und Näpfe mit Süßwasser können ihn nicht halten. Die Windfahne wird zur Abflugrampe, und er entschwindet in der vor Hitze flimmernden Luft. Adios, grüß uns deine Insel, die auch wir suchen. Aber der ersehnte Landfall verzögert sich, denn die Mallungen sind doch noch nicht ganz überwunden.

Im spiegelglatten Wasser vor unserem Bug tummeln sich ganze Horden fetter Bonitos. Sie schnellen bis zu einem halben Meter aus dem Wasser. Die Angel, die Erich voller Erwartung in die Versammlung hineinhält, findet keinen Anklang. Die Bonitos ziehen ganz einfach Fliegende Fische dem blinkenden Stahl vor. Es bleibt dann eben bei Pfannkuchen mit Pfirsichen oder Königsberger Klopsen in unserem „Fünf-Seesterne-Lokal".

Am Abend des 14. Oktober gegen 17.00 Uhr MGZ kommt die bizarre Silhouette unseres Zieles, Fernando Noronha, in Sicht. Die Sonne sinkt bereits unter den Horizont, aber es liegen noch einige Seemeilen vor uns. Bei dem buchstäblich letzten Licht biegen wir in die von Felsen und Klippen umrandete Bucht ein. Mit dem Scheinwerfer findet Erich eine Mooring, an der wir anlegen. Noch ein „Prost" mit einem Glas spanischen Rotweins auf den gelungenen Landfall, dann schlafen wir endlich, nach elf Nächten Wache, eine ganze lange Nacht hindurch.

Während Erich noch schläft, hält es mich am nächsten Morgen vor Neugierde auf die neue Umgebung nicht mehr in der Koje. Ich frühstücke im Cockpit und genieße den Ausblick: grünes klares Wasser, am kleinen Strand der Bucht ein Häuschen und ein paar

Fischerboote, am blauen Himmel Scharen von Maskentölpeln und Fregattvögeln. Ihre Nistplätze haben sie offenbar in den grün bewachsenen Felsen, welche die Bucht begrenzen.

Die Maskentölpel – sie sehen aus, als trügen sie Masken über den Augen – entpuppen sich als äußerst neugierige und zutrauliche Vögel. Einige lassen sich ein Weilchen neben der FREYDIS im Wasser nieder oder schwimmen um sie herum. Es sieht aus, als wollten sie gerne zum Frühstück oder zur Bootsbesichtigung eingeladen werden.

Später rudern wir an Land. Wir freuen uns, als sich der fröhliche neunjährige Lockenkopf Pedro zu uns gesellt, um uns zu begleiten und die Sehenswürdigkeiten der Insel zu zeigen: eine 200 Jahre alte Kirche und die Ruinen eines Forts.

Das einzige Dorf der Insel ist Vila dos Remedios. Im Verwaltungsgebäude dauert die Einklarierung nur fünf Minuten. *Ein* Formular muß ausgefüllt werden, fertig. Unwahrscheinlich, wenn wir an die Kapverden zurückdenken!

Um 1500 wurde die Insel von dem Portugiesen André Gonzales entdeckt. Gut 100 Jahre später schien sie den Holländern interessant als Stützpunkt auf dem Weg zwischen Holland und den Niederlassungen ihrer „Westindischen Kompanie an Brasiliens Küsten". Nach ihnen kamen die Franzosen, danach übernahmen wieder die Portugiesen die Herrschaft, bis brasilianisches Nationalgefühl auch diese Insel von Portugal unabhängig machte. Bis zum zweiten Weltkrieg war Fernando Noronha brasilianische Sträflingskolonie.

Auf der rund elf Kilometer langen und bis drei Kilometer breiten Insel gibt es heute einen Flugplatz, der zweimal wöchentlich angeflogen wird, und ein kleines „Hotel". Das ist eigentlich nur eine Ansammlung von Wellblechhütten, die in den 60er Jahren von US-Amerikanern während ihrer Satellitenbeobachtungen bewohnt wurden. Später ging die Anlage in die Hände der brasilianischen Regierung über, die sie zum Hotel umfunktionierte. Notorischer Gästemangel und Versorgungsprobleme führten zur Schließung. Es soll aber modernisiert und damit auch „der Tourismus angekurbelt" werden. Uns gelingt es allerdings nur schwer, diese Insel als Touristenzentrum zu sehen.

Von einem freundlichen älteren Ehepaar werden wir zu einem ausgiebigen Fischmahl eingeladen und erfahren dabei weitere Einzelheiten über die Insel: Fernando Noronha hat heute 1650 Einwohner. Rund 300 brasilianische Soldaten aus Heer und Luftwaffe befinden sich hier auf militärischem Außenposten. Unsere Gastgeber laden uns zu einer kleinen Sight-Seeing-Tour auf einem Traktor ein. Auf holprigen Wegen geht es zu den Pumpen für die Trinkwasserversorgung und zum ehemaligen US-Viertel, das jetzt von brasilianischem Militär bewohnt wird. Am Ende dieses Ausfluges stehen wir zusammen mit Pedro an einer Bilderbuch-Bucht: Keine Menschen, keine Häuser, keine Schiffe stören diese Idylle. Nur einige langohrige Ziegen auf der Suche nach Freßbarem durchbrechen die nachmittägliche Ruhe.

Im Wasser liegend beobachten wir Fische und Vögel, die so zutraulich sind, daß sie kaum von uns Notiz nehmen. Keine zwei Meter neben uns schießen Maskentölpel aus einer Höhe von zehn bis 30 Metern wie Pfeile ins Wasser. Sie sind meisterhafte Flieger und Taucher. An Land wackeln und watscheln sie allerdings mitleiderregend tolpatschig. So werden sie zu leichter Beute für Schiffsmannschaften und Fischer.

Als wir nach zwei Tagen ausgiebig genossenen Landaufenthalts mit unserem Dingi voller Bananen – Abschiedsgeschenke unserer neugewonnenen Freunde – zur FREYDIS übersetzen, sind wir ein wenig traurig, diese kleine heile Welt wieder verlassen zu müssen.

Rund 750 Seemeilen bis Salvador de Bahia an der Küste Brasiliens liegen vor uns. Ein herrlicher Wind wühlt die blaue See auf. Er dreht so, daß wir ihn schließlich sogar von achtern bekommen. Unter Blister schießt unser Schiff über die Wellen. Die Sonne kulminiert jetzt im Norden, und die Standortbestimmung wirft Probleme auf, wegen schleifender Schnittpunkte. Wir nehmen den Mond zu Hilfe, der tagsüber gut sichtbar hoch am Himmel steht, und erhalten so wieder sichere Werte.

Nach fünf langen Tagen kommt Salvador in Sicht. 20 Meter lange, bunt bemalte Frachtensegler, die Salveiros, kreuzen unseren Kurs.

GOTT IST BRASILIANER!

Afro-brasilianischer Cocktail in Bahia — „Saudade" bedeutet Sehnsucht — Der Navigator wird gefordert: Abrolhos-Archipel — Robi heuert an: „Tatze gegen Koje" — Spotlights aus Rio — Am Wendekreis des Steinbocks funkt „Peter der Große" — Zwiebeln für die Weiterfahrt — Vom Wetter her ist alles drin

Am 22. Oktober, rund vier Wochen nach dem Ablegen aus Gran Canaria, ankern wir in einer märchenhaft schönen Bucht. Von der Insel Itaparika und der Landzunge umschlossen, bildet sie für Salvador de Bahia einen hervorragend geschützten Naturhafen.

Hier liegt sie also, die vielgenannte, besonders wegen ihres Karnevals berühmte Stadt. Vom Hafenende aus steigt sie steil auf mit kaskadenartig gestaffelten Häusern. Ein langes weißes, „dienstlich" aussehendes Gebäude am Ufer, das sich später als Marineakademie entpuppt, erweckt den Eindruck, als ob wir dort unsere Einklarierung vorzunehmen hätten. In seiner Nähe ankern wir.

Im Hafen wippen viele originelle Holzschoner mit bunten, verschnörkelten Aufbauten. Sie sehen aus, als stammten sie aus einer Operettenkulisse. Daneben schaukeln die schlichten, aber anmutigen Salveiros. Erstaunlich wenig Yachten sind zu sehen. Eine weiße Slup haben wir als Nachbarn ausgesucht. Die Leute auf ihr erscheinen vertrauenerweckend. Wir rudern im Dingi hinüber und hoffen, von den Bewohnern einiges über die Stadt, ihre Besonderheiten und die Abwicklung der Einklarierung zu erfahren.

Der Kanadier Mike, Besitzer der Yacht, und seine französische Freundin Monique begrüßen uns herzlich. Die beiden schippern schon seit vier Jahren an den Küsten Brasiliens entlang. Der kleine, drahtige Mike war erfolgreicher und hochdotierter Spezialist für Bohrturmanlagen auf der ganzen Welt. Mit 45 Jahren fand er, er hätte nun genug gearbeitet und verdient. Er stieg aus seinem Beruf aus, um ein Leben ohne Streß und Konsumzwang zu führen. Die Ostküste Brasiliens schien ihm dazu wie geschaffen. Beim Verlassen ihres Bootes überreichen uns die beiden einen großen Korb voll Frischobst als nachbarliche Willkommensgeste.

Die Hafenbehörde ist dort, wo wir sie vermutet haben: im Gebäude der Marineakademie. Die Erledigung der Formalitäten geht überraschend schnell.

In Salvador wollen wir bis zur Ankunft unseres Freundes Werner aus Deutschland bleiben, der für drei Wochen an Bord kommt und bis Rio de Janeiro mitsegeln wird.

Die Bucht, in der wir liegen, wurde von Amerigo Vespucci 1501 entdeckt und, weil es gerade Allerheiligen war, Bahia de Todos os Santos (Allerheiligen-Bucht) benannt. Die 1549 hier gegründete Siedlung hatte eine so günstige Lage, daß sie sich bald zu einer blühenden Handelsmetropole entwickelte. Bis 1763 war sie Hauptstadt von ganz Brasilien und während der gesamten Kolonialzeit größter Umschlagplatz für die insgesamt fünf Millionen Sklaven aus Afrika. Ihre Nachfahren stellen drei Viertel der heutigen 1,5 Millionen Einwohner.

Nach so vielen Tagen Einsamkeit und Muße auf See freuen wir uns beide auf Streifzüge durch diese geschichtsträchtige Stadt. Wir schlendern durch enge, oft verwahrloste Gassen aus der Kolonialzeit, vorbei an barocken, karnevalsbunten Häuserfassaden und winkligen Hinterhöfen.

Mike und seine brasilianischen Freunde weihen uns in die Hintergründe des Candomblé ein, des in den letzten Jahren immer üppiger aufblühenden Negerkults, der sich jahrhundertelang hinter der katholischen Heiligenverehrung verbergen mußte. Dadurch angeregt, kaufe ich ein paar Räucherstäbchen gegen alle Arten von Unheil und geschnitzte Geisterstatuen speziell gegen Schiffbruch. Wenn das nicht hilft! Heutzutage kann man Ort und Zeit der Candomblé-Zeremonien der Tageszeitung entnehmen. Glaubenskampf gibt es in Salvador ebensowenig wie Rassismus.

Diese Stadt wirkt in ihrer Vitalität ungeheuer selbstbewußt. Ihr Charme ist als Synthese afro-brasilianischer Tradition überall zu spüren, ob man nun unversehens in eine feierliche Prozession gerät, bei der harten Probe einer Sambaschule für den Karneval zusieht oder überrascht wird von lauter tanzenden und sich lässig wiegenden Körpern, weil man gerade auf irgendeiner Straße eine Musikshow improvisiert. Die spontane Lebensbejahung und Fröhlichkeit der Menschen wirken so ansteckend, daß in uns kein Fremdheitsgefühl aufkommt. Gott ist Brasilianer!

Zum Bild der Stadt gehören auch die üppigen bahianischen Mamas in farbenfrohen Spitzenkleidern mit superweiten Röcken. Würdig sitzen sie in praller Sonne auf ihren Hockern am Straßenrand vor ihrem Kohleöfchen und bieten knusprige Maiskrapfen an, die sie mit Krabben, Fleisch, Paprika und scharfen exotischen Zutaten füllen. Erich ist begeistert, und die Mamas freuen sich über den Anklang, den ihre Köstlichkeiten bei ihm finden.

Nachts zeigt sich die Stadt von einer anderen Seite. Die Welt der Gullis tut sich auf. Ratten und Scharen von fingergroßen Kakerlaken fallen über Abfälle her, huschen über Straßen und Hinterhöfe und verschwinden beim Näherkommen blitzschnell in irgendwelchen Löchern. Am Morgen ist dieses „Nachtleben" dann wie ein Spuk verschwunden, allerdings nicht in den Favelas, den Slums von Salvador. Hier lassen sich Ratten und anderes Ungeziefer auch tagsüber nicht vertreiben. In die Bucht von Ribera zum Beispiel laufen ungeklärt die Abwässer von 40 000 Menschen.

Tage und Nächte vergehen wie im Flug, ob wir uns den Sambarhythmus der Stadt unter die Haut gehen lassen, Nachmittage und Abende bei uns an Bord oder mit Mike und Monique verbringen. An Unterhaltungsstoff fehlt's nie, und die Bordküchen bieten Erlesenes und Exotisches. – Und was ist das erst für ein wohliges Gefühl, nach kargem Segleralltag bei liebenswürdigen Menschen in einem herrlichen Haus mit Garten und Swimmingpool willkommen zu sein? Wir hatten von Freunden in Leer die Adresse von Marie-Louise Smith bekommen, einer gebürtigen Leeranerin, die schon 25 Jahre mit ihrem

Mann, einem der größten Kakaomakler der Welt, hier in Salvador lebt.

Trotzdem, Kakao wird nicht getrunken, sondern Ostfriesentee; denn natürlich läßt ihn sich Marie-Louise als echte Ostfriesin direkt aus Leer schicken. Hier allerdings, inmitten der tropischen Blütenpracht ihres Gartens, meinen wir beim Genuß des Tees ein neues köstliches Aroma zu entdecken.

Schöne und anregende Stunden verbringen wir im Hause unserer charmanten, attraktiven und weitgereisten Gastgeberin, die viele unserer kleinen Bordprobleme lösen hilft: ob es sich nun um die Ansammlung von Schmutzwäsche, Erichs unterwegs herausgefallene Zahnplombe oder den Kauf von Reparaturteilen fürs Schiff handelt.

Wie man sich doch an ein faules Leben gewöhnen kann! Ich beginne wieder, die südamerikanische Mentalität zu verstehen, die ich aus meiner Jugend in Kolumbien eigentlich schon kannte, aber offenbar unter Europas Streß vergessen hatte.

Mikes Yacht ist voll von Erinnerungsstücken an seine Reisen und jeder Winkel eine Fundgrube. Aus anderen Häfen kennt er auch einige der Yachten, die hier in der Bucht liegen. Von der weißen Ketsch INÉS ganz in unserer Nähe weiß er zum Beispiel, daß sie auf den Kanarischen Inseln gestohlen wurde. Lediglich die Farbe, einige Äußerlichkeiten und der Name sind geändert worden. Ein zwielichtiger junger Typ ist jetzt gelegentlich auf ihr zu sehen. Mike kennt den früheren Besitzer und hat bereits versucht, mit ihm Kontakt aufzunehmen. Monique, die längere Zeit in Yachtclubs gearbeitet hatte, erzählt von einer anderen, von ihr als gestohlen erkannten und gemeldeten Yacht. Der Pirat wurde daraufhin festgenommen. Moderne Formen der Piraterie also. Sie sind nicht nur auf die berüchtigte Karibik beschränkt.

Salvador ist eine Fundgrube für interessante Steine, die alle im Staat Bahia gefunden werden. Hier gibt es Achate in allen Farben, Amethyste, Opale, Aquamarine, Smaragde, Topase, viele andere edle Steine sowie Versteinerungen. Mike hat mich neugierig gemacht, indem er mir seine reiche Steinsammlung an Bord zeigte. Er hatte sie nach und nach gegen inflationsschwache Cruzeiros eingetauscht. Er nennt mir einige vertrauenswürdige Geschäfte und Steinschleifer. In einer kleinen Schleiferei bekomme ich nach amüsantem Handeln, während wir viele Tassen schwarzen Kaffee trinken, einige hübsche Stücke für meine Sammlung.

Bunter Betrieb am kleinen Hafen neben der Marineakademie. Schwarze Händler in ihren Fischerbooten bieten aus großen Säcken Mehl, Reis und Maniok an. Auch Kisten mit Trockenfisch, lebende Hühner und Schweine werden dem Käufer auf die Pier gereicht.

Hier legt das kleine Motorboot ab, das uns zur Insel Itaparika bringt, dem Sonntagsausflugsziel vieler Salvadorianer. Einen geruhsamen Badetag ohne Großstadthektik haben wir uns verdient. Puderzuckerstrand mit Kokospalmen, wohlig warmes Wasser und heiße Maiskrapfen von den Mamas. Am Abend wird unsere Haut von der Sonne „getoastet" und von Meersalz überkrustet sein.

Auf dem Rückweg im überfüllten Boot geht es vorbei am Fort Saõ Marcelo, das mitten in der Bucht liegt. Es ist eines von mehreren Kastellen, die einst zum Schutze vor Piraten gebaut wurden. Langsam wächst dann die Silhouette der Hochäuser Salvadors am Horizont empor. Von den malerischen Schonern, die als schwimmende Bars dienen, klingen heiße Sambarhythmen zu uns herüber. Wieder bei unserer FREYDIS angekommen, sind wir rundherum glücklich.

Als ich am 5. November frühmorgens unter meinem Moskitonetz hervorkrieche, sehe ich langbehoste Männerbeine in unserem Cockpit. Kurzer Schreck, dann Erleichterung. Werner ist angekommen, unser Mitsegler für die nächsten drei Wochen. Der Weiterfahrt steht nun nichts mehr im Wege.

Letzter Proviantankauf auf der Feira de Joaquin, einem knallig bunten, von quirligem Leben erfüllten Markt. Berge tropischer Früchte und exotischen Gemüses machen mir die Wahl schwer. Ich bemühe mich zu feilschen wie ein ansässiger Salvadorianer; der Erfolg scheint nicht nur mich, sondern auch die Verkäufer voll zu befriedigen. Begeistert vom prächtigen Angebot merke ich gar nicht, daß meine Netze die Last kaum mehr fassen. In den nächsten Tagen wird es auf der FREYDIS Salate und Obst im Übermaß geben.

Vor dem Auslaufen kommen Mike und Monique noch einmal zu uns an Bord. Sie informieren uns über die Plätze, die wir unbedingt auf unserer Weiterfahrt nach Süden besuchen sollten. Gamboa dürften wir nicht auslassen. Es ist ein kleines Dorf mitten im Dschungel, etwa 30 Seemeilen von Bahia entfernt. Hier hat Mike ein ganzes Jahr verbracht und schwärmt davon wie von einem Paradies.

Am 7. November verlassen wir unseren Ankerplatz in Salvador. Wir segeln nach Gamboa. Mike will allein mit seinem Boot nachkommen, sobald er das Großsegel repariert hat. Monique ist für zwei Monate nach Frankreich geflogen, um ihre Eltern zu besuchen.

Neben einer Strömungskante ankern wir in etwa 300 m Entfernung von einem langen, weißen Sandstrand. Es wird schnell flach, und so können wir uns mit dem Schiff nicht näher zum Land wagen. Hinter dem Strand wuchert Urwald in intensiv leuchtendem Grün. Ein paar Fischer dümpeln in ihren Kanus vor ihrer Reuse am Strand, und einige übertakelte Salveiros ziehen lautlos an uns vorbei.

Der Außenborder streikt wieder einmal. Erich pullt uns mit dem Dingi an Land, um einen ersten Eindruck von Umgebung und Dorf zu bekommen. Es ist nicht groß, dieses Gamboa, nur wenige Häuser stehen um einen kleinen, freien Platz.

Ein Einheimischer kommt auf uns zu: „Seid ihr etwa Deutsche?" fragt er. Als wir bejahen, überschlägt er sich fast vor Freude. „Mensch, das ist ja prima, ich sah die Fahne an eurem Boot und bin gekommen, um nachzuschauen, wer wohl angekommen ist. Na ja, das ist ja wahnsinnig fein." So herzlich sind wir selten von einem Fremden empfangen worden. Wir schließen sofort Freundschaft mit Neroi, einem sympathischen jungen Brasilianer. Er war fünf Jahre in Nürnberg, um sich zum Krankenpfleger ausbilden zu lassen. Der Bevölkerung hier kommt das sehr zugute, denn der nächste Arzt ist weit.

Etwa gleich weit von unserem Ankerplatz entfernt wie Gamboa liegt sein kleines Heimatdorf Morro, in das wir ihn begleiten. Direkt vom Strand aus kommen wir durch ein schweres steinernes Dorftor, das ebenso wie die Reste der überwucherten Stadtmauer, die noch gut erhaltenen steinernen Pferdekoppeln und der Brunnen am Dorfplatz von den Holländern erbaut wurde. Auch die Reste eines Forts hinter der Stadt und die davor an Land und im Wasser verstreut liegenden Kanonenrohre und Kugeln stammen aus der Zeit des frühen 17. Jahrhunderts. Die Befestigungen wurden damals zum Schutze des von ihnen eroberten Gebietes entlang der Küste errichtet. Dort hatte die holländische „Westindische Kompanie" ihre ertragreichen Zuckerrohr-Plantagen. Aber schon wenige Jahrzehnte später wurde das Gebiet von der inzwischen „brasilianisch" fühlenden Bevölkerung des Landes den nur an Geschäften interessierten Holländern abgenommen – trotz aller Befestigungen.

Am Rande des Dorfes hat Neroi eine Facenda, ein drei Hektar umfassendes Waldgelände mit vielen Kokospalmen und Bananenstauden, mit einer Quelle sauberen Wassers und einem fischreichen Teich. Für dieses kleine Paradies hatte er nur einen geringen Teil seines in Deutschland ersparten Geldes aufbringen müssen. Neben seinem Süßwasser-Teich steht ein von ihm selbst erbautes Holzhaus auf Pfählen zwischen Palmen und Obstbäumen. Auf der kleinen Veranda wuchern allerlei exotische Topfpflanzen. Im Hausinnern steht neben der gemauerten Feuerstelle auch ein Gasherd. Sogar den Luxus fließenden Wassers aus einer in der Nähe liegenden Quelle genießt Neroi.

Seinen täglichen Bedarf an Fisch holt er aus seiner Reuse am Meer. Für besondere Fälle jagt er mit der Harpune an einem nahen Riff, wo er schon 40 Kilogramm schwere Burschen herausgeholt hat. Manchmal scheinen den Bewohnern aber auch die gebratenen Tauben geradezu ins Maul zu fliegen. Neroi erzählt, wie vor einigen Wochen ein 4000 Kilogramm schwerer Manta strandete, von dem sich die ganze Ortschaft dann eine Woche lang ernährte.

So ist unser Freund, was seinen täglichen Nahrungsbedarf angeht, fast autark. Auch die Verständigung über weitere Distanzen funktioniert ohne Telefon recht gut. Wenn Neroi die große Bozio-Muschel bläst wie ein Schweizer Alphorn, vergehen nur ein paar Sekunden, bevor er Antwort aus der Nachbarschaft bekommt. Wenn man uns gesagt hätte, das sei das Echo, so hätten wir es staunend geglaubt.

In aller Frühe, bevor die Hitze allzu drückend wird, steigen wir unter Nerois Führung auf eine Anhöhe hinauf zum Fort der Holländer. Von einer steilen Felsabbruchkante haben wir einen weiten Blick über Buchten, Strände und kleine grüne Inseln. Eine von ihnen heißt Saudade – Insel der Sehnsucht. Wir folgen Nerois Vorschlag und schwimmen zu ihr hinüber. Weißer Sand, Mangrovengestrüpp, Palmen und ein Gewirr anderer tropischer Pflanzen. Schillernde Kolibris vollführen ihren eigentümlichen Stehflug. Diesem verträumten Paradies hätten wir keinen besseren Namen geben können als „Saudade".

Von Nerois Facenda und der Umgebung sind wir gefesselt, und wir verstehen Mikes Schwärmereien jetzt besser. Auf Zivilisationsflüchtlinge scheint diese Gegend überhaupt eine besondere Anziehungskraft auszuüben. Zwei junge deutsche Freunde Nerois sind dabei, sich ein Häuschen zu bauen. Die beiden hatten als Schatzsucher ihr Geld verdient: Sie hatten Erfolg beim Heben eines Wracks, das in der Allerheiligen-Bucht von Salvador sank und Kanonen, Silber- und Goldmünzen sowie etwa 400 Jahre altes chinesisches Porzellan an Bord gehabt hatte.

Abendessen bei Neroi. Frisches Brot aus seinem Steinofen und dazu gegrillter Fisch sind eine echte Delikatesse. Aber kaum haben wir uns darüber hergemacht, als sich eine bösartige kleine Gräte in Werners Kehle bohrt. Den Rest des Abends sind wir voll damit beschäftigt, nach ihr zu angeln, mit mehr oder weniger tauglichen Mitteln. Knapp dem Erstickungstod entgangen, hält sich Werner nur noch an Bananen.

Mikes Yacht liegt inzwischen auch vor Gamboa. Wir verabreden für den nächsten Morgen eine Fahrt zu dem zehn Seemeilen abgelegenen Dorf Cairu, das Mike gut kennt. Fremde Besucher sind hier selten, und wir, die Attraktion des Tages, werden mit offenen Armen empfangen. Ein gebürtiger Italiener bedrängt uns sogleich, auf einen Umtrunk in sein Haus zu kommen, wo sich nach und nach das halbe Dorf einfindet.

Wir werden zu zwei deutschen Franziskaner-Patern begleitet, zu einem Kloster mitten im Dorf. Pater Rufinus und Pater Lambert, beide 65 Jahre alt, sind seit 1932 im Ort. Sie freuen sich sehr über den unerwarteten deutschen Besuch und unser Interesse an ihrem schönen alten Kloster. Es war bereits 1624 fertiggestellt worden, später dem Verfall preisgegeben und wurde erst wieder vor fast 50 Jahren durch die beiden tatkräftigen Patres bewohnbar gemacht.

In mühevoller Kleinarbeit und allein mit den spärlichen Mitteln, die sie durch Spenden erhielten, restaurierten sie die Kapelle mit den Wand- und Deckenmalereien und den handgemalten blauen Fliesen aus Portugal. Für die Restaurierung der wurmstichigen Altäre und des Chorgestühls reichten ihre Mittel allerdings nicht aus.

In der Bibliothek stehen Hunderte wertvoller alter Bücher, manche sogar noch aus dem 16. und 17. Jahrhundert. Die Patres hüten sie – leider – wie ihren Augapfel.

Zusammen mit einer Köchin und einer Putzhilfe bewirtschaften sie das ganze Kloster und den Klostergarten. Pater Rufinus erzählt uns, daß er vor ein paar Jahren bei einem Deutschland-Besuch endlich genug Geld zusammengebettelt hatte, um sich einen Herzenswunsch zu erfüllen: einen Kleinwagen. Schneller und effizienter denn je konnte er nun die Runde durch seine versprengte Gemeinde machen. Vom Bischof daran erinnert, daß das Fortbewegungsmittel eines armen Franziskaner-Mönches seine Sandalen sind, allenfalls ein Fahrrad, verzagte er nicht. Der Wagen wurde durch ein kleines, spritziges Motorboot ersetzt. Bisher hat sich der Bischof noch nicht wieder gemeldet.

Pater Rufinus möchte sich gerne noch unsere FREYDIS von innen anschauen. An Bord läßt er sich von Erich interessiert die technischen Einrichtungen erklären und freut sich über ein Bild unserer Yacht, das wir ihm schenken. Eigentlich würde er am liebsten mit uns nach Rio segeln, meint er, und seine Augen blitzen unternehmungslustig auf. Wir zweifeln keinen Augenblick daran, daß dieser Wunsch des lebhaften Paters ernst gemeint ist.

Noch am Abend ankern wir wieder vor dem Dorf Morro. Der folgende Tag vergeht mit Briefeschreiben, Ordnung machen und ausruhen. Mittags kommt Neroi zum Essen. Er hatte mir erzählt, daß Pfannkuchen seit seinem Deutschlandaufenthalt seine Lieblingsspeise sind. Der große Stoß verschwindet rasch.

Meine Bordapotheke bietet vieles, was Neroi für die Versorgung der Bevölkerung dringend benötigt – vor allem Verbandsmaterial. Er ist froh darüber, daß ich ihn zu einigen seiner „Patienten" begleite und berate.

Vor dem endgültigen Auslaufen aus der Gegend von Morro und Gamboa wollen wir uns auf dem Markt in Valenca mit Frischproviant versorgen. Die Stadt mit 40 000 Einwohnern liegt an einem teilweise sehr flachen Flußlauf, den wir nur bei Hochwasser passieren können. Bereits bei ablaufendem Wasser müssen wir deshalb in aller Hergottsfrühe, um 03.00 Uhr morgens, aufstehen. Mit Neroi kommt der

16jährige Sandro an Bord. Er kennt den Lauf des Flusses Una, der zur Stadt führt, wie seine Westentasche und erweist sich als außerordentlich zuverlässiger Lotse und Steuermann. Nachdem wir uns reichlich mit Obst und Frischgemüse eingedeckt haben, segeln wir mit dem auflaufenden Wasser eilig zurück nach Gamboa.

Noch am Abend wollen wir auslaufen und bereiten alles vor. Dann Abschied von unseren vertraut gewordenen Freunden Neroi und Mike, Austausch unserer Adressen und das Versprechen, bald zu schreiben.

Nach Einbruch der Dunkelheit setzen wir Segel. Nächstes Ziel: Der Abrolhos-Archipel. Für uns beide ist jetzt alles viel einfacher geworden, besonders die anstrengenden Nachtwachen haben sich durch Werners Anteil auf eine erträgliche Zeit verkürzt.

Wir haben eine unruhige Nacht bei sehr rauher See hinter uns. Früh um 06.00, als ich endlich Schlaf gefunden habe, fällt mir plötzlich etwas Schweres auf den Kopf und reißt mich aus meinen Träumen. Diesmal war es nicht der Barograph, der mich schon zweimal auf diese Weise heimgesucht hatte, sondern die große Petroleumlampe, die über mir festgebunden war. Ihr Inhalt ergießt sich über mein Haar, Gesicht und Kopfkissen. Kein Wunder, wir haben Freitag, den 13. – da soll einer nicht abergläubisch werden! Mit reichlich Shampoo und Seewasser und besonders viel Geduld und Mitgefühl von Erich lassen sich aber alle Folgen beseitigen. Überraschungen gibt's bei der Segelei halt immer wieder, auch solche.

Die fünf kleinen Inseln des Abrolhos-Archipels sind von zahlreichen Bänken, Riffen und Unterwasserklippen umgeben. Portugiesische Seefahrer nannten sie bezeichnenderweise „Abros fos ossos = halte die Augen offen, hier droht Gefahr". Das Handbuch der Ostküste Südamerikas warnt davor, sie ohne ortskundige Führung anzulaufen: „Das Vorkommen zahlreicher kleiner Untiefen und schnell wachsender Korallenriffe läßt vermuten, daß im Seegebiet um die Abrolhos noch unbekannte, gefährliche Riffe oder Untiefen vorhanden sind. Wegen der unregelmäßigen Wassertiefen in der ganzen Umgebung der Inselgruppe warnt das Lot nicht vor der Annäherung an die Gefahrenstellen. Es wird empfohlen, den Archipel in mindestens 20 Seemeilen Abstand östlich zu passieren."

Wir wollen den Archipel trotzdem besuchen, auch wegen seiner – wir hoffen es wenigstens – interessanten Unterwasserwelt. Also heißt es jetzt sehr sorgfältig navigieren und Ausguck halten, um die Inseln sicher zu erreichen.

Nach zwei Tagen ist das Leuchtfeuer der Abrolhos unter der Kimm zu sehen. Schemenhaft tauchen die Inseln in der Morgendämmerung auf, und um 06.00 Uhr ankern wir in der Bucht von Santa Barbara, der größten unter diesen Inseln des Archipels.

Ein Tal durchzieht das schmale Eiland, so daß es von weitem wie zweigeteilt aussieht. Zur Südseite hin liegt zwischen Felsen ein kleiner Sandstrand. Außer von Santa Barbara wird die Bucht noch von drei Mini-Inseln begrenzt, aus denen schütter einzelne Palmen ragen.

Wir sind die einzige Yacht, ja sogar das einzige Boot hier. Der stahlblaue Himmel ist voller Tropicvögel mit leuchtend roten Schnäbeln und langen geschwungenen Schwanzfedern, Maskentölpel und Fregattvögel. Unterwegs zu ihrem Frühstücksfang, drehen sie neugierig eine Runde über uns und drücken laut krächzend ihre Verwunderung über unsere Anwesenheit aus.

Ein erfrischendes Bad im kristallklaren Wasser tut gut nach der anstrengenden Nacht. Werner ist in unbekannten Gegenden grundsätzlich kritisch gegen alles eingestellt, was kriecht, fliegt oder schwimmt. So wirft er auch gleich die nicht unberechtigte Frage auf, ob es hier vor dem Riff wohl Haie gebe. Plötzlich fühlen wir uns nicht mehr so wohl und klettern hastig ins Dingi zurück.

Wir setzen zum Strand über. Im Tal kommen wir an wenigen kleinen Häusern vorbei, in denen Angehörige der Armee mit ihren Familien leben. Wir laufen über nackte Felsen, Gestrüpp und karges Buschwerk, oder besser gesagt, wir stolzieren wie Störche im Salat – eine Folge von Werners stetiger Warnung vor Schlangen – bis zum schwarz-weiß gestreiften Leuchtturm am Ostende der Insel. Viele Vögel brüten hier oder füttern ihre Jungen. Kleine Herden verwilderter Ziegen nehmen vor uns Reißaus.

Als wir wieder am Strand sind, kommt ein junger Farbiger auf uns zu und meint lachend, wir hätten aber Mut gehabt, hier zu baden. Wir besäßen sicher gute Unterwasserwaffen, denn er habe schon häufig Haie von mehreren Metern Länge in der Bucht gesehen, während er geangelt habe. Betroffen sehen wir uns an. Nicht umsonst hatten wir uns also im Wasser bedroht gefühlt.

Der kraftstrotzende junge Mann ist Sergeant bei der Marine. Er erzählt stolz, mit dem Schiff sei er auch schon in Hamburg gewesen. Mehr oder weniger freiwillig hat er sich auf die Insel versetzen lassen und tut hier als Funker seinen Dienst. Er beklagt sich über die Einsamkeit und die Langeweile, und dabei streichelt er sein kleines Taschenradio, das außer der Funkerei für ihn der einzige Kontakt mit der Außenwelt ist. Geld verdiene er hier sehr gut, aber es gäbe eben leider gar nichts, wofür man es wieder ausgeben könnte, und so zähle er die Tage bis zu seiner Ablösung. „Ich bin aus Rio, dieser herrlichen Stadt", sagt er, „und werde nach meiner Rückkehr erst einmal wieder kräftig auf den Putz hauen." Wir können sein Gefühl nicht ganz teilen, denn für uns gibt es zur Zeit nichts Schöneres als eine einsame Insel wie diese.

Der kleine Außenborder, der uns schon in Gamboa Kummer bereitet und veranlaßt hatte, ihn in sämtliche Einzelteile zu zerlegen und gründlich zu reinigen, gibt plötzlich ganz seinen Geist auf. Das wird uns fast zum Verhängnis, als wir zu einer der Mini-Inseln am Rande der Bucht übersetzen. Mitten in der Wasserrinne wird unser Dingi unvermittelt von einem teuflisch starken Sog erfaßt. Erich rudert um unser Leben. Eins ist sicher, wenn jetzt ein Ruder bricht oder Erichs Kräfte nachlassen, geht's hinaus aufs offene Meer. Wir bekommen gerade noch den äußersten Landzipfel der Insel zu fassen. Erich ist total erschöpft. Auch das Anlegen ist schwierig. Spitze Felsen überall. Der Gummiboden und unsere Füße bekommen ein paar böse Schrammen ab. In den von einer Unmenge großer, schwarzer Seeigel bevölkerten Löchern und Spalten der Felsen wachsen Korallenstöcke, und blaue Fische spielen im seichten Wasser mit der Sonne.

Erich entdeckt eine dicke Muräne unter einem Stein. Drohend zeigt sie ihre spitzen Zähne im weit aufgerissenen Maul. Als er leichtfertig den Stein etwas anhebt, schießt sie wie ein Blitz heraus und zwischen meinen Beinen hindurch. Ich hatte sie gerade aus der Nähe filmen wollen und erfasse die Lage erst, als etwas Glattes, Kühles gegen meine Beine und Füße schlägt. Ihr Fluchtreflex überwog zu meinem Glück den Beißreflex, und so komme ich mit einem Schrecken davon.

Am Riff ist das Wasser durchschnittlich nur etwa zwei bis drei Meter tief, also kaum Gefahr, von Haien überrascht zu werden. Unter Wasser herrscht reges Leben: In der Dünung wiegen sich Seegräser, kleine bunte, fast durchsichtige Fische huschen zwischen ihnen hindurch. Sie sind sehr neugierig. Wahrscheinlich haben sie noch nie einen Menschen hier baden sehen. Langusten liegen lauernd in ihren Felshöhlen, und zwei große Stachelrochen sind mit einem Male da und versetzen mich so in Panik, daß ich wasserschluckend zum Dingi haste.

Der Felshang, an dessen Fuß die See brandet, ist dicht besiedelt mit Fregattvögeln. Sie sind in Balztrance. Enorm beschäftigt achten sie kaum auf unsere Nähe. Feierlich kreisen pechschwarze Männchen über uns mit ihren aufgeblasenen, knallroten Hauttaschen am Hals, die wie leuchtende Luftballons am Himmel aussehen. Überall hocken fasziniert in die Höhe starrende Weibchen. Lautes kju-kju-kju schließt den Bund für diese Saison. Die Paare, die sich bereits gefunden haben, basteln eifrig an ihren Gestrüpp- und Grasnestern.

Mit diesen Meistern aller Flieger auf See sind höchstens Albatrosse vergleichbar. Ihre Überlegenheit nützen sie zur Luftpiraterie. Wir haben schon häufig beobachtet, wie sie anderen Seevögeln ihre Beute im Flug abjagten. Diese Raubüberfälle erinnern an das Kapern biederer Handelsschiffe durch schnelle Fregatten, was den Vögeln auch ihren Namen einbrachte.

Am späten Nachmittag nehmen wir Abschied von der Insel Santa Barbara. Werners Urlaub geht bereits in acht Tagen zu Ende, so bleibt uns keine Wahl. Wir müssen in Richtung Rio de Janeiro weitersegeln.

Wenigstens 400 Seemeilen bis Rio liegen noch vor uns. Eine frische Brise aus Nordosten läßt uns zunächst flotte Fahrt bei ausgebaumter Genua machen.

Werner sichtet einen großen weißen Wal, der wohl um einen Fischschwarm seine Kreise zieht. Es gelingt, ohne Kursänderung an ihm vorbeizukommen.

Plötzlich braut sich Unheil über uns zusammen, viel zu schnell, um vorsorgen zu können. Sturmböen von 40 Knoten (8 Beaufort) und sintflutartiger Regen überfallen uns. Alle Mann an Deck! Die Männer zum Segelbergen, ich ans Ruder. Verzweifeltes Kurshalten, bis die Genua unten ist. Jetzt in den Wind zum Herunterholen des Großsegels. Ich kann die Männer kaum erkennen durch die Wasserwand, noch weniger kann ich hören, was sie zu mir herüberbrüllen. FREYDIS kommt enorm ins Schlingern. Die aufgepeitschten Seen treffen sie jetzt seitlich und von vorn. Ich halte mich krampfhaft am Steuerrad fest und bemerke noch, daß es in der Messe drunter und drüber geht. Früchte, Zeitungen, Bücher fliegen durchs Schiffsinnere. Aus einem nicht sicher genug verschlossenen Nahrungsmittelschapp stürzt der Inhalt auf den Gang hinaus. Ich starte die Maschine, um besser manövrierfähig zu sein. Langsam kehrt Ruhe ein, und wir machen uns daran, das Schlachtfeld in der Messe aufzuräumen. Zu sehr hatten wir wieder einmal dem vorausgegangenen schönen Wetter vertraut und die Sachen nicht ordnungsgemäß verstaut. Das sollte uns eine Lehre sein.

Ein „Lumumba" – heißer Kakao mit Rum -- tut jetzt gut und hebt die Stimmung. Der Regen hält noch eine Weile an, dann klart es auf, und die Sonne trocknet alles schnell.

Werner studiert eifrig das Buch „Hochseeangeln" aus der Bordbibliothek. Er hat sein „Grätentrauma" überwunden und will nun große Fische mit wenig Gräten angeln. „Mach doch ein Schild an den Haken: Nur für Doraden und Thunfische über zehn Kilogramm", spottet Erich und geht zur Mittagsruhe in die Koje. Kaum hat er sich ausgestreckt, brüllt Werner um Hilfe. Er kämpft mit einem großen Fisch an der Angel. Erichs Müdigkeit ist sofort verflogen. Zu zweit holen sie das Prachtexemplar, eine 15 Kilogramm schwere Dorade, an Bord. Mit stolzem Grinsen, als hätte er den ersten Preis beim Sporthochseeangeln gemacht, läßt sich Werner mit seinem Fang fotografieren.

Die Angelei, und besonders das Töten der Fische, kosten mich immer Überwindung. Das Filetieren gelingt mir nach einigem Training schon recht flott. Dicke, grätenfreie Filets schmurgeln am Abend in der Pfanne. Erich holt zu diesem Festmahl eine gute Flasche aus seinem „Weinkeller" in der Achterkammer.

Wir versuchen am Abend erstmals, unseren Schiffsort mit Hilfe der Sterne und Planeten zu bestimmen. Das gelingt unerwartet gut, ebenso wie die Bestimmung uns vorher noch unbekannter Himmelskörper. Es ist die Freude des Entdeckers, die uns überkommt, wenn wir wieder einen Stern identifiziert haben. Mit einem Mal haben wir

Verständnis für die alten Astrologen, die das gewaltige Szenarium des Kosmos zu begreifen und die Geschicke der Menschen aus den Sternen zu ermitteln suchten. Gar zu gern hätten wir Antwort auf die Frage: Werden wir sicher die Antarktis erreichen und auch wieder verlassen?

Als im Morgengrauen des 19. November die kleinen Inseln Ancora und Gravata in Sicht kommen, verlegen wir den Kurs zwischen Cabo Buzios auf dem Festland und die beiden Inseln. So müßten wir direkt auf unser Ziel, die kleine Insel Comprida, stoßen. Sie ist etwa 80 Seemeilen von Rio entfernt. Patrick van God hatte uns auf die Idee gebracht, diese Insel anzulaufen, deren Bucht er einen „grüneingefaßten Saphir" nennt. Bald taucht das Eiland auf. Der Anker rasselt in einem fjordähnlichen Einschnitt an der Südwestseite auf steinigen Grund.

Von einem felsigen, mit blühenden Kakteen und Agaven bewachsenen Hang können wir auf die Bucht und das nur fünf Seemeilen entfernte Festland schauen. Grüne Papageien fliegen paarweise mit lautem, aufdringlichem Krächzen über uns hinweg zum gegenüberliegenden, mit Gestrüpp und Krüppelbäumen bewachsenen Hang. Die zahlreichen Moskitos merken schnell, daß wir unsere Mückenmittel vergessen haben. Sie lassen sich die Gelegenheit zu tanken nicht entgehen. Schlangen scheint es hier nicht zu geben, zu Werners großer Beruhigung, aber brennesselartige Pflanzen, die auf unserer Haut schmerzhafte Quaddeln hinterlassen.

Eine winzige verlassene Hütte steht am kleinen Strand nahe an der Felswand. Dahinter hat man einige Felsmulden mit ein paar Säcken Zement und Muschelkalk abgeriegelt, so daß sie als Swimmingpool dienen können. Jetzt steht nur ein wenig brackiges Regenwasser darin. Vor der Hütte liegen Berge von Muschelschalen und anderen vertrockneten Abfällen. Am Fenstersims lehnt der mumifizierte Kopf eines Ziegenbocks.

Mitten im Gerümpel aus leeren Flaschen und Holzkanistern steht eine total abgemagerte Katze. Sie ist wohl hier, in dieser kargen Fels- und Kakteenlandschaft, von irgend jemand vergessen oder ausgesetzt worden. Sie weicht während des gesamten Inselbesuches nicht von unserer Seite. Ein Bild des Jammers. Erich läßt sich nicht lange bitten und rudert zum Schiff zurück, um Futter für sie zu holen. Er kommt mit einem ganzen Picknick-Korb voll Thunfisch, Käse, Kondensmilch und Wurst. Katze „Robinson", wie wir sie spontan taufen, macht sich eilig über die Delikatessen her. Sie begleitet uns bis zum Beiboot dicht ans Wasser und sitzt dann noch lange reglos am Strand und schaut uns nach. Zum Trost hätte ich ihr gerne gesagt, daß wir morgen wiederkommen.

Am nächsten Morgen säubern Erich und Werner die Wasserlinie von Bewuchs. Sie reparieren eine der Lichtmaschinen, bei der sich ein Kabel gelöst hatte, und bringen das Sumlog wieder in Ordnung, das ausgefallen war, weil sich ein Plastikstreifen um den Impeller gewickelt hatte.

Anstelle eines Mittagessens backe ich einen Kuchen – Abwechslung nach vielen Fischmahlzeiten; dazu gibt es eine große Kanne Tee. Danach möchte Werner auf dem Boot ausruhen und Briefe schreiben. Erich und ich rudern wie gestern zum Strand mit Ei, Haferflocken und Milch für die arme Katze Robinson.

Wir reiben uns ausgiebig mit Insekten-Repellent ein und laufen am Ufer entlang, das dem Festland gegenüberliegt, springen über Steine und Klippen und lassen uns schließlich auf einem der Felsen nieder. Katze Robinson, die uns wie ein Schatten folgt, setzt sich neben uns. Wir durchforschen ihr stumpfes, schütteres Fell und stellen kein Ungeziefer darin fest, auch ihre Ohren sind gesund und sauber. Wir haben beide denselben Gedanken, den aber noch keiner ausspricht. Robinson allerdings scheint die nahe Wendung ihres Schicksals zu spüren und begleitet uns wieder bis dicht ans Wasser.

Ich nehme sie auf, und dann sitzt sie zitternd im Gummiboot. Trotz der entsetzten Miene von Werner wird das struppige Fellbündel auf die FREYDIS gehoben. Weil aber niemand das Schiff mit schmutzigen Pfoten betreten darf, wird ein warmes Seewasser-Sieben-Kräuter-Shampoo-Bad für Robi vorbereitet. Sie läßt sich ohne Widerstand von uns baden. Abfrottiert und sich putzend sitzt sie eine Stunde im Cockpit, bis sie schließlich unter einer Wolldecke einschläft.

Beim ersten verschlafenen Blick aus dem Cockpit scheint es am nächsten Morgen, als ob um uns herum das Wasser kocht. Großjagd der Barrakudas verursacht Panik unter Schwärmen von Kleinfischen. Aber FREYDIS bietet wenig Schutz vor Verfolgern.

Die Ruhezeit auf Comprida nähert sich ihrem Ende. Am Nachmittag Planungsstunde beim üblichen Tee. Seekarten werden zu Rate gezogen für die nächsten Etappen: Rio de Janeiro – Montevideo – Falklands. Wir stellen eine Liste der Dinge auf, die von der Crew mitgebracht werden sollen, die in Montevideo zusteigen wird. Werner wird sich nach der Rückkehr aus Rio darum kümmern.

Gegen Abend verlassen wir die Insel bei Flaute und laufen unter Motor. Als ich meine Nachtwache übernehme, verkriecht sich Robi hinter meinem Rücken; das Motorengesurre und die ganze Segelei sind ihr unheimlich. Werner stolpert zum wiederholten Male über ihren Freßnapf und kippt ihn aus. Ausdruck seiner Ablehnung?

Unser erster Ankerplatz in Rio de Janeiro ist in der Guarnabara-Bucht vor dem Yachtclub, direkt neben dem Zuckerhut. Dicht daneben liegt eine schonerbetakelte zwölf Meter lange Ferrozement-Yacht. Ihr Besitzer, mit dem wir rasch ins Gespräch kommen, lebt bereits seit 16 Jahren in Rio und ist jener Jacques de Smedt, von dem auch Patrick van God in seinem Buch berichtet. Er und seine rassige schwarze Freundin Lisa, die aussieht, als wäre sie Topmannequin eines teuren Modejournals, laden uns zu sich an Bord zu einem „Sundowner" ein.

In der gemütlichen Messe mixt der „Herr des Hauses" einen Capirinha aus Rum, Zitronensaft und Zucker, der angenehm lässig durch unsere Kehlen rinnt und uns ein wenig einstimmt auf die Atmosphäre Rios.

Der exklusive Yachtclub von Rio ist finanzkräftigen Einwohnern Rios vorbehalten. Ausländische Yachten werden im clubeigenen Gelände nicht geduldet. Trotzdem wollen wir versuchen, während unserer Landgänge wenigstens das Beiboot an die sichere, bewachte Pier des Clubs zu legen. Um einen guten Eindruck zu machen, werfen wir uns, so gut es geht, in Schale.

An der Rezeption des Clubs stoßen wir jedoch auf strikte Ablehnung. Für Ausländer sei die Marina Gloria zuständig. Von diesem Yachthafen hatte uns Jacques jedoch wenig Vorteilhaftes berichtet.

Als wir nun frisch gewaschen, gekämmt und manierlich gekleidet, aber ratlos herumstehen, kommt unerwartet unser Retter: Senhor Presidente Vinicius Valladares Vasconcellos, ein freundlicher älterer

Herr, fragt uns nach unseren Wünschen. Er hat viel Verständnis für uns Segler aus der Fremde. Eine Rolle spielt sicher die Tatsache, daß sein Sohn gerade einhand von den Kanaren aus über den Atlantik segelt.

Jedenfalls nehmen nun die Dinge für uns einen unerwartet günstigen Verlauf. Wir bekommen einen Liegeplatz mit Wasser- und Stromanschluß, direkt vor dem palmenumsäumten Clubgebäude mit Restaurant und Aufenthaltsräumen. 50-Meter-Swimmingpool, Superduschen und alle übrigen Anlagen stehen uns zur Verfügung. Unser Wohltäter meint, wir sollten uns wie zu Hause fühlen.

Aller Sorge enthoben, verlassen wir das Clubgebäude und begeben uns zu dem von Jacques de Smedt empfohlenen, typisch brasilianischen Restaurant.

Kaum haben wir uns an den Tisch gesetzt und erwarten wie gewohnt die Speisekarte, als die Kellner wie ein Bienenschwarm aus der Küche zu uns eilen. Jeder trägt einen riesigen Grillspieß mit einer anderen Fleischsorte und ein Messer. Im Nu sind unsere Teller zum Überquellen voll von gegrillten Köstlichkeiten, und nur laut geäußerter Protest hält den nächsten Kellner ab, noch ein Viertel Hähnchen obendraufzusetzen. Der Tisch ist währenddessen voll leckerer Beilagen gepackt worden. Sobald eine Platte dreiviertel leer ist, wird sie ohne Aufforderung durch eine volle ersetzt. Ich kann nur staunen und will lieber nicht an die sicherlich saftige Rechnung denken. Als der Ober die Rechnung bringt, staunen wir ein zweites Mal. Für das opulente Mahl zahlen wir nur umgerechnet sieben Mark pro Person.

Bei unserer Rückkehr zum Schiff sind wir sehr zufrieden mit dem Verlauf der ersten Stunden in der Großstadt Rio de Janeiro, und auch Robi ist glücklich über Steak, Nierchen und Schweinebraten, die ich heimlich von unserem Mahl abgezweigt hatte.

Der nächste Tag ist ausgefüllt mit den üblichen Pflichten eines Seglers nach dem Landfall. Dann läßt Werner seinen Rückflug bestätigen, während wir uns in der Innenstadt bei einem Schiffsausrüster nach dem Preis für Gummidingis erkundigen. Wir wollen versuchen, im Hafen unser sperriges Zweit-Dingi zu verkaufen.

Als an einer Ecke etwas Grünbraunes über unsere Füße huscht, schrecken wir zusammen. Es ist nur eine Papierschlange. Der Verkäufer freut sich kindisch, daß ihm der Spaß wieder einmal gelungen ist. „Nur 40 Cruzeiros", sagt er. Wir lachen. „Für Sie nur 30 Cruzeiros." Werners ständige Warnungen vor Schlangen bei all unseren Landgängen kommen uns in den Sinn. Da war ja endlich eine. Wir nehmen sie für eine passende Gelegenheit mit.

Es vergeht noch einige Zeit, bis wir Briefpapier, Karten, Briefmarken, Flaschenöffner und standfeste Gläser gefunden haben. Beim Teesieb ist der Einkauf dann jäh zu Ende. Siedend heiß fällt uns ein, daß wir vergessen hatten, den zum Auffüllen der Tanks geöffneten Wasserhahn wieder zu schließen. Zwei Stunden sind seitdem vergangen. Wir hasten zurück – aber nur ein paar nasse Teppiche. Das Wasser ist durch das Überlaufrohr in die geräumige Bilge abgeflossen. Wir lenzen und hängen die Teppiche zum Trocknen über die Reling.

Als Werner mit nassen Feudeln aus der Achterkammer kommt, huscht etwas Grünbraunes über seine Füße. Einer Ohnmacht nahe, rettet er sich auf die Koje. Robi ist Herr der Lage. Mit einem Satz ist sie auf dem Lindwurm und zerfetzt ihn in tausend Stücke. Werner ist gerettet. Auffällig ist, daß er seitdem nicht wieder über Robis Milchtopf stolpert.

Zu Abend essen wir in einer kleinen Straßenpizzeria. Die Luft um uns ist geladen mit Fußballbegeisterung. Brasilien spielt gegen Chile. Aus allen Häusern brüllt, pfeift und grölt es. Knallfrösche platzen auf den Straßen, so daß wir zunächst an eine Schießerei denken. Als wir todmüde zum Schiff zurückfahren wollen, ist der Taxifahrer, der vor dem Schaufenster-Fernseher völlig versunken in das Geschehen steht, nur nach wiederholtem Bitten zu einer Fahrt zu bewegen. Sie kostet dann auch das Doppelte des üblichen Preises.

Abschiedsstimmung. Werner verläßt uns heute.

Mit einem der zahllosen, gelben „Käfer", die als Taxis durch die Straßen Rios flitzen, fahren wir zur Zahnrad-Bahnstation am Fuß des Corcovado. Ein Einheimischer ist sichtlich stolz, daß wir in Deutschland diesen guten „brasilianischen Volkswagen" auch bereits kennen. Obwohl ich mir vorgenommen hatte, mich nicht mehr von einem Taxifahrer übers Ohr hauen zu lassen, schafft es dieser dennoch, mir wieder 200 Cruzeiros zuviel abzunehmen. Nicht ärgern! Zu schön ist die Bahnfahrt auf den Corcovado, den Buckligen. Als wir oben ankommen, gehen in Rio gerade die Lichter an. Gespenstisch wirkende Wolkenfetzen ziehen im Licht der Scheinwerfer nach oben zur riesigen Christusfigur und versperren zeitweise die Sicht. Zwar ist uns das berühmte Panorama dieser Stadt inmitten ihrer zauberhaften Umgebung von zahllosen Prospekten und Postkarten bekannt, trotzdem sind wir überwältigt.

Unübersehbar das Wahrzeichen Rios, der Zuckerhut in der Guanabara-Bucht. Als Magellan im Jahre 1519 auf seiner Weltumsegelung hier anlief, um Süßwasser aufzutanken, nannte er die Bucht Santa Lucia. Aber nur der indianische Name Guanabara, „fast wie ein Meer", setzte sich durch. Ein erstes festes Lager schlug 1565 der Portugiese Estacio de Sá hier auf. Er fiel im Kampf gegen französische Hugenotten, die nach Brasilien geflohen waren, um sich der Verfolgung in ihrer Heimat zu entziehen. Aber schon einige Jahre später wurden sie vom Onkel Estacios, Mem de Sá, aus der Guanabara-Bucht wieder vertrieben. Er war es auch, der die Stadt Rio de Janeiro unweit der Mündung des gleichnamigen Flusses gründete, die 1763 anstelle Bahias die Hauptstadt Brasiliens wurde und es bis 1960 blieb.

Der Wettergott scheint es nicht gut mit uns zu meinen. Fast zwei Tage regnet es ununterbrochen in Strömen. Erich nutzt die Zeit, um die FREYDIS in einen gut gehenden Kaufladen zu verwandeln. Überschüssige Teile, wie Blöcke und Schäkel aus Nirosta-Stahl, Angelleinen und Spezialhaken, werden uns aus den Händen gerissen – alles Dinge, die in Rio kaum zu bekommen sind. Erichs Verkaufsleidenschaft macht nicht einmal vor den geheiligten Whiskybeständen halt.

Ob sich die dabei von Erich voll Stolz eingetauschte Luftdruck-Harpune tatsächlich für uns als nützlich erweisen wird, scheint mir etwas fraglich. Die unsicheren Cruzeiros werden noch am gleichen Tag gegen inflationsfeste Vorräte an Coca-Cola, Bier und Mineralwasser eingewechselt, ohnehin notwendige Ausgabe für die bald vielköpfige Crew.

Wir sind gerade mit dem Verladen fertig und wischen uns den Schweiß von der Stirn, da steht plötzlich ein junger Mann in voller Antarktismontur – trotz 38 Grad Celsius – an der Pier. In jeder Hand trägt er einen großen Seesack und lacht dabei übers ganze Gesicht. Folkmar! Er hat uns also gefunden. Der vorsorglich informierte

Pförtner des Clubs hatte ihn ohne weiteres passieren lassen. Nach dem Willkommenstrunk übergibt er uns heißersehnte Post aus der Heimat. Während wir uns beide unverzüglich darin vertiefen, richtet Folkmar sich häuslich in der Achterkammer ein. Robi verfolgt alles gespannt.

Wie wir beide kommt Folkmar, unser neues Crewmitglied, aus Leer und ist langjähriger Segler. Als fast fertiger Ingenieur bringt er die nötigen Voraussetzungen für die Lösung möglicher Probleme bei Bordelektrik und Computer-Systemen mit.

Die Besuche häufen sich. Wolf-Dietrich Hudemann, ein Deutscher, schon viele Jahre in Rio als Ingenieur tätig, steht bald winkend an der Pier. Er hat einen Yachtbesitzer mitgebracht, der unser zweites Gummidingi kaufen möchte. Gleich darauf kommt Kapitän Grubbe, der Trans-Ocean-Verbindungsmann in Rio, der hier als Kundendienstleiter einer großen deutschen Automobilfabrik arbeitet. Er schlägt uns für morgen eine Rundfahrt durch Rio und Umgebung vor.

Endlich hat Folkmar den Inhalt seiner Seesäcke verstaut. Nun hat er einen Bärenhunger. In einem der Churrasco-Rodeo-Restaurants staunt er ebenso wie wir beim ersten Mal über die großen Fleischportionen. Der Ober verspricht mir für meine Katze etwas Fleisch einzupacken, fragt aber vorher, ob es eine kleine oder eine große Katze sei. „Es ist ein Tigrillo", ruft Erich ihm zu. Der Ober kommt nach fünf Minuten aus der Küche und überreicht mir ein etwa vier Kilogramm schweres Paket. Robi gibt sich alle Mühe und verschlingt Hähnchenbrust und Rinderlende. Die Reste wandern in die Kühltruhe für magere Zeiten.

Gegen Mittag des nächsten Tages holt uns ein Mitarbeiter von Herrn Grubbe zur Sight-Seeing-Tour durch Rio ab. Auf der Avenida Atlantica liegen Strandcafés, Restaurants, exklusive Bekleidungs-, Schmuck- und Souvenirläden miteinander im Wettstreit um die Gunst der Besucher. Erich und Folkmar sind einigermaßen irritiert. Es gibt am Strand und auf der Avenida einfach zu viele außergewöhnlich attraktive Mädchen – schaut man einer nach, verpaßt man die anderen. Sie nehmen sich vor, noch einmal, dann aber länger, an den Strand zu kommen, nicht zuletzt auch, wie sie behaupten, wegen der zu erwartenden Badefreuden in den Brechern, die sich hier zum Vergnügen der Surfer meterhoch türmen.

Weiter geht es, vorbei an wunderhübschen langen Stränden, die zwar erheblich einsamer, aber ebenfalls sehr einladend sind. Das Wasser allerdings ist es weniger, wegen der einfließenden ungeklärten Abwässer Rios.

Wir fahren durch sattes Grün tropischer Vegetation auf den Pico de Tijuca. Auf 600 m Höhe, fern von der Schwüle und dem Smog Rios, ist die Luft erfrischend angenehm.

Es geht wieder bergab. Pech, daß wir gerade zur Rush-Hour auf die Hauptstraße kommen. Blechschlangen nehmen uns auf. Als wir endlich im Yachtclub ankommen, stellen wir fest, daß die Riemen unseres Dingis fehlen. Kaum zu glauben, daß selbst in so einem renommierten Club gestohlen wird. Wir fühlen uns wie Fische ohne Flossen. Es gelingt schließlich, das Dingi entlang der Heckleine zu unserem Schiff hinüberzuangeln.

Am Abend essen wir mit Wolf-Dietrich in einem Lokal auf der Rua Atlantica in Ipanema, bekannt als Eß-, Trink- und Amüsierviertel und scharfe Konkurrenz für Copacabana. Für den nächsten Tag werden wir zu einer Geburtstagsparty eingeladen.

Wegen der vielen Moskitos verschanze ich mich nachts hinter meinem engmaschigen Vorhang. Diese Konstruktion ist jedoch nur relativ dicht. Bei großem Ansturm findet der eine oder andere Quälgeist doch eine offene Ritze, und wenn erst Robi durchsteigt, strömen ganze Scharen von Blutsaugern nach. Jetzt helfen nur noch Repellents.

Das Haus des 50jährigen Geburtstagskindes, eines österreichischen Restaurantbesitzers, liegt an einem Hang. Von der Veranda aus haben wir einen phantastischen Blick auf die Buchten und einen großen Teil der Stadt. Etwa 50 österreichische, brasilianische und deutsche Gäste sind gekommen. Es geht recht unkonventionell zu. Nach der Begrüßung lockt die ausgehungerten Segler ein reichhaltiges kaltes Büfett und die Grillecke auf der Veranda. Einige der brasilianischen Gäste singen zur Gitarre einheimische Volkslieder oder neueste Hits. Aus dem Salon klingt Wiener Caféhausmusik, und um uns herum vermischen sich hochdeutsche Sprachfetzen mit portugiesischen Tönen, unverwechselbarem Österreichisch und dem vergnügten Lachen der Kinder aus dem Swimmingpool.

Wir schließen viele Bekanntschaften und erhalten so viele Einladungen, daß wir ein volles, interessantes Monatsprogramm hätten absolvieren können. Nach dem Essen erfrischen wir uns im Swimmingpool. Anschließend Tanz im Dreivierteltakt oder nach heißen brasilianischen Rhythmen. Kaum zu glauben: Vor ein paar Tagen noch fremd in Rio, und nun fühlen wir uns schon ganz integriert in diese Mischung aus europäisch-beschwingter Gemütlichkeit und brasilianischer Heißblütigkeit.

Nach diesen Tagen lässigen Landlebens schlägt auch hier die Abschiedsstunde. Ich muß allerdings doch einmal anmerken, daß ich diese „Lässigkeit" nicht so auskosten kann, wie man es bei einem Aufenthalt in Rio wohl erwartet. Zuviel liegt noch vor uns. Das dadurch aufkommende Unsicherheitsgefühl läßt mich um so weniger los, je südlicher wir uns den eigentlichen Gefahrenzonen nähern. Es ist eine Art Reisefieber, ein Gemisch aus Angst, Erwartung, Neugier und Vorfreude.

Wir holen den Buganker hoch, werfen die Heckleine los und verlassen den Yachtclub Rio de Janeiro. Jacques de Smedt steht auf der Yacht eines seiner Freunde und winkt uns heran. Die Eigentümer, ein freundliches brasilianisches Ehepaar, laden uns ein, an Bord zu kommen. Die beiden sind ehemalige Restaurantbesitzer und leben nun im Ruhestand vorwiegend auf ihrem Schiff. Die Inneneinrichtung des Schiffes entspricht eher der einer kleinen Bar oder eines Mini-Teesalons. Auf dem „Sofa" liegen zwei Prachtexemplare von Zuchtkatzen. Die scheue Getigerte scheint Besucher nicht zu schätzen und verschwindet. Valesia, die andere, ist ein Siam-Angora-Edelpelz, mit zwei tiefblauen Aquamarinen besetzt. Vom Podest ihres Seidenkissens schielt sie wie eine Sphinx in die Welt des Rätsels. „Siamkatzen sind ausgezeichnete Mitsegler", behauptet die Besitzerin. „Sie lassen sich durch die Schaukelei überhaupt nicht beeindrucken und werden nie seekrank." Als ich Robi hole, schielt Valesia noch ein wenig mehr und trollt sich.

Jacques empfiehlt uns, auf jeden Fall einen Abstecher nach Ilha Grande zu machen. Auf dieser kleinen Insel wohne ein österreichischer Funkamateur, dessen Adresse wir bereits von Otto aus Leer, selbst Funkamateur, bekommen hatten. Dieser Peter lebe allein mit seinem Affen auf seiner Facenda und unterhalte sich viele Stunden am Tag mit Amateurfunkern aus der ganzen Welt, darunter auch mit Otto. Wir nehmen uns vor, ihn zu besuchen.

Als sich Jacques nach unseren Angelerfolgen erkundigt, berichtet Erich ihm etwas enttäuscht davon. Jacques meint, so sei es oft, die Angel und der Köder seien hervorragend, aber die Fische leider so wenig kooperativ.

Küßchen rechts und links – ablegen – winken. Das war Rio. Nun geht's nach Ilha Grande. Zunächst mit noch 4 Knoten die Stunde und dann überhaupt nicht mehr, denn plötzlich ist Flaute.

Wir warten auf Wind, dümpeln. Ich übernehme ab 04.00 Uhr die Wache. Wir drehen uns im Kreis, und der beleuchtete Corcovado in der Ferne ist mal an Steuerbord, mal an Backbord, mal vorn, mal achtern, aber immer noch gut zu erkennen.

Aus dem bleiernen Wasser hüpfen gelegentlich übermütige Doraden, sonst herrscht Stille. Um 08.00 Uhr kommen Erich und Folkmar an Deck, nur um zu erfahren, daß der Corcovado in der Ferne nun nicht mehr beleuchtet ist. Wir frühstücken und sind trotz der Dümpelei bester Laune. Das Dingi auf dem Vorschiff, mit Seewasser gefüllt, wird zum Mini-Swimmingpool.

Erich angelt. Prachtexemplare von Doraden schwimmen gesellig in Dreier- oder Vierergruppen dicht um die FREYDIS. Wie Opale schimmern sie blauviolett-golden durchs Wasser. Aber wie Jacques de Smedt so treffend sagte, sind sie eben wieder mal denkbar unkooperativ. Sie strafen Erichs „Wobbler" mit Mißachtung. Auch Robi wird es schließlich zu dumm. Sie legt sich in Erichs Koje und schläft.

Kaum steht die Angel wieder in der Halterung, da knattert die Schnur mit rasender Geschwindigkeit von der Rolle. Die Angel krümmt sich wie ein Flitzebogen, und dann peitscht die starke Nylonleine plötzlich ins Cockpit zurück. Zum Glück trifft sie keinen von uns. Verdutzt schaut Erich auf das abgebissene Ende. „Jetzt steckt der teure Wobbler auch noch so einem armen Vieh im Maul!" beschwere ich mich. Ungerührt bringt Erich die Angel wieder aus, diesmal aber mit Stahlvorfach.

Schließlich werfen wir den Motor an, um nicht einen weiteren Tag zu verlieren. Nach dem Abendessen – es gibt Leberkäse und Kartoffeln –

holt Erich zur Nacht die Angel ein. Als ein einen Meter langer Schwertfisch kampflos daran hängt, ändern wir unsere schlechte Meinung von den Fischen.

Während wir das scharfe Gebiß am abgetrennten Kopf noch staunend betrachten, zerrt Robi flink den ganzen Rumpf am Schwanz hinter sich her übers Deck. Als wir ihr die Beute endlich wieder abgejagt haben, ist das ganze Schiff blutverschmiert. Der Fisch muß noch am Abend gebraten werden, damit er bei der feuchten Hitze nicht verdirbt.

Um 05.00 Uhr früh am 1. Dezember kommt Ilha Grande voraus in Sicht. Hinter dem weißen Sandstrand schimmert zwischen Palmwedeln und Bananenblättern am Hang ein wohlgepflegter Rasen, der sich bis zu einem kleinen, grün umwucherten Haus auf der Anhöhe erstreckt.

Wir liegen kaum zehn Minuten in der Bucht, als ein Geländewagen am Wasser anhält und ein Mann auf der größten Palme viele Fahnen hißt. Nacheinander entfalten sich die alte deutsche Kriegsflagge, die bundesdeutsche, die amerikanische und schließlich die brasilianische Fahne.

Als Antwort ziehen wir sofort unsere etwas überdimensionierte ostfriesische schwarzrotblaue Fahne unter die kleine brasilianische Gastflagge. Der erste Kontakt mit „Affen-Peter", der bereits wieder im Geländewagen verschwunden ist, ist hergestellt. Daß es sich um seine Facenda handelt, sieht man schon von weitem an den zahlreichen, vor dem Haus und auf einem nahen höheren Berg aufgestellten Funkantennen.

Wir wriggen mit dem selbstgefertigten Paddel zum Strand hinüber. Drei weiße Hausenten schwimmen in der Bucht, als wär's ein kleiner Süßwasser-Binnenteich. Geschickt steuern sie durch die für sie recht hohe Brandung und watscheln auf den Sand. Auf einem Schild lesen wir: „Facenda da Aroeira, Peter Thürridl". Wir gehen die Wiese hinauf bis zum Haus.

Hinter der Eingangstür steht ein Tisch mit Funkgeräten. Hier sind wir richtig. Man sagt uns, der Senhor sei auf dem Berg in seiner zweiten Funkstation, käme aber bald wieder zurück.

Als wir uns gerade auf den Weg machen, um ihn abzuholen, kommt plötzlich ein meterhoher, schwarzer Wollaffe aus dem Dickicht, mustert uns kurz von der Seite und stellt sich in abwartender Haltung vor uns auf den Weg. Sie, die Dame des Hauses, die Claudia heißt, hatte bereits vor uns den Landrover gehört und wartet auf ihren Herrn. Gleich darauf hält der Wagen neben uns und Claudia setzt sich auf ihren Stammplatz. Peter, ein breitschultriger Hüne von zirka 60 Jahren, begrüßt uns ohne Umschweife: „Ihr seid also die schon so lange von Otto angekündigten Ostfriesen, na, dann kommt mal mit", und sieht uns dabei freundlich-prüfend an.

Wir gehen mit Claudia, die vor Freude und Aufregung über den Besuch ununterbrochen vor sich hin quiekt, und Asta, dem Schäferhund, in sein Haus, das praktisch eingerichtet ist, aber unverkennbar Spuren einer Junggesellenwirtschaft trägt.

Peter kennt viele Segler vor allem durch die Funkerei und bekommt häufig hier in seiner Idylle Besuch von ihnen. Manche bleiben sogar Monate. Seine beiden Gästebücher sind voll von Fotos der Yachten und ihrer Eigentümer sowie den Beschreibungen der gesegelten Routen. Wir verfolgen mit Interesse den Funkkontakt, den er zu einem Einhand-Segler hat, der gerade Kap Hoorn zu umrunden versucht. Schon vier Tage lang kämpft er sich durch Sturm mit Spitzen um Windstärke 10. Peter spricht ihm täglich über Funk Mut zu.

Auch mit seinem Funkerfreund George auf den Falkland-Inseln unterhält er sich und berichtet, daß die Yacht FREYDIS bei ihm angelegt hat. Demnächst segle sie zu den Falkland-Inseln. George packt die günstige Gelegenheit sogleich beim Schopf und ordert zehn Kilo brasilianischen Kaffee und einen Sack Kokosnüsse, die uns Peter mitgeben soll.

Dann kommt eine Überraschung. Ein Funker aus Bielefeld wird von Peter beauftragt, Funkerfreund Otto aus Leer telefonisch an den Funkapparat zu holen. Nach zwanzig Minuten ist es soweit, Otto meldet sich. Er hatte schon die Hoffnung aufgegeben, von uns zu hören, denn zur verabredeten Zeit hatte er stets vergeblich am Radio auf ein Lebenszeichen von uns gewartet. Er konnte ja nicht wissen, daß wir Probleme mit unserem Bordsender haben und auf Peters Hilfe hoffen, um ihn in Ordnung zu bringen. Beglückt von dem Gespräch und darüber, daß unsere Lieben in der Heimat nun wissen, wo wir sind, verabreden wir uns für den nächsten Tag um die gleiche Zeit.

Peter kommt mit Claudia im Dingi zum Mittagessen an Bord. Während der Vorbereitungen sitzt sie auf dem Küchentisch und sieht mir interessiert zu. Dann legt sie sich plötzlich bäuchlings auf die gesamte Arbeitsplatte über der Kühltruhe und läßt mir keinen Raum mehr zum Arbeiten. Da ich keinen Biß der verwöhnten Äffin riskieren will, füge ich mich in das Unvermeidliche und sehe zu, wo ich nun mit all meinen Schüsseln bleibe. Ich stelle sie in den Abguß und decke sie rasch zu, bevor der schwarze, behaarte Arm zum Naschen hineingreifen kann. Indigniert trommelt Claudia mit der Faust auf den Deckel. Robi sieht dem Treiben mißtrauisch zu. Daß sie ihr neues Heim mit so einem schwarzen Gesellen teilen soll, beunruhigt sie außerordentlich.

Im Cockpit unter dem Sonnensegel zeigt das Thermometer 32° C. Es ist ungewöhnlich schwül und vollkommen windstill. Zum Mittagessen gibt es den gestern geangelten Espada. Mit ähnlich mißtrauischem Blick wie Robi verfolge ich Claudia, wie sie nach dem Fressen mit soße- und kartoffelbeschmierten Händen in die Messe zum Mittagsschlaf abzieht. Aber Gäste sind nun einmal Gäste.

Anschließend streifen wir durch Peters Insel-Facenda. In dem sumpfigen Gelände mit den vielen Bambusarten hatte er vor einigen Jahren Alligatoren ausgesetzt, um sie hier zu züchten. Die aber hatten sich aus Fischmangel gegenseitig aufgefressen. Auch die frühere Bananenplantage wird nicht mehr wirtschaftlich genutzt. Sie zieht sich bis dicht hinter Peters Haus auf der Anhöhe hin.

Kaum sind wir zurück an Bord und haben uns erschöpft auf den Kojen gemütlich gemacht, da ruft Peter über Lautsprecher: „Es ist Cocktail-Time, kommt herüber!" Er hat bereits eine große Kanne Sangria gemixt, und ich beeile mich, mit Folkmars Hilfe aus den von Peter gefangenen und selbst eingelegten Sardinen Appetithappen zuzubereiten. Dann zeigt Peter uns Bilder von den Falkland-Inseln, auf denen er vor einem Jahr zu Besuch bei seinen Funkerfreunden war. Den Gedanken, die Antarktis anzulaufen, hält er für absurd.

Claudia, die nach Aussage ihres Herrn Frauen sonst nicht mag und sie beißt, wie auch in den Gästebüchern nachzulesen ist, klettert auf meinen Schoß. Von Erich läßt sie sich dabei mit Sangriafrüchten füttern. Mit unserem Besuch scheint sie voll einverstanden zu sein.

Am nächsten Tag geht's an unsere Funkanlage. Peter will versuchen, sie in Gang zu bringen. Wir hatten sie erst kurz vor dem Auslaufen in Deutschland installieren lassen. Die Automatik der Match-Box funktioniert nicht. Die Antenne wird deshalb manuell auf die Sendefrequenz abgestimmt. Schließlich ist es soweit. Peter hat Kontakt mit Otto, unserem Funkerfreund in Leer, in etwa 10 000 Kilometer Entfernung. Es klappt also mit der Funkerei an Bord. Für die folgende Reise in wenig erschlossene Gebiete wird diese einzige Verbindung mit der Außenwelt für uns von unschätzbarem Wert sein.

Den Abend verbringen wir bei Peter, der uns noch viel aus seinem Leben auf dieser Insel erzählt. Er berichtet auch davon, daß aus dem Gefängnis auf der anderen Inselseite bisweilen Strafgefangene ausbrechen und versuchen, zum Festland überzusetzen. Es ist sogar schon vorgekommen, daß sie Fischerboote oder Yachten geentert und die Besatzungen ermordet haben.

Interessant ist auch, daß gelegentlich Pinguine mit den Ausläufern des kalten Falkland-Stromes hier an Land gespült werden. Er nimmt sich dieser verirrten Tiere an und päppelt sie mit Fisch aus seiner Reuse wieder auf. Kaum haben sie sich jedoch einigermaßen erholt, reißen sie aus. Damit ist dann allerdings meist ihr Schicksal besiegelt, denn hier gibt es einfach zu wenig Fische für sie.

Als wir spät abends zur FREYDIS zurückkehren, sehen wir vom Dingi aus im Cockpit Licht brennen. Wir bekommen einen Schrecken und denken an möglicherweise entkommene Strafgefangene. Leise und so schnell es uns mit dem einzigen, selbstgefertigten Paddel möglich ist, pirschen wir uns heran. Das Licht geht aus. Als wir den Niedergang hinunter in die Messe schauen, wird das Licht im Cockpit plötzlich wie von Geisterhand wieder eingeschaltet. Ein Wackelkontakt hat uns zum Narren gehalten.

Am nächsten Tag bei Peter: Die Polizei taucht auf und legt uns nahe, möglichst bald auszulaufen, da geschossen werden würde. Einige Gefangene haben sich wieder einmal auf dem Transport zum Gefängnis befreit. „Dann geht immer eine wilde Sucherei und Schießerei los", sagt uns Peter. Meist erfolglos, da irgendein Boot die Ausreißer schon längst wieder am Festland abgesetzt hat. Unser Schiff soll aber nicht dazu dienen. Wir lichten lieber selbst den Anker, zumal wir sowieso auslaufen wollten.

Wir tragen uns ins Gästebuch ein mit einem Bild der FREYDIS. Peter und seine Gefährtin Claudia begleiten uns zum Strand hinunter. Wir winken noch lange, bis die zwei Gestalten hinter den Felsen verschwinden.

Es folgen Tage unfreundlichen Wetters. Der Wind nimmt stetig zu. Am 6. Dezember haben wir Sturm mit Stärke 8. Die See ist sehr rauh. Wenn wir nicht gerade Wache haben, liegen wir apathisch in der Koje. Nur nachmittags um 14.00 Uhr hebt sich unsere Stimmung, denn der Funkkontakt mit Otto in Leer klappt gut. Unsere „Micky-Maus" (gleich Maritime-Mobile-Station) bewährt sich.

Endlich klettert das Barometer wieder. Wir haben achterliche Winde und fahren den 200 Quadratmeter großen Spinnaker beidseitig ausgebaumt. FREYDIS legt sich mächtig ins Zeug, sobald der richtige Wind aufkommt. Wir planschen an Deck, und Erich macht sich schon stadtfein. Der Stoppelbart kommt ab, ich spiele Friseur. Zum Mittag gibt es aus den letzten frischen Tomaten eine Suppe, danach Bananen und nochmals Bananen. Die Stauden, die uns Peter mitgab, sind alle gleichzeitig reif geworden. Peter hat über Funk noch einige Vorschläge: Bananenschnaps, Bananenmarmelade, gebackene Bananen.

Statt zu frühstücken, esse ich ein paar reife Bananen und laufe übers Deck auf der Suche nach Fliegenden Fischen. Doch obwohl wir immer wieder viele vor unserem Schiff oder vor Raubfischen fliehen sehen, kommt keiner an Deck. Der Vollmond warnt sie.

Am 9. Dezember gegen Abend erreichen wir die Barra von Rio Grande do Sul. Rio Grande hat 140 000 Einwohner und liegt auf der Südseite der Barra auf einer Halbinsel, neun Seemeilen vom Meer entfernt. Lautes Klopfen, als wir vor der Barra den Motor anwerfen. Aus dem Maschinenraum quellen schwarze Wolken. Es stinkt, unsere Augen fangen an zu tränen. Der Auspuff ist durchgerostet. Ein Teil der Auspuffgase dringt auch ins Schiffsinnere. Da ist also wieder Arbeit im Anzug.

In diesem langgezogenen Umschlaghafen ist der Yachtclub nicht leicht zu finden. Ein Einheimischer fährt mit seinem Wagen an der Pier entlang und zeigt uns den Weg. An der Einfahrt bleiben wir dann trotz hochgekurbeltem Kiel im Schlick stecken. Die Tiefe der Fahrrinne ist zwar mit 1,80 m für uns eigentlich ausreichend, aber wir haben die

Kurve zu eng genommen, so daß es einiger Manöver bedarf, bis wir am Steg festmachen können.

Rio Grande do Sul ist Hauptstadt des gleichnamigen Bundesstaates im Süden Brasiliens. Des gemäßigten Klimas wegen haben sich viele mitteleuropäische und vor allem deutsche Einwanderer seit der Mitte des 19. Jahrhunderts in dieser Region niedergelassen.

Wieder, wie üblich, am nächsten Tag zuerst Einklarierungsformalitäten, Einkauf von Obst und Frischgemüse auf dem reichhaltigen Markt, kleiner Bummel durch die Innenstadt.

Zurück an Bord schnappe ich mir unseren Schmutzwäschesack und nutze die Gelegenheit, in den Clubräumen bequem zu waschen. Als ich die nassen Stücke gerade über das Deck zum Trocknen verteile, höre ich plötzlich auf Schwyzerdütsch: „Seid ihr Deutsche? Wie kommt's, daß ihr hier seid? Wenn ihr etwas braucht, eine Waschmaschine oder sonst was, dann sagt mir Bescheid." Der gute Geist in diesem Hafen heißt Irma Kerr – eine lebhafte, sympathische und auf eine sehr unkomplizierte Art hilfsbereite junge Frau. Unser Gespräch ist der Beginn einer ausgesprochen netten Bekanntschaft. Ihr Mann, halb Grieche, halb Engländer, ist Direktor eines Schiffsausrüstungsbüros.

Am Morgen sind wir, von Irma eingeladen, Gäste eines typisch amerikanischen Country-Clubs. Dort umgibt uns eine heile Ferienwelt für Begüterte: gediegene Aufenthaltsräume, freundliche Restaurants, der gepflegte Rasen eines Golfplatzes, Liegewiesen, Swimmingpool und Tennisplatz. Clubmitglieder verbringen hier ganze Tage. Irma scheint jedoch nicht sehr viel von dieser Art Freizeitgestaltung zu halten.

Die Kerrs sind zwar Clubmitglieder, aber sie fahren lieber zu ihrem Landsitz, der Estancia, hinaus. Stolz zeigt uns Irma ihr neues solides Haus, aus Stein und viel Holz gebaut. Der Wasserbedarf wird vom Grundwasser über eine von einem Windrad angetriebene Pumpe gedeckt. Ein Generator hinter dem Haus speist den Kühlschrank und die Waschmaschine, Petroleumlampen sorgen für gemütliches Licht. Um das Haus herum schießen Eukalyptusbäume in die Höhe, und davor liegen ausgedehnte Zwiebelfelder mit zur Zeit gerade erntereifen dicken Zwiebeln. Wir bekommen einen großen Sack voll ab.

Wie es der Zufall will, ist ein guter Bekannter der Kerrs Mineralienexperte! Mein Interesse ist geweckt, und wir suchen ihn auf. Ich bin fasziniert von seinen Schätzen. Ein ganzes Lager an versteinertem Holz, selten schönen Tierversteinerungen, Drusen und Kristallen! Der Steinballast der FREYDIS vergrößert sich wieder einmal. Besonders stolz bin ich auf einen hundert Millionen Jahre alten versteinerten Fisch. Der jedenfalls wird vor Katze Robi sicher sein.

Herr Kerr meldet uns über Fernschreiben an Kollegenfirmen in sämtlichen Häfen der chilenischen Küste. Falls wir Havarien oder sonstige Probleme haben sollten, so würden wir dort mit schneller Hilfe rechnen können.

Zum Abschied treffen wir uns alle auf unserem Boot. Weil uns die flache Stelle in der Durchfahrt etwas Sorge macht, organisiert Herr Kerr ein Motorboot, das uns darüber hinwegzieht. Eine leichte achterliche Brise trägt uns nach Süden.

Dann folgen zwei Tage fast ständiger Flaute. Kormorane, Möwen und Tölpel um uns. Die langsam aufkommende Langeweile wird mit einem Male unterbrochen durch lautes Schnauben neben dem Schiff. Eine schwarze Rückenflosse und dann ein stromlinienförmiger Körper, fast so lang wie unsere FREYDIS, zerteilen das glatte Wasser. Es ist ein Zwergwal, dem es anscheinend Vergnügen macht, uns eine Weile zu begleiten. Diese Wale gibt es noch in größerer Zahl in allen Weltmeeren. Sie dürfen nach festgelegten Quoten der internationalen Walfangkommission weiterhin bejagt werden. Von uns hat er nichts zu befürchten.

Erst am Abend des 13. Dezember kommt wieder Wind aus Osten auf. Aber keine Freude ist beständig. Der Blister bekommt einen Winkelriß und muß eingeholt werden. Wieder Flickarbeit für mich.

Dafür haben wir Anglerglück: Gleich zwei Bonitos. Fürs Abendessen ist gesorgt. Das Meer scheint es hier gut mit uns zu meinen. Es scheint aber nur so. In der Nacht überfallen uns plötzlich heftige Gewitterböen mit Spitzen bis zu 50 Knoten (10 Beaufort). Sind das die „Su-Estados", die berüchtigten stürmischen Südostwinde in der La-Plata-Mündung? Wir wechseln schleunigst die Segel und reffen. Die Böen entwickeln sich zu einem handfesten Sturm. Es wird unangenehm kalt. Nach so langer Zeit Schönwettersegelns kommt es uns vor, als würden wir jäh aus süßen Träumen in die harte Wirklichkeit zurückgeholt. Wenn das hier schon so anfängt, wie wird es dann erst weiter südlich zugehen? Ich bin bedrückt und tröste mich damit, daß wir in Montevideo gemeinsam mit den Neuankömmlingen die Route noch einmal überdenken wollen.

Kurz vor Mittag flaut der Wind langsam ab, die See glättet sich, und vor Montevideo haben wir schließlich abermals völlige Flaute.

Als wir den Motor anwerfen, ziehen wieder Abgasschwaden aus dem gerissenen Auspuffrohr ins Cockpit – die Reparatur ist wirklich überfällig.

Fast ein Wohnzimmer: Deckshaus, nach achtern offen *(oben)*

17 Meter über Deck: Eine Topplicht-Reparatur
wird zum Fotografieren aus der Vogelperspektive genutzt *(unten)*

Insel der Sehnsucht: Isla Saudade, ein kleines Paradies
an der brasilianischen Küste *(oben links)*

Besonders im Humboldt-Strom
begleiteten uns häufig Delphine *(Mitte links)*

Das Domizil unseres Funkerfreunds Peter:
Trauminsel Ilha Grande *(oben rechts)*

Abbacken, des Skippers „Lieblingsbeschäftigung" *(unten links)*

Fregattvogel in der Balz *(unten Mitte)*

„Badeleben" am Strand von Port Stanley *(unten rechts)*

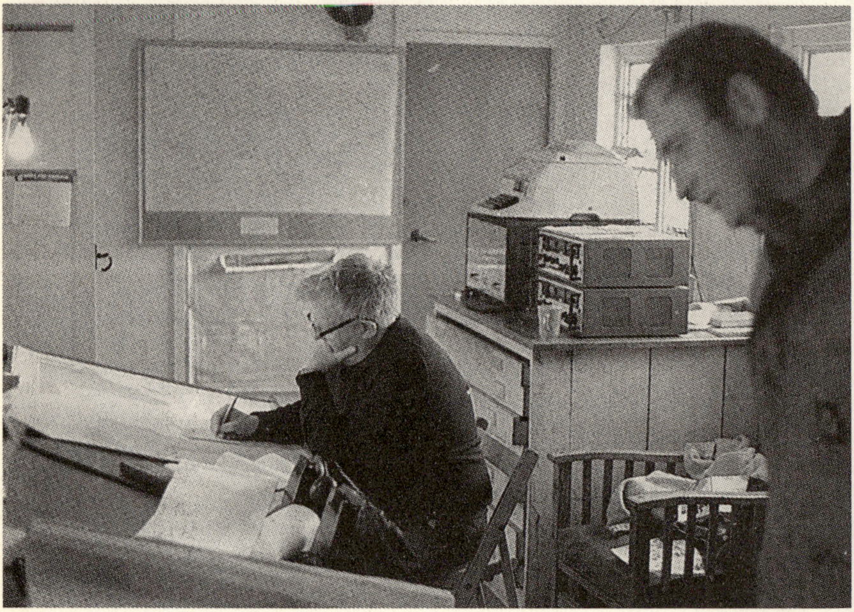

Auf den Falklands kurz vor Kriegsausbruch:
Neujahrsparade vor dem Gouverneur *(oben)*

Letzte Wetterinformationen
vor dem Auslaufen aus Port Stanley *(unten)*

VORSTOSS IN DIE ANTARKTIS

Crew-Zuwachs: Der Countdown läuft — Stürmischer Jahreswechsel — Noch Frieden auf den Falklands — Wärmflaschen für die Drake-Passage — Schock im Nebel: Der erste Eisberg — Antarktistaufe

Am Nachmittag geht FREYDIS im Hafen von Montevideo an die Mooring. Nach Erledigung der üblichen Formalitäten sitzen wir noch bis spät abends im Terrassencafé des Yachtclubs und überdenken alles, was es in den nächsten Tagen zu erledigen gibt. Die Abendsonne erreicht unseren kleinen Tisch und gibt uns wohlige Entspannung. Wie lange würden wir wohl auf unserer weiteren Reise auf so friedvolle Stunden verzichten müssen? Diese aufkeimenden Sentimentalitäten werden jäh unterbrochen durch das Erscheinen von drei vollbepackten Gestalten in zünftigen Overalls – Thilo, Uli und Claus, die noch fehlenden Crewmitglieder, werden stürmisch begrüßt: Thilo, der Jüngste, studiert Gartenbau und ist leidenschaftlicher Bastler, was auch unserem Schiff schon häufig zugute kam. Uli hat gerade sein Medizinstudium beendet, und Claus kommt aus dem Verlagswesen. Alle drei sind erfahrene Segler.

Aber wo war unser siebter eingeplanter Mann, der Christian? Ausgerechnet am Abreisetermin mußte er wegen eines Leistenbruchs operiert werden und kann zu unser aller Bedauern die vor uns liegende Etappe nicht mitsegeln, doch er wird später in Chile zusteigen und dann mit uns beiden die Westküste Südamerikas entlangsegeln.

In aller Frühe geht es zum Segelmacher und dann zum Schmied, der das gebrochene Auspuffrohr schweißt. In einem Geschäft für Schiffszubehör besorgen wir uns endlich zwei neue Riemen für unser Dingi. Dann hasten wir zum Handelshafen, um ein Schiff mit dem Namen POLAR-QUEEN zu suchen, das unter norwegischer Flagge in die Antarktis fahren soll. Bereits in Deutschland hatte Folkmar mit einigen Crewmitgliedern der POLAR-QUEEN Kontakt aufgenommen. Wir haben großes Interesse daran, mit ihnen in Funkkontakt zu treten, da uns an möglichst vielseitigem Informationsaustausch liegt. Aber weder die zahlreichen Schiffsagenturen, die wir ansprechen, noch die deutsche Botschaft wissen etwas über den Verbleib des Schiffes.

An Bord wird unterdessen fieberhaft gearbeitet, um die Yacht wieder voll in Schuß zu bringen. Dazu gehören Inspektions- und Ausbesserungsarbeiten an der Maschine, am Hilfsdiesel, am stehenden und laufenden Gut sowie an der Windsteueranlage.

Die zahlreichen Segel, beträchtliche Mengen an zusätzlich gekauftem Proviant und die persönlichen Ausrüstungsgegenstände müssen so verstaut werden, daß sie griffbereit liegen. Zunächst scheint es fast unmöglich, Ordnung in dieses Chaos zu bringen, mit der Zeit findet aber doch alles einen festen Platz in den Schapps, in den Kunststoffkörben, die auf der nicht belegten Lotsenkoje festgelascht werden, in den Säcken an neuangebrachten Haken, in den Netzen und Schwalbennestern über den Kojen.

Sorgen machen wir uns um Thilos Seesack, der als einziges Gepäckstück der Crew nicht angekommen ist, und in dem sich auch unsere gesamte Post sowie ein für uns gebackener Weihnachtsstollen meiner Freundin befindet. Thilo hatte den Verlust bei seiner Ankunft sofort gemeldet und bestätigen lassen. Nun fragen wir täglich am Flugplatz und im Büro der Luftfahrtgesellschaft an. Aber wir erfahren nichts, was weiterhilft.

Die beiden Neuen, Uli und Claus, erwartet eine besondere verantwortungsvolle Aufgabe. Sie sollen vor dem Auslaufen eine Liste sämtlicher Sicherheits- und Seenot-Ausrüstungsgegenstände aufstellen. Das behagt den beiden gar nicht, zumal sie vom Rest der Crew nur sarkastische, nichtssagende Antworten bekommen.

Beleidigt machen sie sich daran, FREYDIS durchzuschnüffeln und alles auszuräumen, was nach Rettung und Sicherheit aussieht. Sie breiten ihre Fundsachen so übers ganze Schiff aus, daß bald jeder freie Platz belegt ist. Der Weg von Achterkammer zum Vorschiff wird zum Hindernislauf über Schwimmkrägen, Markierungsbojen, orangefarbene Flaggen, Signalpistolen, Nebelhörner, Lecksegel, Notsender und Feuerlöscher. Nach mehreren Stunden findet sich erstaunlicherweise wieder alles, wo es hingehört. Skipper Erich vergleicht die fertige Liste mit seiner eigenen auf Vollständigkeit. Dann werden in einer Crew-Besprechung diverse Notfälle und die Handhabung der jeweiligen Rettungsmittel durchgespielt.

Es gibt zwar viele Theorien über das Verhalten bei schweren Stürmen, doch allgemein gültig ist keine. Auch wir wissen nicht, was für uns in diesem Fall das beste sein würde: Unter Sturmbesegelung wie Moitessier vor dem Orkan und den Brechern dahinzujagen, oder beizudrehen, oder aber vor Topp und Takel mit ausgebrachtem Treibanker bzw. alten Autoreifen, die wir uns in Montevideo noch besorgt haben, zu lenzen. Jedenfalls liegt alles erforderliche Material griffbereit oben in den Backskisten.

Für den Fall, daß ein Brecher unser Deckshaus zerstören sollte, in das wir vor unserer Abreise noch einen starken Niro-Überrollbügel eingeschweißt hatten und dessen Fenster aus Spezial-Verbundglas bestehen, ist vorgesorgt: Einzöllige Teakbretter in Form eines Steckschottes riegeln im Ernstfall das Cockpit vom Schiffsinnern ab. Das wäre auch dann ein Vorteil, wenn Brecher das Cockpit vollschlagen würden und das eingedrungene Wasser nicht schnell genug durch die vier Lenzrohre abfließen könnte. Unsere große Sorge galt einer möglichen Durchkenterung, und wir verwendeten allergrößte Sorgfalt darauf, in diesem Fall den Schaden möglichst klein zu halten.

Die Möglichkeit einer Kenterung ist ja nicht nur eine Ausgeburt unserer schreckhaften Phantasie. Berühmte Beispiele sind die Tzu Hang mit den Smeetons, die auf der Route um Kap Hoorn zweimal durchkenterte, die Masten verlor und die Umrundung erst im dritten Anlauf schaffte, und auch die Ice Bird mit David Lewis, die dreimal durchkenterte und ebenfalls das Rigg verlor.

Wir arretieren unseren drehbaren Kiel mit einem starken Bolzen. Er soll verhindern, daß bei Kopfstand der zweieinhalb Tonnen schwere Kiel in den Schwertkasten fällt und das Schiff sich nicht wieder aufrichten kann. Der Mast war vor der Abreise zusätzlich mit Backstagen und einem Fockstag gesichert worden. Alle Entlüfter werden in Montevideo verschlossen, damit kein Wasser ins Schiff dringen kann. Sämtliche Schapps werden verriegelt, alle Bodenbretter kentersicher festgeschraubt, jede Koje bekommt zwei Gurte, um die Schlafenden zu sichern. Für den Fall eines größeren Wassereinbruchs haben wir mit drei großen Handlenzpumpen und je einer Impellerpumpe an der Hauptmaschine und dem auch mit Handkurbel anwerfbaren Hilfsdiesel vorgesorgt. Die Leistung einer Impellerpumpe beträgt 20 000 Liter pro Stunde.

In meiner Bordapotheke sind alle Medikamente wasserdicht in Folie eingeschweißt. Bisher immer stolz auf meine reichhaltige Ausrüstung, werde ich nun von Uli verunsichert, der mir ein „Trumm" von Bohrmaschine zeigt, dessen Kopf er für zahnärztliche Zwecke umgebaut hat. Aus Angst vor „antarktischen Zahnschmerzen" hat er sogar die 30 Kilogramm Übergewicht beim Fluggepäck in Kauf genommen.

Mit Folkmars Studienkollegen, Lutz Zornin, einem Uruguayer deutscher Abstammung, und seiner Familie, die wir schon in Deutschland unseren Freunden und Verwandten als Kontaktadresse angegeben hatten, machen wir am nächsten Tag einen Ausflug nach Punta del Este.

Dieses wohl modernste Seebad Südamerikas machte in neuerer Zeit politische Schlagzeilen: 1961 wurde hier auf einer inter-amerikanischen Konferenz die für die wirtschaftliche Entwicklung Lateinamerikas wichtige Charter von Punta del Este unterzeichnet, 1967 das Abkommen, nach dem bis 1980 ein gemeinsamer lateinamerikanischer Markt gegründet werden sollte.

Gar zu gerne hätten wir weitere Ausflüge in die Umgebung Montevideos gemacht, aber die notwendigen Arbeiten am Schiff gehen natürlich vor. Außerdem haben die Neuankömmlinge mit den Tücken der Nahrungsumstellung sehr zu kämpfen.

Die Stadt Montevideo selbst haben wir trotz der knappen Zeit recht gut kennengelernt, wozu uns die unzähligen mehr oder minder erfolgreichen Besuche in Werkstätten, Ausrüstungsläden und Supermärkten verholfen haben. Im Gegensatz zu den brasilianischen Städten wirkt Montevideo fast wie eine europäische Großstadt. Der Verkehr, besonders in den Hauptstraßen, ist trotz der wirtschaftlichen Probleme des Landes von nervenaufreibender Dichte mit einem Schuß südamerikanischer Unbekümmertheit. Ein gravierender Unterschied gegenüber Europa besteht allerdings: Nirgends sonst sieht man so viele Oldtimer, darunter wahre Schmuckstücke des Automobilbaus vergangener Jahre.

Am 21. Dezember ist Countdown vor dem Auslaufen. An Bord werden die letzten freien Stellen in der Kühltruhe und den Proviantschapps ausgefüllt. Für einige Wochen sind wir nun mit Nahrungsmitteln versorgt. An mir ist es jetzt, für möglichst rationellen Verbrauch der leicht verderblichen Nahrungsmittel zu sorgen.

Von Thilos Gepäck nach wie vor keine Spur. Aus unserer sehr reichlich mitgenommenen warmen Kleidung kann er trotzdem hinreichend ausgerüstet werden. Traurig ist es aber schon, daß wir nun keine Weihnachtspost erhalten, also auch keine Neuigkeiten von unseren Lieben zu Hause.

Dann endlich Leinen los. Mannschaften uruguayischer und argentinischer Nachbarschiffe winken mit Signalflaggen und blasen die Nebelhörner. Viele der anderen im Hafen liegenden Schiffe stimmen in die Abschiedszeremonie mit ein. Sie rufen von allen Seiten „Good luck, merry Christmas, hasta Luego, feliz Navidad".

Bis Montevideo hatten wir sowohl nördlich wie auch südlich des Äquators sämtliche gleichartig verlaufenden Windzonen durchquert. Das ändert sich jetzt. Montevideo liegt in der Grenzzone zwischen den Roßbreiten und den westlichen Winden. Dieses Gebiet gilt als „ein Kampfplatz der subtropischen und polaren Winde" („Handbuch des atlantischen Ozeans", Band 2). Gefürchtet sind hier die „Suestados", Stürme, die schnell und ganz unvorhergesehen aufkommen. Erste Kostproben hatten wir ja schon kurz vor Montevideo erhalten.

Im „Ocean-Passages of the World" wird empfohlen, sich für die Fahrt zu den Falkland-Inseln möglichst weit westlich zu halten, wegen der auf der direkten Linie vorwiegend starken Westwinde. Die Hochdruckgebiete über dem Südatlantik als auch auf der anderen Seite des südamerikanischen Kontinents, die bei zirka 30 Grad Süd nahezu stationär liegen, und subpolare von West nach Ost ziehende Tiefdruckgebiete sind Ursache dieser starken Luftströmungen.

Bekanntlich dreht der Wind auf der Südhalbkugel im Uhrzeigersinn in ein Tief hinein: Beim Durchzug eines derartigen Druckgebietes ergeben sich somit Windrichtungen von Nordwest nach Südwest. Diese Winde führen besonders in der Falkland-Region oft zu schweren Stürmen mit hohem Seegang.

Die unmittelbar vor uns liegende Zone der La-Plata-Mündung ist berüchtigt für ihre zusätzlichen unregelmäßigen, starken Windströmungen. Wir entschließen uns – entgegen den Empfehlungen – zunächst einen östlichen Kurs einzuschlagen, um möglichst schnell vom Mündungsgebiet Abstand zu gewinnen. Erst dann laufen wir in südlicher Richtung weiter.

Wir wollen versuchen, unseren Zeitplan einzuhalten, der vorsieht, daß wir Anfang Januar die Falkland-Inseln wieder verlassen haben müssen, um spätestens Mitte Januar in der Antarktis zu sein. (Wie sich anschließend zeigte, hat sich dieser Zeitplan im Hinblick auf die späteren kriegerischen Auseinandersetzungen zusätzlich bewährt.) Auf diese Weise können wir hoffen, an Kap Hoorn vorbeizukommen, ehe die Sturmhäufigkeit dort allzusehr zunimmt. Zugleich bietet dies die Möglichkeit, das sturmreichste und gefährlichste Gebiet der Erde, die „Roaring Forties" und „Furious Fifties", möglichst schnell und senkrecht zur dort gewöhnlich herrschenden Windrichtung zu durchqueren.

Mit mäßiger Brise aus Südost segeln wir am Leuchtturm der Isla de Flores vorbei. In der Nacht dreht der Wind auf Nordost, dann auf Nord und danach Nordwest. Wir gehen drei Wachen von 00.00 Uhr bis 04.00 Uhr, 04.00 Uhr bis 08.00 Uhr und 08.00 Uhr bis 12.00 Uhr, die mit zwei Mann besetzt werden. Da ich Smut bin und daher wachfrei, fehlt auf einer Wache der zweite Mann. Hierfür springt aus den anderen Wachen jeweils einer umschichtig ein.

Der Wind läßt nach, wir wechseln von der Fock auf die Genua und später auf den Spinnaker. Seelöwen äugen aus dem Wasser, ein Albatros verfolgt schon lange unser Schiff; der Himmel ist den Tag über bewölkt, nur am Nachmittag scheint für zwei Stunden noch einmal kräftig die Sonne. Die Lufttemperatur beträgt 20°C, wie das Wasser. Die wachfreien Crewmitglieder liegen auf dem Deckshaus oder dem Vordeck und genießen die warme Sonne.

Der Wind frischt auf. Wir bergen den Spinnaker und baumen statt dessen die Genua aus. Auch am folgenden Tag bleibt der Wind gleichmäßig.

Heiligabend. Am Morgen klettern Erich und ich über unsere Kojen-Leebretter. Es duftet schon nach Kaffee. Draußen strahlender Sonnenschein und wolkenloser Himmel. In der Sonne kann man noch schwitzen. Wir befinden uns auf 37° 54′ Süd und 54° 58′ West. Den „Forties" sind wir also schon sehr nahe. Wir rechnen mit einer baldigen Wetterverschlechterung und genießen daher diesen herrlichen Tag um so mehr. Ich setze mich zu den anderen ins Cockpit und lese „Magellan" von Stefan Zweig – sehr anschaulich und für mich geradezu hautnah. Thilo und Folkmar montieren die etwas stärkere elektronische Steueranlage auf einen Holzsockel an der Steuersäule. Das Sägen, Bohren und Feilen verwandelt das Cockpit in eine Tischlerwerkstatt. Selbst Robis Freßnapf bleibt nicht verschont von Sägemehl.

Gegen 16.30 Uhr ist es Zeit, Funkkontakt aufzunehmen. Wir hören Ottos Stimme aus Ostfriesland und die von Peter aus Ilha Grande.

Wir geben unsere wichtigsten Botschaften durch, unter anderem, daß wir Christian in Puerto Natales erwarten werden statt in Punta Arenas, und daß unsere gesamte Weihnachtspost mit Thilos Seesack verlorengegangen ist. Zum Schluß spricht jeder persönlich seine Weihnachtsgrüße. Das Ganze wird von Otto auf Band aufgenommen und kann dann unseren Angehörigen vorgespielt werden.

Zur gemütlichen Teestunde zaubert Claus als Überraschung einen echten Weihnachtsstollen aus seinem Gepäck. Robi schleicht um die Angel und läuft miauend von einem zum anderen. Sie hat Hunger. Getrocknetes Katzenfutter aus Montevideo, angerührt mit Trockenmilch, lehnt sie als Festessen ab. Ich erbarme mich und öffne eine Dose Thunfisch. Kaum hat sie sich darüber hergemacht, als ein ausgewachsener Bonito als Weihnachtsbraten an die Angel geht. Robi frißt noch Herz und Leber und säubert dann genüßlich ihr Maul auf Claus' frischem „Bunny-Hemd", das er für besondere Gelegenheiten reserviert hatte.

Nach dem Abendessen, mit Käse überbackene Brote mit Tomaten, Cervelatwurst, Kapern und Champignons, dazu Mayonnaise, mixt Claus uns einen Drink aus Rum, Zitronensaft und Zucker mit geschälter Zitronenscheibe am gezuckerten Glasrand. Überwältigt von so hoher Barkeeper-Kunst wird die Stimmung immer ausgelassener.

Dennoch, verglichen mit der Frühzeit der christlichen Seefahrt, geht's bei uns durchaus zahm zu. Am 7. Dezember 1768, über zwei Jahrhunderte vor uns, segelte Cook von Rio aus in den Süden, auf der Suche nach einem dort vermuteten Kontinent. Cooks Mitsegler Banks beschreibt die Weihnachtsfeier so: „Alle guten Christen – d. h. die Mannschaften an Bord – betranken sich fürchterlich, so daß es kaum noch einen nüchternen Mann auf dem Schiff gab; Wind Gott sei Dank sehr mäßig, was sonst aus uns geworden wäre, weiß nur der Herr."

Auch bei uns reicht es zu einer beschwingten Bescherung. Ein großer Kiefernzapfen, der mit einer Kerze an der Spitze dekoriert ist, dient als Weihnachtsbaum. An die Zapfenblätter habe ich fünf kleine Geschenke aus Uruguay gehängt. Thilo hat für jeden etwas Hübsches aus Deutschland mitgebracht. Erich und ich bekommen Lesestoff, Folkmar eine Schiefertafel, damit er besser Navigationsberechnungen durchführen kann, Uli einen Mini-Zinnhumpen, damit er sein Bier nicht mehr aus der Dose trinken muß, und Claus eine kleine Windmühle, die sicher gute Arbeit verrichtet in den „brüllenden Vierzigern". Uli, mit viel Watte in seiner Antarktis-Montur auf Weihnachtsmann getrimmt, verteilt reihum liebevoll eingepackte, kleine Geschenke aus dem täglichen Bordleben. Weise Reden und viel Spaß begleiten diese ungewöhnliche Bescherung. Wir sitzen noch lange im Cockpit zusammen und feiern unseren stimmungsvollen Heiligabend auf hoher See.

Weihnachten. Unsere Festtagsstimmung wird schon in der Frühe jäh gestört. Ein Bolzen der Lichtmaschinenhalterung ist gebrochen. Die Folgen: ein gerissenes Kabel und Kurzschluß in der Bordelektrik. Die Spezialisten sind gefordert. Folkmar, der Ingenieur, und Thilo, der Hobbybastler, reparieren mit viel Mühe die Schäden. Mittags wird die Arbeit nur kurz unterbrochen durch eine Festtags-Fischmahlzeit.

Ich sitze nach dem Essen wieder im Cockpit, mit Robi auf dem Schoß, lese Magellan und freue mich über einige Robben, die uns begleiten und mit Kunststücken unterhalten. Erst wenige Tage sind wir nun als Crew zusammen. Jeder bemüht sich, seinen Platz in der Gemeinschaft zu finden. Noch ist keine Wolke zu sehen, die das

Zusammenleben stören könnte. Wie sich die Crew unter widrigen Umständen verhält, wird sich wohl bald herausstellen, denke ich.

Nach unserer Mittagsposition, 41° Süd, 52° West, sollten wir bereits in den sogenannten „brüllenden Vierzigern" sein. Statt dessen wechseln Totenflaute mit leise säuselnder Windstärke 2 ab. In den nächsten Tagen regnet es häufiger und bleibt trübe. Die Sonne schaut nur gelegentlich einmal hervor. Der Wind bläst aus Nordwest mit 4 bis 5 Beaufort. Wir kommen gut voran. Wassertemperatur 14°C, Lufttemperatur 17°C.

Thilo ist tagelang eifrig mit Klopfen, Hämmern und Sägen beschäftigt. Uli meint, wenn wir ihn drei Wochen allein auf dem Schiff ließen, würde er die FREYDIS sicherlich zum Dreimaster mit Festkiel umbauen. So bleibt es aber im wesentlichen dabei, daß die stärkere Selbststeueranlage endlich zum Arbeiten gebracht wird. Sie ist jedoch nicht nur stärker, sondern auch wesentlich lauter, und macht sich bei Unterhaltungen im Cockpit unangenehm bemerkbar.

Unser ostfriesisches Teestündchen wird – bisher jedenfalls – täglich pünktlich um 17.00 Uhr eingehalten. Der Tee wird natürlich auch jetzt auf hoher See mit Kluntje und Tubensahne serviert. Wahrscheinlich würde es eine Meuterei an Bord geben, wenn irgendwann auf der Route – die Gefahr besteht derzeit noch nicht, da Thilo Nachschub an Ostfriesen-Tee wohlweislich mitbrachte – die Vorräte an Kluntje, Ostfriesen-Tee und Tubensahne verebben sollten.

Uli, Thilo und Erich spielen lautstark ihre Skatrunden mit einem besonderen Blatt, das anstelle der üblichen Hofgesellschaft auf den Bildern Figuren aus einer „Dreigroschen-Opern"-Welt zeigt. Eine schwarzhaarige Ganovenbraut hat es Uli besonders angetan. Mit der „Schönen" ziehen wir ihn noch häufig auf und trösten ihn damit, daß sie sicherlich auf den Falklands auf ihn warte.

Währenddessen flüchten wir übrigens öfter mit unserer Lektüre in die Messe. Mit Zweigs „Magellan" bin ich fast zu Ende. Das Buch hat mir erst so richtig die Bequemlichkeiten unseres Bordlebens bewußt gemacht. Bei Folkmar und Claus, wie auch allen anderen, ist das ansteckende „Hornblower"-Fieber ausgebrochen. Gierig wird das vielbändige Werk Foresters von fünf Leuten gleichzeitig verschlungen.

Eine Nacht, ein Tag und wieder eine Nacht nichts als nervenaufreibende Flaute und schlagende Segel. Ein Albatros schwimmt wie eine Gans um unser Boot herum. Sonnenschein, Windstille und nur leichter Seegang sind das richtige für Robi. Sie spielt mit allen Tampen, die ihr in den Weg kommen. Besonders interessant findet sie es, wenn wir auf Proviantsuche gehen. Wie eine Schlange schlüpft sie zwischen die Dosen in die Schapps. Manchmal wird sie eingeschlossen. Dann zwängt sie sich entweder durch ein kaputtes Lüftungsgitter wieder heraus oder miaut kläglich bis zu ihrer Befreiung.

Mehrmals sehen wir die Umrisse großer Haie dicht beim Schiff. Beruhigend, daß unsere FREYDIS einen soliden Stahlrumpf hat und nicht ein gebrechliches Faltboot ist, etwa wie das von Franz Romer, mit dem er 1928 den Atlantik überquerte. Sein eigentümliches Segelfahrzeug bestand nur aus einem mit Gummihaut überzogenen Lattengerüst von sechs Meter Länge. Auf hoher See war er von Haien angegriffen worden. Nur heftigste Gegenwehr mit dem Flaggenstock rettete ihn vor den Zähnen dieser Biester.

Plötzlich, am nächsten Tag, Wind um 5 Beaufort. Wir setzen den Blister und machen gute Fahrt. Gegen Mittag nimmt der Wind weiter zu. Der Zeiger des Barographen sinkt in den Keller. Über ein Millibar Luftdruckabfall pro Stunde! Gewitterböen bis Stärke 9 und Regen fegen über uns hinweg. Unsere Selbststeuer-Anlage hat ihre Arbeit eingestellt. Wir haben sie zur Schalldämmung in zuviel Schaumgummi gepackt, und nun war sie heißgelaufen. Jetzt muß zunächst einmal die Crew bei dem üblen Wetter steuern und für den Unsinn büßen.

Die Lufttemperatur geht zurück. Sie beträgt nur noch 12°C, Wassertemperatur um 10°C. Die Zeiten für Wasch- und Plansch-Partien sind endgültig vorbei.

Silvester. Gegen Morgen weht böiger Südwest zwischen 6 und 8. Wir müssen gegenankreuzen. Der Wind hält den ganzen Tag an, nimmt sogar noch zu. Hoher Seegang hat sich aufgebaut. Was im Schiff nicht niet- und nagelfest ist, fällt krachend und scheppernd herunter. Es gibt nur noch Suppe und Eintopf.

Von unseren Funkerfreunden in Südafrika, Südamerika und Deutschland müssen wir daran erinnert werden, daß heute Silvester ist. Silvester auf den Falkland-Inseln, daraus wird leider nichts mehr. Der Barograph zeigt für die letzten eineinhalb Stunden wieder einen atemberaubenden Sturz an, noch bevor es richtig losgeht: 8 mit extrem langen, schweren Regenböen. Die „brüllenden Vierziger" zeigen uns, daß sie ihren Namen nicht umsonst führen.

Um 24.00 Uhr MEZ denken wir an unsere Angehörigen und Freunde zu Hause und schlürfen, in viel Wolle gehüllt, im Cockpit einen fast alkoholfreien Drink aus Zitrone, Ananas und Pfirsichsaft aus der Dose mit einem kleinen Schuß Aquardiente. Uli meint nachdenklich, für diese Entziehungskur habe er nun so viel Geld ausgegeben. Aber, verschoben ist nicht aufgehoben. Wir werden eben etwas verspätet auf den Falkland-Inseln unsere Dreiliter-Super-Sektflaschen-Korken knallen lassen, das nehmen wir uns jedenfalls vor.

Windstärke 9. Regen und Hagel peitschen durchs Cockpit. Grobe See mit schweren Brechern und Kälte machen das Rudergehen in fast völliger Dunkelheit zu einer enormen Strapaze.

Kurz vor Eintritt in die „wütenden Fünfziger" und dem Beginn der klassischen Kap-Hoorn-Umrundung, die von 50 Süd bis 50 Süd führt, fällt der Barographen-Anzeiger wieder in den Abgrund. 12 Millibar in 24 Stunden, und nach leichtem Anstieg erneut beängstigendes Abfallen. Ein gewaltiger Sturm aus Südwest mit Böen bis 60 Knoten verbunden mit sehr hohem Seegang machen ein Aufkreuzen nach Port Stanley zunächst unmöglich.

Sogar der Skipper ist seekrank und hat starke Kopfschmerzen. Sein Magen streikt. Er muß in die Koje. Kartoffelbrei und Kakao am Abend tun gut. In ihrer Not – anscheinend ist sie auch seekrank – frißt auch Robi davon. Sie liegt bei Erich und verschläft den ganzen Tag.

Wir haben noch niemals einen solchen Sturm erlebt. Doch FREYDIS schlägt sich so tapfer, daß unser Vertrauen in sie ständig wächst und damit gleichzeitig unser eigenes Selbstbewußtsein gestärkt wird. Prost Neujahr!

Wir hatten gehofft, daß uns das in der nautischen Literatur angegebene Flugfunkfeuer von Port Stanley die Annäherung an die Falklands erleichtern würde. Aber nichts ist zu sehen. Wie wir später erfahren, wird es nur einmal in der Woche für zwei Stunden eingeschaltet, während der Landung eines Flugzeugs aus Argentinien.

Der Sturm aus Südwest mit Böen bis zu 55 Knoten (10 bis 11) hält zwei Tage an. Wir haben noch 120 Seemeilen bis zu den Falkland-

Inseln, aber durch das ewige Kreuzen werden es wesentlich mehr. Die Luft ist kalt, nur 6°C. Wir träumen von einer heißen Dusche und einem gemütlichen Landgang.

Die Wachhabenden brauchen mindestens alle zwei Stunden etwas Warmes zu essen oder trinken, sonst droht gefährliche Unterkühlung. Jeder entwickelt seine eigene Methode, sich während der Nachtwache warmzuhalten. Uli zum Beispiel schwört auf im Kochtopf gewärmtes Bier und Folkmar auf echte Leeraner Plastikmüllbeutel in seinen sonst wasserdurchlässigen Snowboots.

Am 3. Januar gegen Morgen läßt der Wind nach. Ab und zu kommt Sonne durch. Nach unserer Standortbestimmung befinden wir uns nun in den „wütenden Fünfzigern"; nach den Stürmen der „Roaring Forties" zeigen sich erstaunlicherweise die „Furious Fifties" zahmer. Hoffentlich hält das bessere Wetter eine Weile an. Jetzt kann man wieder etwas aufwendiger kochen als in den letzten Tagen. Mittags gibt es Kalbfleischragout mit Nudeln.

Robi ist in der Nacht mit dem Skipper Wache gegangen und hat sich ein Auge erkältet. Jetzt schaut sie ganz verkniffen, wackelt aber unentwegt hinter Erich her und setzt sich, wo immer es geht, auf seinen Schoß. Gemeinsam durchstandene Seekrankheit verbindet. Folkmar leidet unter Bauchkrämpfen, wahrscheinlich hat er sich ebenfalls nachts unterkühlt.

Um 14.00 Uhr Bordzeit kommen endlich die Falkland-Inseln in Sicht. Die ersten Pinguine haben wir bald danach als Begrüßungsabordnung um unser Schiff. Wir passieren die Ansteuerung von Port William, Mengeary Point und Cape Penbroke. Hier steht der Leuchtturm des Hafens. 1845 wurde der Vorgänger errichtet, dessen acht Öllampen ihr Licht 14 Meilen weit aufs Meer hinaus sandten und den Kap-Hoorn-Umseglern, Wal- und Robbenfängern als Orientierung dienten, 1906 wurde der heutige erbaut – wesentlich stärker, aber auch jetzt noch teilweise handbetrieben.

Wir glauben in Schottland zu sein: gedrungene Berge und weite Hochebenen, Flächen mit kargem Grasbewuchs und dazwischen einige Sandstrände.

Ein steifer Siebener steht gegenan und peitscht den Regen über das Schiff. Zwei große alte Frachter liegen in Port William auf Reede.

Aber was man sich nur unter Port vorstellt? Ein Naturhafen ohne ein einziges Gebäude oder eine Straße. Backbord warnen tangbewachsene Stellen vor blinden Klippen. Schließlich tut sich eine riesige Bucht mit der kleinen Stadt Port Stanley vor uns auf. Wir sind am Ziel.

Dies ist die einzige Stadt der Inseln und gleichzeitig der Regierungssitz. Trotz des schlechten Wetters steht wohl die Hälfte der Einwohner an der Pier, als Les Halliday, der Hafenmeister, uns einweist.

Nach der problemlosen und schnellen Erledigung der Formalitäten gehen Erich und ich auf den ersten Erkundungs-Landgang. Es ist dunkel. In den stillen Gassen dieses 800 Einwohner zählenden Städtchens, in denen uns die wenigen entgegenkommenden Menschen freundlich grüßen, riecht es überall würzig nach Torf, der auf den an die Stadt grenzenden Torffeldern gestochen wird. Das Post-Office ist in unmittelbarer Nähe unserer Pier. Mitten im Dorf gibt es auch zwei Supermärkte. Die bunten Holz-, Blech- und Betonhäuschen mit ihren Glasveranden voller Zierpflanzen wirken freundlich und einladend. Pferde- und Schafkoppeln am Rande des Ortes. Nur ein- oder zweimal müssen wir einem entgegenkommenden Landrover ausweichen. Ungewohnt, so wenig Verkehr an Land.

Die übrigen Crewmitglieder feiern übermütig den Landfall. Seit sie unter den Zuschauern am Kai eine schwarzhaarige Dame entdeckt haben, der eine gewisse Ähnlichkeit mit jener auf unserem Kartenspiel nicht abzusprechen ist, wurde Uli wieder Zielscheibe ausgelassener Sprüche.

Sie besuchen die MV-FORREST, ein Regierungsschiff für Tiefenmessungen, auf dem sie von Frank, dem Koch, in seine kleine, karge Messe eingeladen werden. Als heimlicher Betreuer aller Yachtleute ist er ein wirkliches Original mit einem besonders guten Whisky und vielen interessanten Geschichten, auch über die Antarktis.

In vollem Genuß wiedergewonnener Freiheit nach fast sechzehn Tagen auf See kehren alle erst spät in der Nacht mit frischem Brot, Butter und echter englischer Shivers-Marmelade an Bord zurück, wo sie todmüde in ihre schwankenden Kojen fallen.

Die Falkland-Inseln sind ein 12 000 Quadratkilometer großer, aus über hundert Inseln bestehender Archipel, wenig kleiner als Schleswig-Holstein, 350 Seemeilen von Kap Hoorn entfernt. Es herrscht ein kühl-feuchtes Klima vor mit Temperaturen, die nur wenig vom Mittelwert von plus 8° C abweichen. Die Tiefdruckgebiete, die durch die Drake-Straße ziehen, sind Ursache für nahezu ständig starke Westwinde.

1592 wurden die Inseln von J. Davis, einem Seefahrer unter Elisabeth I., entdeckt; möglicherweise auch schon von Amerigo Vespucci oder 73 Jahre vorher durch E. Gomez, dessen Schiff zur Flotte Magellans gehörte. 1616 wurden die Inseln von Le Maire und Schouten gesichtet, als sie auf der Suche nach einer Route zum Pazifik Kap Hoorn umrundeten. Sicher ist, daß sie 1690 von J. Strong mit seinem Schiff WELFARE angelaufen wurden. Er gab ihnen ihren Namen nach dem damaligen Schatzmeister der britischen Marine, Viscount Falkland.

In der Folgezeit wechselten die Inseln noch mehrfach den Besitzer: 1710 kamen die Franzosen und nannten sie Iles Malouines, nach ihrem französischen Heimathafen St. Malo, und daraus entstand später der spanische Name Malvinas. 1766 wurden die Inseln den Spaniern überlassen, die Schafe, Rinder und Nutzpflanzen herüberbrachten.

Als Argentinien unabhängig geworden war, erhob es 1823 Anspruch auf die Malvinas. Nach wiederholten Streitigkeiten zwischen Robben- und Walfängern verschiedener Nationalitäten, in die auch die USA eingriffen, erneuerten 1829 die Engländer ihren Anspruch und nahmen die Inseln 1832 durch ein Kriegsschiff wieder in Besitz.

Querelen um diesen Archipel gab es also bereits seit seiner Entdeckung. Die ständig wechselnden Besetzungen oder Inbesitznahmen durch verschiedene Nationalitäten haben auch dazu beigetragen, daß der völkerrechtliche Status der Falklands bis heute noch umstritten ist. Diese Rechtsunsicherheit war zum Teil auch ein Grund für den militärischen Konflikt im Jahre 1982, dem wir nichtsahnend gerade noch davonsegelten.

Am nächsten Tag kommt in der Frühe Les Halliday und begleitet uns zur kleinen Wetterstation, wo wir unseren Barographen justieren können und die aktuellen Wetterprognosen bekommen. Sie sagen für die Drake-Passage in den nächsten Tagen kein außergewöhnliches Tiefdruckgebiet voraus.

Ian Smith, Chef-Pilot des „Government Air/Service", verschafft uns Kontakte zum „British Antarctic Survey" (BAS), einer Organisation, die alle antarktischen Einsätze koordiniert und für die Unterhaltung der Stationen sowie der Schiffe und Flugzeuge zuständig ist.

Die neuesten Eisberichte der BAS melden: Die Süd-Shetlands sind mit Ausnahme von Eisbergen eisfrei. Erst ab der Gerlache-Straße noch viel Treibeis. Das bedeutet für uns, daß wir Deception Island, wie geplant, anlaufen können. Eine gute Nachricht!

Ob wir anschließend noch weiter nach Süden vordringen können, muß später an Ort und Stelle entschieden werden. Wir vereinbaren täglichen Funkkontakt mit Ian über Amateurfunk. Er will uns jeweils den aktuellen Eisbericht der BAS durchgeben. Außerdem vermittelt er uns Funkkontakt zu einem Funker auf der Insel Signy, die zu den Süd-Orkneys gehört. Dieser wiederum tauscht täglich Informationen aus mit der amerikanischen Station auf Anvers Island. Wir werden also auf dem gesamten vor uns liegenden Streckenabschnitt wichtige Wetterinformationen erhalten – eine unerläßliche Voraussetzung für das gute Gelingen einer solchen Reise.

Da auf den Inseln in der saisonbedingten Schafschur gerade Hochbetrieb herrscht, kann Peters Freund nicht kommen, um den großen Sack Kokosnüsse und den Kaffee abzuholen, die wir für ihn mitgebracht haben. Den Transport will George erledigen, Kapitän eines Schiffes, das zwischen den Inseln verkehrt. Der staunt im übrigen nicht schlecht über unsere neuen englischen Hafenkarten der Falklands und ist hocherfreut, als wir ihm eine davon überlassen. Als Gegengeschenk bringt er uns später ein Viertel Schaf für meine hungrige Katze.

Am Nachmittag lädt uns Ian zu einer Inselrundfahrt im Landrover ein. Der superweiße Sandstrand ist diesmal nicht mehr von Palmen umsäumt; deren Zonen haben wir längst hinter uns gelassen. Er ist vielmehr bevölkert von den zahlreichen watschelnden und bäuchlings rutschenden befrackten Gestalten der Falkland-Pinguine.

Um unsere friedliche Absicht zu demonstrieren, gehen wir sehr langsam bis dicht an die Gruppen stehender, palavernder Gestalten heran und filmen. Dabei gelingt es uns, herrliche Szenen aus ihrem „Gesellschaftsleben" einzufangen, und wir wundern uns zugleich über die Zutraulichkeit der Tiere. Wurden hier doch noch vor knapp hundert Jahren massenweise Pinguine zur Trangewinnung abgeschlachtet. Drei bis vier Millionen sollen es gewesen sein.

Zurück an Bord erwarten wir einen Redakteur der Lokalstation zu einem Interview über uns, unsere Reise, unsere Pläne. Das Gespräch soll übermorgen gesendet werden, zu einer Zeit, wo wir uns schon wieder auf See befinden.

Les und seine Frau Peggy laden uns zum Abendessen ein. Die beiden sind stolz darauf, alle Segler, die hier angelegt haben, persönlich zu kennen, so zum Beispiel auch Naomi James, die dort während ihrer Weltumsegelung an Land ging. Les erzählt, er sei sogar zu ihrer Fernsehshow nach London eingeladen worden. Zwar sind wir von echt englischer Küche schon häufig enttäuscht worden, doch Peggy verwöhnt uns mit einem lukullischen Mahl: Gemüsecremesuppe, zarter Lammbraten mit grünen Bohnen und erlesene Süßspeisen. Drei große Superkatzen, denen man die gute Behandlung ansieht, sind bei Les und Peggy zu Hause. Als Katzenfreund zu Katzenfreund beichte ich ihnen, daß wir Robi an Bord haben.

Wir hatten befürchtet, auf englischem Territorium ihretwegen Schwierigkeiten zu bekommen und sie deshalb für die kurze Zeit der Formalitäten-Erledigung in die Segelkammer gesperrt. Das wäre allerdings gar nicht notwendig gewesen, denn wir bekommen lediglich die Auflage, sie nicht an Land gehen zu lassen. Folkmar gibt Auskunft über Robis Stellung an Bord: „Sie hat bei uns in Brasilien nach dem Prinzip ‚Tatze gegen Koje' angeheuert und ist hauptverantwortlich in Sachen Fischfang", „und -verwertung", ergänze ich.

Am 5. Januar nehmen wir an einem ungewöhnlichen Schauspiel teil. Vor dem Postgebäude findet die Neujahrsparade der Abordnungen der Royal Marines statt, die der Gouverneur der Falkland-Inseln, Sir Rex Hunt, inspiziert und abschreitet. Eine Augenweide sind die farbenprächtigen Uniformen der Beteiligten, und wir kommen mit den Kameras voll auf unsere Kosten.

In der anschließenden Neujahrsrede des Gouverneurs klingen u. a. auch schon die Schwierigkeiten mit Argentinien an. Wie ernst es darum stand, hat zu diesem Zeitpunkt wohl niemand geahnt. Uns fällt besonders auf, daß nicht nur in der Neujahrszeremonie, sondern im gesamten Verhalten der Falkland-Bewohner starkes Traditionsbewußtsein zum Ausdruck kommt, ja manches sogar „britischer" als im Mutterland wirkt.

Während die Männer später auf der FREYDIS noch notwendige Reparaturen erledigen, fahre ich mit Peggy zum Supermarkt und kaufe Kekse, Schokolade, Salami in Dosen und reichlich Käse ein. Kartoffeln, Gemüse und Eier suche ich vergeblich. In dieser Hinsicht ist jeder Falkländer autark. Damit wir dennoch unseren Bedarf decken können, wird die benötigte Menge einfach im Radio durchgegeben, und es ist kaum zu glauben: alles wird von den Einwohnern gesammelt und uns an Bord gebracht.

Zum Abendessen haben wir Peggy, Les und Archie, Peggys 78jährigen Vater, ins „Upland-Goose-Hotel" eingeladen und versuchen, uns damit ein wenig für ihre überaus nette Gastfreundschaft und Hilfsbereitschaft zu bedanken. Alle Crewmitglieder können hier sogar eine heiße Dusche nehmen und kommen blitzsauber in die Hotelbar.

Les kann sich allerdings erst mit einiger Verspätung unserem delikaten Wildenten-Dinner anschließen. Er muß noch bei der Ankunft eines kleinen Flugzeuges anwesend sein, um die Passagiere einzuklarieren und eingeführte Nahrungsmittel zu begutachten. Die Falkländer sind besonders vorsichtig beim Import von Fleisch. Da sie fast ausschließlich von der Schafzucht leben, wäre es für sie eine Katastrophe, wenn die im Norden Argentiniens verbreitete Maul- und Klauenseuche eingeschleppt würde.

Noch etwas zur Gastfreundschaft auf diesen Inseln: In Port Stanley gibt es keinen Bäcker, also auch kein frisches Brot. So will man uns aber nicht ziehen lassen; im Wildgänse-Hotel wird deshalb nur für uns am nächsten Morgen Brot gebacken – zwölf herrlich duftende, heiße Brotlaibe nimmt die mit Proviant nun vollgestopfte, startklare FREYDIS natürlich noch mit Freuden auf. Diese Geste läßt uns den Abschied von Peggy, Les und Archie noch schwerer werden. Wir stoßen an auf ein Treffen in Deutschland und auf die nun immer näher rückende Tour in die ewige Kälte. Erich bläst das Nebelhorn, langes Winken. Bye bye – schön war's auf eurer Insel.

Nun sind wir endgültig auf dem Weg zur Antarktis, die Etappe der großen Einsamkeit hat begonnen. Dieser Seeweg wird so gut wie gar nicht von Schiffen befahren. Voraussichtlich werden wir daher auch wochenlang nur Funkkontakt zur Außenwelt und kaum die Möglichkeit haben, im Notfall Hilfe zu bekommen.

Im Gegensatz zu dem sehr ausgebildeten Rettungswesen in der Zone gleicher Breite im Norden sind wir hier völlig auf uns selbst gestellt, gleichgültig, ob es sich um Schäden am Schiff oder um Verletzungen und Unfälle der Mannschaft handelt. Wer schon würde hier unsere Seenot-Funkboje auf 2185 Kilohertz oder unseren auf der zivilen und militärischen Flugnotfrequenz sendenden „Locat" hören? Von UKW ganz zu schweigen.

Unser Ziel ist die 760 Seemeilen entfernte antarktische Halbinsel, 1500 Kilometer langes Anhängsel des sonst fast runden südpolaren Kontinents. Zugänglich ist diese Halbinsel nur von Westen her. Die eisbedeckte Wedell-See macht eine Annäherung von Osten her unmöglich. An der Westküste aber sind Fjorde und Inseln vorgelagert, in deren Gewässern man sich unter günstigen Bedingungen während der Sommermonate für kurze Zeit bewegen kann.

Die antarktische Halbinsel mit ihren Dreitausendern ist zwar geologisch eine Fortsetzung der südamerikanischen Anden, aufgrund ihrer extremen geographischen Lage aber ist fast alles Land von Gletschern bedeckt. Küstenlinien sind unter dem ewigen Eis kaum erkennbar. Standortbestimmung und Navigation werden dadurch ungemein schwierig. Wir rechnen nicht damit, an Küsten anzulegen und die Gletscher betreten zu können, außer an den wenigen Stellen, an denen Forschungsstationen unterhalten werden. Eine Ausnahme bildet die Süd-Shetland-Insel Deception auf 63° Süd. Sie ist der antarktischen Halbinsel vorgelagert und besteht aus noch tätigen Vulkanen, die an manchen Stellen die Vereisung verhindern. Deshalb wurden hier auch von Engländern, Chilenen und Argentiniern Stationen unterhalten, bis Vulkanausbrüche vor Jahren zum Verlassen der Insel zwangen.

Eine angenehm gleichmäßige westliche Brise bläst uns zügig voran, und mit dem 80 Seemeilen von Port Stanley entfernten Inselchen Beauchene kommt bald das letzte Fleckchen Land in Sicht und verschwindet wieder.

Malheur bereits am Nachmittag: Der 150-qm-Blister zerknallt plötzlich wie ein Luftballon in einzelne Fetzen. Offenbar haben zu häufige Nutzung und zu intensive Sonnenbestrahlung das Segel zermürbt. Schade, denn gerade dieses Segel ist ideal für leichte bis mittlere halbe und raume Winde. Wir wechseln auf die Genua.

Der Wind legt zu, als wir die Burdwood-Bank passieren, ein riesiges Flach in Höhe der Le-Maire-Straße. Die See ist rauh, aber noch erträglich. Bei entsprechenden Winden bauen sich hier oft hohe Seen auf. Anscheinend haben wir eine günstige Zeit für die Durchquerung erwischt. Die Kälte während der Nachtwachen wird immer beißender. Die Wassertemperaturen liegen um nur 5° C.

Allmählich müssen wir uns auch auf Eisberge gefaßt machen. Jeder anscheinend schmale, helle Wolkenstreifen, der durch die Dunkelheit schimmert, könnte ein Tafeleisberg sein. Glücklicherweise ist beinahe Vollmond, und die Phasen völliger Dunkelheit sind kurz.

In der Drake-Straße lange Dünung und zunächst häufig wechselnde Windrichtungen, Nordnordwest, dann Südost, später Südsüdost. 7° C Lufttemperatur, Nieselregen. Wir scheuen keine Manöver, auch in der Nacht nicht, um durch optimales Segeln möglichst schnell vorwärts zu kommen und dieses sturmreiche, gefährliche Gebiet hinter uns zu bringen.

In der Messe steht der mit Falkland-Eiern gefüllte Karton. Nicht vorstellbar, was daraus würde, wenn der nächste Sturm uns so überrascht. Also packen wir es an – Ei zum Frühstück, Bauernomelett zu Mittag, Bouillon mit Eierstich am Abend. Wir werden es schon schaffen.

Die Stimmung an Bord ist gut. Erich, Thilo, Claus und Uli spielen Skat, soweit sie nicht auf Wache sind. Ich nehme mir nochmals die Proviantliste der ENDEAVOUR vor, die unter James Cook 1775 durch die gleiche Zone segelte. Den Erfindern der Konservendose gebührt der ganz besondere Dank der Seefahrer. Sie ermöglicht es uns, eine Vielfalt von Lebensmitteln mitzunehmen, nicht zu vergleichen mit der dürftigen Auswahl auf damaligen Schiffen. Monatelang gepökeltes Schweinefleisch und Schiffszwieback, oft halb verdorben, sonst nichts. James Cook wußte allerdings schon, daß Sauerkraut gegen den gefürchteten Skorbut schützt, und nahm davon große Mengen in seinen Proviant auf.

Delphinschulen kommen immer häufiger zu Besuch. Die Tiere unterscheiden sich deutlich von allen Arten, die wir in wärmeren Gewässern trafen. Es sind große, originell gezeichnete, schwarzweiße Burschen, genauso verspielt wie ihre Verwandten weiter nördlich.

Auch unsere Begleiter, die Sturmvögel, sind seit den Falklands wieder um uns. Mächtige Albatrosse, groß wie Schwäne, schweben im Segelflug auf Späherposten über uns oder nutzen gekonnt die Aufwinde der Wellentäler zu verwegener Flugakrobatik. Dicht über dem Wasser folgen, ihr Flug ein wechselnder Balanceakt auf jeweils einem Flügel, die etwas kleineren schokoladenbraunen Riesen-Sturmvögel.

Das Angelfieber früherer Tage ist in diesen unwirtlichen Zonen abgekühlt. Trotzdem wird Robi nach ihrem Geschmack satt. Ich habe auf den Falklands ein Dosen-Katzenfutter entdeckt, das so intensiv nach Fisch riecht (sollte man sagen, stinkt?), daß auch sie es mit Genuß frißt.

Beim ersten Licht schließt sich ein einsamer Wal der FREYDIS an. Er bläst uns seine Atemfontäne bis ins Cockpit. Guten Morgen, nach Walart?

„Harte Männer" sind manchmal zu bedauern. Sie müssen hilfreich angebotene Wärmflaschen weit von sich weisen. So auch Folkmar, der wieder einmal total unterkühlt nach der Morgenwache in seinen klammen Schlafsack hastet. Den Kopf umwickelt, die Ohren mit Oropax verkleistert und die Augen mit dichtem Handtuch verbunden, versucht er, sich von der hellen und rücksichtslos lärmenden Außenwelt abzuschotten. Von Kälteschauern geschüttelt, wartet er vergebens auf erholsamen Schlaf. Vielleicht muß man Wärmflaschen ganz einfach aufdrängen? Der Erfolg gibt mir recht. Kaum habe ich das heißwassergefüllte Gummikissen auf seine Füße geschmuggelt, haucht Folkmar aus tiefstem Herzen „Ich fühle mich wie im Himmel", streckt sich und schläft ein. Moral: Harte Segler sind auch nur Menschen.

Bei mäßigem Seegang und südwestlichen Winden passieren wir am 9. Januar um 06.00 Uhr früh den Breitenkreis von Kap Hoorn – 56° Süd. Die Sonne geht bereits um 03.00 Uhr morgens auf und erst gegen 24.00 Uhr wieder unter. In der kurzen Nacht haben wir zur Zeit Vollmond, günstige Voraussetzungen, um mögliche Eisberge frühzeitig zu erkennen.

Pünktlich um 16.00 Uhr wieder Funkkontakt mit Otto und Peter. Grüße werden ausgetauscht. Otto gibt durch, daß die Ersatz-Selbststeuer-Anlage nicht mehr rechtzeitig genug beschafft werden kann, um sie Christian mitzugeben. Der Transformator von 12 auf 24 V kommt jedoch. Wenigstens etwas. Wie immer geben wir unsere Position durch: 56° 44′ Süd und 61° 02′ West, Lufttemperatur 6°C, gegen minus 12°C in Leer. Da sind wir ja noch gut dran! Otto hat nachgerechnet, daß wir mehr als 13000 Kilometer von der Heimat entfernt sind.

Gegen Abend kommt die Sonne durch, und das freundliche Wetter hebt auch die Stimmung der Crew. Wir werden geradezu übermütig. Mit Spannung sehen wir unserem bevorstehenden Landfall auf Deception Island entgegen, weil uns ja niemand sagen kann und konnte, was uns erwartet. Die unbewohnte Insel wird nur sehr selten von Schiffen besucht, und Veränderungen sind bei der noch regen Vulkantätigkeit jederzeit möglich.

Offiziell wurden die Süd-Shetland-Inseln 1819 von dem englischen Handelskapitän William Smith entdeckt und von Marineoffizier Eduard Brainsfield kartiert. Den Robbenfängern, wie dem Amerikaner Nathaniel Palmer, waren diese Inselkette und die antarktische Halbinsel jedoch schon Jahre vorher bekannt. Sie dienten ihnen als besonders ertragreiche Jagdgründe, deren Lage sie deshalb verständlicherweise nicht preisgeben wollten. Als der Engländer James Wedell 1823 die Inseln besuchte, fand er keine einzige Pelzrobbe mehr. Die Robbenjäger hatten ganze Arbeit geleistet. Diese Gefahr der Ausrottung ganzer Tierarten durch rein wirtschaftlich orientierte Interessengemeinschaften besteht heute leider noch genauso wie damals, obwohl man doch eigentlich dazugelernt haben müßte.

Am Tag darauf – es ist ein naßkalter Sonntag – gibt es zum Frühstück Weißbrot von den Falkland-Inseln, dazu brasilianischen Honig, englische Marmelade, holländische Butter, dänische Cervelatwurst und Falkland-Eier, außerdem heißen Kakao oder Kaffee. Die Katze bekommt ein besonders großes Entenei aus unseren Falkland-Beständen. Sie hat sich nun schon einen dichten Pelz für die Antarktis zugelegt, der in keiner Weise mehr an das schüttere, glanzlose Fell ihrer Vor-FREYDIS-Zeit erinnert.

Das Seegebiet um die antarktische Halbinsel hat seine besonderen Probleme. – Auf Seekarten ist wenig Verlaß, da sie zu viele Ungenauigkeiten infolge mangelhafter Vermessungen enthalten. Auch mit Magnetfeld-Instabilitäten ist in diesen Breiten zu rechnen. Der „Antarctic Pilot" und das „Handbuch II des atlantischen Ozeans" warnen uns. Beiderseits des Polarkreises herrschen lebhaftes Wettergeschehen und große Unruhe in den Luftbewegungen, über die nur wenige Beobachtungen vorliegen, weil diese Breiten von Handelsschiffen eben nicht befahren werden. Kollisionen mit Riffen, Eisbergen und Walen drohen uns. Andererseits kann man damit rechnen, daß die Küsten mit den davorliegenden Inseln im Südsommer gewöhnlich frei von Packeis sind. Die zu erwartenden Temperaturen liegen um den Gefrierpunkt.

Wie auf den Falkland-Inseln vereinbart, nehmen wir am Abend Funkkontakt mit Ian aus Port Stanley und einem Funker von Signy-Island auf. Diesmal ist auch Bob von der amerikanischen Palmer-Station auf Anvers Island mit von der Runde.

Gespannt lauschen wir den Eis-Informationen. Jetzt würde es sich endgültig entscheiden, ob wir Palmer-Station auf Anvers Island anlaufen können. Dann gibt Bob die von uns allen mit Jubel begrüßte Information durch – „Palmer-Station ist bis auf isolierte Eisberge – packeisfrei". Definitiv steht es für uns nun fest: Wir werden uns in die Antarktis wagen.

Mitten in der Drake-Straße segeln wir am 11. Januar über den 60. Breitengrad. Dabei haben wir das Glück, daß die „kreischenden Sechziger" sich mit nur 5 bis 6 Beaufort relativ heiser gebärden.

Es wird immer kälter: Luft 2° C, Wasser 1,7° C. Mittags ziehen dicke Nebelschwaden mit eisiger Kälte übers Wasser. Am späten Nachmittag lichtet sich der Nebel etwas. Tiefblaues Wasser, blendendweiße Gischtkronen und in Richtung Sonne ein diffuses Licht. Extrem lange Dünung. Nachts wird es jetzt nicht mehr dunkel. Um 01.00 Uhr beginnt es für etwa zwei Stunden zu dämmern; das ist alles, was von der Nacht noch übrig ist.

Am Morgen des 12. Januar rechnen wir aufgrund unserer Meßergebnisse damit, bald die östlich der Brainsfield-Passage gelegenen Süd-Shetland-Inseln zu erreichen. Der kürzeste Weg zu unserem ersten Ziel, Deception Island, wäre die Englische Passage. Sie ist gespickt mit Klippen und weist starke Strömungen auf. Bei dem herrschenden dichten Nebel scheint uns dieser Weg zu riskant. Wir nehmen den Umweg über die Brainsfield-Passage.

Ein Mann geht auf dem Vorschiff ständig auf Ausguck. Wir sind voll gespannter Erwartung auf die erste Landsicht. Inzwischen haben wir die 100-m-Tiefenlinie unterschritten. Ein Mann steht am Echolot und trägt alle fünf Minuten die Wassertiefe in die Logbuchkladde ein. Langsam wird es flacher. Bei 85 Meter enden seine Eintragungen. In diesem Augenblick rast Uli mit dem Schreckensruf „Eisberg, ein Eisberg!" in panischer Angst vom Vorschiff zum Cockpit. Und dann sehen wir ihn alle – aus dem Nebel kommt eine Eiswand auf uns zu: drohend, unerbittlich, hoch wie ein vielstöckiges Haus. Kaum 30 Meter sind es mehr bis dorthin, und wir hören die Brandung rauschen. Ich habe Erich noch nie so schnell ins Cockpit stürzen sehen; Ruder hart backbord. Der Diesel startet auf Anhieb. Wußte er, worum es geht...? Endlich bewegen wir uns parallel zur Wand, hoffentlich dehnt sie sich nicht unter Wasser in unserer Fahrtrichtung aus... Nichts dergleichen. Der Eisberg verschwindet schemenhaft hinter der Nebelwand. Aufatmen – und um uns herum siedet das Wasser von Purzelbäume schlagenden Pinguinen.

Einzelne Growler und kleine Eisschollen wandern wippend an uns vorbei. Der Nebel lockert sich stellenweise etwas auf. Bevor er wieder alles einhüllt, haben wir die markanten Eddy Stone Rocks nahe der Westküste von Livingston Island ausgemacht. Stromeinflüsse, auf die auch der „Antarctic Pilot" hinweist, hatten uns stark nach Osten gedrängt. Wie durch eine Geisterwelt segeln wir zwischen steil aufragenden Felsklippen, gestrandeten Eisbergen, Growlern und Nebelschwaden hindurch an der Küste Süd-Shetlands entlang. Castle Rock taucht auf, imposant und drohend. Es gleicht einem vieltürmigen „Schloß", erbaut aus senkrecht aus dem Wasser aufsteigenden, pechschwarzen Lavagestein. Zunehmender, eisiger Wind von achtern reißt den Nebel plötzlich ganz auf. Vor uns liegt die Eiswüste von Snow Island. Wir preschen in die Brainsfield-Passage vor. Noch etwa 30 Seemeilen von ihr entfernt kommen bereits die Umrisse von Deception Island in Sicht. Gegen 19.00 Uhr erreichen wir die schneegestreiften Lavahänge.

Die Insel „Deception" (= Täuschung, Betrug) entstand durch gewaltige Eruptionen. Fortgesetzte Vulkantätigkeit bis in die jüngste Zeit verhinderte weitgehend ihre Vereisung und änderte immer wieder ihre Form. Dem ankommenden Seefahrer wird eine Insel mit sieben Seemeilen Durchmesser vorgetäuscht. In Wirklichkeit bildet sie aber nur die Begrenzung eines fast kreisförmigen Kratersees mit allein vier Seemeilen Durchmesser, der über eine schmale Öffnung mit dem Meer verbunden ist. Wir hoffen, in diesem vom Meer überspülten Innenkrater einen vor Stürmen sicheren und eisfreien Ankerplatz zu finden. Nach den neuesten Seekarten hätte uns eigentlich ein Funkfeuer die Navigation erleichtern sollen, aber wir müssen bei der Annäherung feststellen, daß es nicht mehr in Betrieb ist.

In der engen Einfahrt begleiten uns Hunderte behend im Schmetterlings-Stil schwimmende Pinguine. Durch die Öffnung des Kraterringes an der Südostseite, den „Neptuns-Rachen", fahren wir in den Kratersee Port Foster ein. Wir müssen vorsichtig manövrieren und uns freihalten vom Wrack eines Walfängerschiffes, das den Eingang teilweise blockiert. Gleich dahinter liegt an der Ostseite des Sees die Walfängerbucht. Hier gehen wir vor Anker.

Landfall in der Antarktis! Das muß gefeiert werden! Erich holt die drei Liter fassende Superflasche Champagner aus Rio. Eigentlich war sie für Silvester bestimmt, aber mindestens ebenso gut erfüllt sie hier ihren Zweck. Der Sektkorken knallt über unseren Köpfen, und jeder bekommt eine zünftige Antarktis-Taufe. Natürlich sind auch sämtliche Foto- und Filmapparate im Einsatz. In euphorischer Stimmung sitzen wir noch eine Zeitlang im Cockpit und haben unseren Spaß an dem so menschlich ausschauenden Pinguin, der ein paar Meter von der FREYDIS entfernt am Sand auf- und abtrippelt. Immer wieder blickt er zu uns herüber, als hätte er eine wichtige Nachricht. Wir taufen ihn Herbert, und Herbert antwortet auch jedesmal auf die interessierten Fragen einiger Crewmitglieder mit heiserem „Ark". Für uns bedeutet „Deception" in diesem Augenblick keineswegs „Betrug", sondern die Erfüllung eines Seglertraums.

WEIT IM NORDEN LIEGT KAP HOORN

Im Kratersee eines tätigen Vulkans — Segeln im Eisschrank — Palmer-Station: Südlichster Punkt — Antarktische Tierwelt — Wie kocht man Nudeln in der Drake-Passage? — In „Fahrstuhl und Zentrifuge" bis Kap Hoorn

Bei nüchterner Betrachtung ist die Insel Deception allerdings nicht gerade das Fleckchen Erde, von dem man träumt und auf dem man sich längere Zeit aufhalten möchte. Das Wasser ist zwar an manchen Stellen schön warm, aber nicht etwa durch wärmende Sonnenstrahlen, sondern weil der Vulkan noch immer drohend vor sich hinbrodelt. Ein paar bleiche armselige Moose und Flechten fristen mühsam ihr Leben, der faule Eiergeruch der Schwefelschwaden hängt in der eisigen Luft. Der Strand und die Felswände sind schwarz von grob zerriebenem Eruptionsgestein, teilweise mit Eis und Schnee verkrustet.

Die so friedlich aussehende Bucht war einst Zeuge eines grausamen Geschehens. Mit den Expeditionen hatte sich auch die Wal- und Robbenjagd in immer südlichere Regionen gewagt und auf der vulkanisch „beheizten" Insel Exzesse von extremen Ausmaßen erreicht. An den Ufern des sturmgeschützten, relativ warmen Kratersees standen die Kessel der Trankochereien. Hier wurden zahllose Wale zerteilt und den erschlagenen Robben die Felle abgezogen. Im Jahre 1924 änderte sich das schlagartig nach einem Vulkanausbruch, und auch die Technik hatte sich geändert. Große Walfangmutterschiffe und schwimmende Trankochereien waren notwendig geworden, um die Forderungen nach immer höheren Fangquoten bei stark reduzierten Beständen zu erfüllen. Deception, die „Insel der Täuschung", führte jetzt ihren Namen zu Recht – ausgeplündert versprach sie keine Beute, keinen billigen Profit mehr. Sie wurde nur noch von Wissenschaftlern genutzt, bis ein neuer Vulkanausbruch 1967 auch sie vertrieb.

Fröstelnd setzen wir die Heißluft-Diesel-Heizung in Gang. Die Lufttemperatur beträgt lediglich 1°C. Als es gemütlich warm wird, kriecht Robi erfreut unter ihren Decken hervor und streckt sich wohlig. Wir tun es ihr gleich, und dann wird aufgetischt, was die Bordküche bietet. Gut gestärkt und aufgewärmt setzen wir mit dem Dingi über auf antarktischen Boden. Ich halte die Hand ins Wasser. Es ist badewasserwarm, dann heiß und gleich daneben wieder eiskalt. Offenbar dringt die heiße Lava bis dicht unter den Grund des Sees vor. Am Strand brauchen wir stellenweise nur ein fingertiefes Loch in den schwarzen Sand zu graben, dann wird er bereits unerträglich heiß.

Rotschnäblige Pinguine watscheln und springen mit ihren kurzen Beinchen über den heißen Strand genau auf uns zu. Sie verbeugen sich wie zum Gruß und bleiben zwei Meter von uns entfernt stehen – der Hitze wegen auf der Stelle trippelnd. Neugierig mustern sie die fremden Besucher, dann ziehen sie aber doch ein Wechselbad einer hautnahen Begrüßung mit uns vor.

Über ewig nachrutschenden Lavakies klettern wir den steilen Südhang neben dem Neptuns-Rachen hinauf und blicken auf die schwarzen, teilweise glatten, senkrecht zum Meer hin abfallenden Hänge, gegen die eine gewaltige Brandung andonnert. Es sind Wände eines zur See hin weit offenen kleinen Kraters, an denen sich mehrere „Brandungszonen" in verschiedenen Höhen über dem Wasserspiegel abzeichnen. Offenbar haben sich die Wände im Laufe der Zeit mehrmals gehoben oder gesenkt, so daß die Meeresbrandung deutliche Spuren hinterlassen konnte. Seeschwalben, Sturmvögel, Albatrosse und Raubmöwen kreisen über uns. Sie nisten an diesen so lebensfeindlich wirkenden Hängen. Den Pinguinen allerdings ist es zu steil. Bei der Einfahrt in den Neptuns-Rachen hatten wir jedoch stattliche Pinguinkolonien an den weniger schroffen Hängen der Krateraußenseite gesehen.

Unser Rückweg führt uns an den Resten der britischen Station John Biscoe vorbei, in deren unmittelbarer Nähe wir geankert haben. Die Vorratslager der Blech- und Holzgebäude sind noch angefüllt mit Tonnen von Kohle und großen Mengen an Konserven aller möglichen Nahrungsmittel. Alles zeugt vom fluchtartigen Verlassen der Station. Neben den teilweise umgestürzten, verrosteten Brennstofftanks und Teilen von Raupenfahrzeugen steht ein Flugzeugwrack mit der Aufschrift „British Antarctic Survey"; mit der britischen Antarktiküberwachung von hier aus ist es allerdings vorbei.

Nach unserer Teestunde mit zwei frischgebackenen Kuchen sind wir fit für einen zweiten Landgang, diesmal entlang des Kratersees. Über den heißen Wasserstellen liegen dichte Nebelschwaden. Auf warmem Boden dösen zwei bis drei Meter lange, silbrig glänzende Wedell-Robben. Abwechselnd durch ein Nasenloch atmend und mit einem Auge beobachtend, möglichst ohne den Kopf zu drehen, nehmen sie anscheinend nur wenig Notiz von uns Eindringlingen. Im Wasser sind diese Tiere allerdings keineswegs träge. Zoologen haben herausgefunden, daß sie oft stundenlang bis in Tiefen von 600 Meter hinabtauchen und in völliger Dunkelheit unter der Eisdecke jagen. Sie benutzen dazu eine Art Sonar. Längst bevor der Mensch das Echolot erfand, standen bestimmten Tierarten, zum Beispiel Walen und Robben, die Möglichkeiten der Ortung durch Schall und Ultraschall zur Verfügung.

Deception Island würde im übrigen auch meine Sammelleidenschaft für Fossilien ausgiebigst befriedigen können, stünden hier nicht dem Übermaß der Objekte – haufenweise verblichene Walknochen – die vergleichsweise geringen Dimensionen der FREYDIS im Wege.

Wir verlassen Deception am 15. Januar. Mit mäßiger achterlicher Brise segeln wir an der antarktischen Halbinsel entlang weiter nach Süden mit dem Ziel: die noch 120 Seemeilen entfernte amerikanische Palmer-Station.

Growler und Eisberge driften mit Geschwindigkeiten bis zu zwei Knoten an uns vorbei. Eisberge – ein Kapitel für sich. Die eigentliche Gefahr, die von ihnen ausgeht, liegt neben ihrer oft kaum glaublichen räumlichen Ausdehnung in ihrer Unberechenbarkeit. Überspitzt ausgedrückt könnte man sagen, daß das einzig Berechenbare oder

Vorhersehbare eines Eisbergs eben seine Unberechenbarkeit ist. – Viele Schifftragödien lassen sich nur auf diese Weise erklären. Schon sprichwörtlich bekannt ist die „Spitze des Eisberges". Nur etwa zwei Zehntel seiner Masse lassen sich über Wasser ausmachen, der Rest liegt trügerisch unter der Meeresoberfläche verborgen.

Bei dem aufgewühlten Wasser sind die Konturen der Growler – Abbrüche von Eisbergen – oft nur schlecht auszumachen, man muß schon sehr genau Ausguck halten. Eine Kollision könnte unser Schiff leckschlagen. Kleinere Eisschollen kratzen oder knallen an die stählerne Bordwand.

Die Navigation in der Inselgruppe stellt uns vor erhebliche Probleme. Hier gibt es keine der üblichen Hilfen wie charakteristische Konturen oder Landmarken, an denen man sich orientieren könnte – nur stets sich veränderndes Eis oder eisbedeckte Inseln. Alles sieht gleich aus. Endlich, nachmittags, haben wir unverkennbar die Austin Rocks – steile, schmale Felsspitzen von 150 Meter Höhe – zwei Seemeilen querab.

Beim Einlaufen in die Gerlache-Straße ist das Licht diffus und milchig, die Konturen verschwimmen. Ein Abschätzen der Entfernung zu den Ufern in der acht Seemeilen breiten Straße ist unmöglich. Dieses, als „White Out" bekannte Phänomen entsteht bei einer besonderen Beleuchtung, in der die Kontraste für das Auge verschwinden und der Beobachter unfähig wird, Horizonte und die eintönige Eisoberfläche voneinander zu trennen. Wenig später heben sich die schnee- und eisbedeckten Inseln wieder deutlicher ab von den niedrig dahinziehenden grauen Wolkenschichten.

Robben und Pinguine turnen auf Eisschollen und an den Rändern der Eisberge herum. Buckelwale schnauben am Nachmittag neben unserem Schiff. Sie nehmen uns wie Lotsen in ihre Mitte. Ab und zu sehen wir ihre langen Seitenflossen. Bucklig sind sie nicht, lediglich der Art, wie sie beim Tauchen ihre Rücken krümmen, verdanken sie diesen Namen. Ebenso wie andere Bartenwale zieht es sie im Südsommer in die antarktischen Gegenden, wo sie sich am überreichlichen Krill mästen. Im Südwinter wechseln sie in wärmere Zonen, um sich zu paaren.

Die gletscherbedeckte Insel Triniti zieht vorbei und gibt den Blick frei auf eine grandiose Gletscherbergwelt. Nur die zwei- bis dreitausend Meter hohen Gipfel dieser erloschenen Vulkane sind von dichten Wolken eingehüllt. Vor rund 26 Millionen Jahren trennte sich die Antarktis vom südamerikanischen Kontinent. Diese Isolierung der Antarktis – Australien hatte sich bereits früher gelöst und war nach Nordosten abgetriftet – hatte weitreichende Folgen. Jetzt konnte sich um diesen neuen Kontinent die kalte Ringströmung im Wasser und in der Luft ausbilden, die den vorher noch möglichen Zutritt warmer Strömungen von Norden unterband. Seit 15 bis 20 Millionen Jahren bedeckt ein Eispanzer von heute zwei- bis viertausend Metern Stärke diesen südlichsten Kontinent.

Mit etwas gemischten Gefühlen betrachten wir die gewaltige weiße Pracht. Etwa 30 Millionen Kubikkilometer Eis liegen in der Antarktis. Selbst wenn nur ein Teil des Eises der Westantarktis schmelzen würde – der laufend steigende Kohlendioxidgehalt der Atmosphäre läßt das durchaus denkbar erscheinen –, würde der Meeresspiegel weltweit um fünf bis sieben Meter steigen, vielleicht schon in weniger als hundert Jahren. Eine Katastrophe für viele Städte und Küstengebiete, ganz abgesehen von den Klimaveränderungen, wäre die Folge. Das ist sicher mehr als nur eine Vision. Was bedeutet angesichts einer solchen möglichen Bedrohung das vergleichsweise minder wichtige Problem, wie man an die unter zweitausend Metern Eispanzer liegenden Schätze an Kohle, Öl und Mineralien herankommen könnte?

Es sind kaum 200 Jahre her, daß waghalsige Seefahrer und Robbenjäger den Kontinent erstmalig sichteten. Der große James Cook war von Pech verfolgt. Er umsegelte die gesamte Antarktis, kreuzte mehrfach den Südpolarkreis und kämpfte sich bis 71 Grad südlicher Breite vor, doch an keinem Tag hatte er das Südland erkennen können. Der Balte F. G. von Bellinghausen, der die Forschungsexpedition des Zaren Alexander I. leitete, entdeckte schließlich 1820 den antarktischen Kontinent, wahrscheinlich als erster. Groß war seine Überraschung, als er im Gebiet der Süd-Shetland-Inseln auf den Robbenfänger Nathaniel Palmer traf.

Wegen der sich überschneidenden territorialen Ansprüche kam es später immer wieder zu politischen und kriegerischen Auseinandersetzungen, hauptsächlich zwischen Chile, Argentinien und England. Im

Jahre 1961 wurde von zwölf Staaten der „Antarktis-Vertrag" unterzeichnet und damit der Versuch unternommen, alle Gebietsansprüche erst einmal für 30 Jahre ruhen zu lassen.

Offensichtlich schwelt der Konflikt aber weiter. Wir konnten uns später überzeugen, daß es in Chile und Argentinien nur Karten gibt, in der die antarktische Halbinsel entweder als chilenisches bzw. als argentinisches Territorium deklariert wird.

Am Morgen des 16. Januars, wir werden an diesem Tag – rund vier Monate nach unserer Abreise aus Gran Canaria – die Palmer-Station anlaufen, empfängt mich strahlender Sonnenschein, als ich ins Cockpit komme. Rasmus meint es gut mit uns. Bei frischen achterlichen Winden biegen wir zwischen Felicie Point und Kap Astrup in den Neumeyer-Kanal, der seinen Namen nach dem „Nestor der deutschen Südpolar-Forschung", Georg von Neumeyer, führt, auf dessen Initiative hin eine neue Epoche der Antarktis-Forschung begann. Expeditionen aus aller Welt wurden in das Südpolargebiet gesandt. Eine von ihnen unternahm der belgische Marine-Leutnant Adrian de Gerlache 1898/99. Er kartierte den Palmer-Archipel vor der Westküste der antarktischen Halbinsel und gab der Antwerpen-Insel = Anvers Island, unserem Ziel, ihren Namen.

Am Eingang des Kanals begegnen wir einem argentinischen Marineboot, das zur argentinischen Station Almirante Brown gehört. Seltenes Ereignis, hier ein Schiff zu sehen. Mit ihm führen wir ein kurzes Gespräch über UKW, wobei wir aufgefordert werden, die argentinische Fahne zu hissen. Da wir uns in internationalen Gewässern befinden, überhören wir das geflissentlich. Funkkontakt haben wir auch wieder mit der Palmer-Station. Hochstimmung kommt auf an Bord, als uns der Kommandant zum Abendessen, 18.00 Uhr Ortszeit, einlädt und uns heiße Duschen verspricht.

Schwere Fallböen und dichte Treibeisfelder zwingen uns, in der Bismarck-Straße die Segel schleunigst zu bergen. Unter Maschine quälen wir uns im Zickzack-Kurs zumindest um die größten Brocken herum, bis wir endlich an der Pier der amerikanischen Palmer-Station auf Anvers Island festmachen. Das Boot wird sorgsam an der kleinen Pier der Station vertaut; von Garth Brown, dem Stationsmanager, und einigen seiner Leute werden wir herzlich in Empfang genommen. Wir haben nun den südlichsten Punkt unserer Reise mit 64° 46′ Süd und 64° 04′ West erreicht!

Nach dem Besuch der bereits über Funk versprochenen heißen Duschen lassen wir uns zunächst durch Köstlichkeiten der Stationsküche verwöhnen.

Hans, einer der Biochemiker der Station – sein recht flüssiges Deutsch hat er in München gelernt –, führt uns dann durch die beiden Hauptgebäude. Wir besuchen Laboratorien für Chemie, Physiologie und Biologie, Observatorien für meteorologische und atmosphärische Untersuchungen, Werkstätten, Energiestationen, Garagen, Vorratslagerhallen, Funkstation, Krankenstation, Sauna, Fitness- und Spielzentrum, Schlafquartiere, Wohnräume, Kiosk und schließlich die Pinguin-Bar mit Kino, Plattenschrank und Billard-Tisch.

Es ist eine Mini-Stadt, in der dreißig Wissenschaftler und Techniker für die Zeit ihres Aufenthaltes alles zum Leben, Arbeiten und zur Freizeitgestaltung vorfinden. Meist sind es Biologen, Chemiker und Physiologen, die hier einen Sommer lang, selten auch noch den Winter über, arbeiten. Das Stammpersonal von acht Mann, das für Organisation und technische Einrichtungen verantwortlich ist, hält sich dagegen längere Zeit, mit Unterbrechungen oft mehrere Jahre, hier auf.

Nach diesem ersten Überblick ist der Tag für uns noch nicht zu Ende. Mit den Zodiaks der Station besuchen wir die einige hundert Meter entfernte Insel Thorgerson. Sie mißt etwa einen Quadratkilometer und ist Nistplatz für Tausende von Adelie-Pinguinen. Diese drolligen Vögel, deren weiße Augenringe ihnen einen besonders treuherzigen Ausdruck verleihen, lassen sich von uns in keiner Weise stören. Der Respektabstand von etwa einem Meter muß unbedingt eingehalten werden. Sonst machen sie uns durch Schnabelhiebe klar, wie weit wir uns ihnen nähern dürfen.

Große Teile der Insel sind voll besetzt mit einzelnen Pinguinkolonien, zwischen denen aber über ausgetretene Pfade ein reger Informationsaustausch stattfindet. Jede Familie – Eltern und zwei bis drei Kinder – hat kaum mehr als einen Quadratmeter zur Verfügung. Sie sind voll mit sich beschäftigt, behalten dabei stets die Scuas, die allgegenwärtigen großen Raubmöwen, im Auge, die unbeaufsichtigten Kindern rasch zum Verhängnis werden können.

Beim Anblick der Pinguinfamilien ist man leicht versucht, Parallelen zu menschlichem Verhalten zu ziehen. Die artspezifische Pinguingestik erinnert einfach zu sehr an unsere eigenen Artgenossen: Wenn etwa respektvolle Verbeugungen ausgetauscht, Kinder bei Nachbarn abgegeben und dort zusammen mit den eigenen sorgsam behütet werden – wobei auch sanfte Flossenschläge und kräftige Schnabelhiebe als Erziehungsmaßnahmen dienen –, so ähnelt das doch auffallend einem Kindergarten mit Erzieherin. (Die theatralischen Gesten regen offensichtlich geradezu zur Nachahmung an. Bei Erich bemerke ich schon bedenkliche, ruckartige Kopfbewegungen. Auch Thilo fügt sich gut ins Bild, wenn er in seinem dicken Polaranzug breitbeinig im Chaplin-Gang mit abgespreizten Armen über eisbedeckte Felsplatten hüpft und rutscht.)

50 Tage nach dem Ausbrüten werden die Jungen flügge. Bis dahin wechseln sich die Eltern bei der Futtersuche ab. Auf der „Pirsch" tauchen Pinguine oft mehr als hundert Mal am Tag und bis zu Tiefen von mehr als zweihundert Metern, um kleine Tintenfische, Krill oder sonstige Beutetiere zu fangen. Ältere routinierte Mütter brüten so, daß ihre Jungen Mitte bis Ende Dezember schlüpfen; dann sind sie bei Beginn des Winters im März aus dem Gröbsten heraus. Mitten in der Kolonie brütet unter einer Felsplatte eine Buntfußsturmschwalbe. Als einer der Biologen sie heraushebt, um sie vorzuzeigen, spuckt sie uns als Abwehrreaktion in hohem Bogen ihren Mageninhalt entgegen.

Wir besuchen anschließend noch die ehemalige, nun verlassene Palmer-Station ganz in der Nähe, eine einfache Holz- und Blechbaracke. Den Aufgang zur Station blockieren vier Elefantenrobben. Diese gewaltigen, graubraunen Speckkolosse sind kaum von den umgebenden Felsen zu unterscheiden. Drohendes Grollen und Maulaufreißen ist die Antwort, als Folkmar denn auch gleich über einen dieser „Brocken" hinwegstolpert. Der bläst entrüstet seinen komischen kurzen Rüssel ballonförmig auf und läßt dann schlagartig die Luft heraus, sozusagen als Warnschuß.

Bei einer Fahrt mit dem Zodiak habe man kürzlich, statt an einem Felsen, an einem Elefantenrobben-Bullen angelegt, erzählt einer unserer Begleiter – und der biß dann gleich ein Stück aus dem Zodiak heraus.

Es ist schon 02.00 Uhr nachts und immer noch hell, als wir schließlich zu unserem Schiff zurückkehren, und wir merken, daß unser Zeitgefühl völlig abhanden gekommen ist. Auf See hatten Wacheinteilungen und Essenszeiten den Rhythmus festgelegt. Jetzt an Land haben die vielen neuen Eindrücke bei der fast andauernden Helligkeit die Grenzen zwischen Tag und Nacht verwischt.

Erst mittags werden wir wieder wach. Die Elefantenrobben hatten offenbar andere Schlafenszeiten. Ausgerechnet neben FREYDIS nahmen sie ihr Morgenbad mit lautem Gebrüll und schreckten uns mehrmals aus dem Schlaf. „Die Kerle kennen doch keine Rücksicht", murmelt Erich, als auch noch dumpfe Schläge gegen die Bordwand hinzukommen. Vor dem Fenster über meiner Koje produziert sich ein etwa sieben Meter langer Bulle vor seinem Harem. Wir hatten unser Schiff wegen der erwarteten Ankunft des Stationsversorgungsschiffes ein Stück abseits von der Pier vor Anker gelegt, offenbar genau in das Revier dieser Elefantenrobben-Familie.

An Bord gibt es Frühstück und Mittagessen zugleich, und dann ziehe ich mit der ganzen schmutzigen, zum Teil bereits stockigen Wäsche zu den beiden Waschmaschinen der Station, die ich für einige Stunden am Laufen halten werde.

Später, vor dem Cocktail und Hummeressen, haben wir noch ein wenig Zeit. Wir filmen und fotografieren die FREYDIS unter Segel vom Dingi aus vor der großartigen Kulisse der grünlichweißen Eiswände nahe der Station.

Inzwischen ist auch das Versorgungsschiff HERO angekommen, benannt nach der kleinen Robben-Brigg Nathaniel Palmers. Die jetzige HERO, ein 40 Meter langes, stabiles Holzschiff, pendelt zwischen Ushuaia, der südlichsten Stadt der Welt, nordamerikanischen Häfen und der Station. Sie unternimmt auch Fahrten im antarktischen Seegebiet im Rahmen wissenschaftlicher Programme. Ein kleines Beiboot hat den hübschen Namen „Heroine", wobei das „e" am Schluß erst auf Proteste hin angehängt worden war.

Jetzt ist es höchste Zeit, uns wieder einmal in „Schale" zu werfen, das heißt, ein Rolli, ein Paar saubere Jeans, Snowboots und ein frischer Pullover müssen genügen. Erfreulich trocken gelingt das Übersetzen an Land. In der Pinguin-Bar werden wir schon erwartet. Bei echten

„Grönland"-Krabben mit Ketchup und viel Trinkbarem unterhalten wir uns mit den Leuten von der HERO. Mit Tim O'Brien, dem Deputy-Direktor der Station, der mich nach Engpässen in der Nahrungsmittelversorgung meiner Crew fragt und mir großzügig Öl, Butter und Schokolade zusagt; mit Willi, dem strohblonden ersten Offizier der HERO. Er ist Amerikaner deutscher Abstammung und erhält auf dem Schiff seine Ausbildung zum Kapitän. Auch mit Bill, ebenfalls Decksoffizier, der selbst dabei ist, ein Boot zu bauen und zusammen mit Willi später in der hellen Nacht noch mit uns auf einen Sprung zur FREYDIS kommt, um sich das Schiff näher anzuschauen und mit Erich zu fachsimpeln. Auch die Frage wird diskutiert, ob Radar vor Kollisionen mit Eisbergen schützen kann. „Auf der HERO", bemerkt Willi, „hatten wir einmal dichten Nebel und verfolgten intensiv den Radarschirm. Er zeigte nichts. Als der Nebel plötzlich aufriß, sahen wir einen großen Eisberg ganz in unserer Nähe." Ähnliches wird zu diesem Thema auch im „Handbuch II des atlantischen Ozeans" gesagt. Völlig sicher lassen sich Eisberge eben doch nur mit dem Auge erkennen.

Zum Gala-Essen geht's vom Pinguin-Club in den Speisesaal des Hauptgebäudes. Sonntags gibt man sich hier mit dem Essen besonders große Mühe. Auf weißgedeckten Tischen stehen Kerzenleuchter, und der Duft guter Küche durchzieht den Raum. Selbstbedienung mit Pilzsuppe, dann aufwendig garnierter „Hummer aus Maine" und dazu grüne Spinatnudeln, die Dennis, der Koch, heute morgen selbst zubereitet hat. Natürlich freut er sich über die Lobreden, die während des Mahles auf ihn gehalten werden. In der Monotonie des Alltags der Station ist gutes Essen die Hauptabwechslung, es gehört zur seelischen Betreuung. An Lebensmitteln wird daher nicht gespart, nur das Feinste wird hier von einem ausgebildeten Koch gekonnt zubereitet.

Das gegenseitige Kennenlernen wird anschließend im Pinguin-Club bei Musik und Knabbereien fortgesetzt. Wer keine Lust zum Reden hat, kann sich nebenan einen Video-Film anschauen oder klassische Musik hören. Es ist fast ein wenig grotesk, daß Folkmar gerade hier den ersten James-Bond-Film seines Lebens sieht. Thilo versucht inzwischen, einem Seemann der HERO auf englisch zu erklären, woher wir kommen: „Vielleicht kennen Sie Hamburg? Amsterdam? Dazwischen liegt irgendwo unsere Heimatstadt." Er ist völlig verdutzt, als der Kalifornier in breitem Amerikanisch plötzlich fragt: „In Ostfriesland?" – Seeleute kommen eben in der Welt herum, und Ostfriesland bleibt halt unvergeßlich.

Der Einkaufsladen der Station, ein kleiner Kiosk, in dem neben den Dingen des täglichen Bedarfs auch Souvenirs angeboten werden, wird von „Doc" verwaltet. Er ist medizinisch-technischer Angestellter und versieht die Dienste eines Hilfsarztes. Auch er zeigt mir sein Reich. Hier können kleine Operationen, einfache Röntgen-Untersuchungen und Zahnbehandlungen durchgeführt werden. Ich staune über die Unmengen der hier gelagerten Arzneimittel und Verbandstoffe. In Notfällen kann Doc ein Flugzeug zum Abtransport eines Kranken oder Verletzten anfordern, und er steht auch in Funkkontakt mit dem Arzt der McMurdo-Station auf dem antarktischen Festland, der ihn in schwierigen Fällen berät.

Währenddessen waren Folkmar, Claus und Erich von einem Wissenschaftler der Station, einem Polen, zu einer Fahrt auf einer dreikufigen „Snow-Cat" eingeladen worden. Nachts sollten die Antennen auf Vereisung überprüft werden. Das erfolgt im Rahmen eines Forschungsauftrages über die Ausbreitung von Funkwellen über lange Distanzen.

Vertrauensvoll stellten sich Erich und Folkmar auf die beiden rückwärtigen Kufen des seltsamen Fahrzeuges, während Claus und der Pole die beiden Sitze einnahmen. Beim Anlassen und Einkuppeln fiel ihnen bereits die unsichere Hand ihres Fahrers auf, der wohl reichlich tief ins Glas geschaut hatte. Die Schneekatze heulte ein paarmal laut auf, machte dann einen gewaltigen Satz vorwärts und raste einen holperigen Gletscherhang hinauf. Wie zwei Klammeraffen hielten sich die beiden hinten an allem Erreichbaren fest, um nicht weggeschleudert zu werden.

Mit vereisten und verkrampften Fingern, schlotternden Knien und in Angstschweiß gebadet, stiegen sie am Ziel von den schmalen Trittbrettern. Nachdem man sich davon überzeugt hatte, daß die Antennen eisfrei waren, sollte die Fahrt mit erheblich gedrosseltem Tempo die andere Seite hinuntergehen.

Zu langsam dürfe er aber wegen der Gletscherspalten auch nicht sein, meinte der Teufelsfahrer und gab seiner Schneekatze erneut die

Sporen. Den Dreien wurde himmelangst, als sie nun im Sturzflug die andere Seite gähnender Gletscherspalten gerade noch erreichten. Das Fahrzeug wurde jedesmal so hart abgebremst, daß es sich zu überschlagen drohte. Erichs und Folkmars Füße wurden sekundenlang von den Kufen gerissen, ehe sie wieder einigermaßen Halt fanden.

Jedenfalls erzählte mir Erich später, er habe daran denken müssen, was für ein idiotischer Tod ihm da nun bevorstand, nachdem er unter so vielen Strapazen endlich die Antarktis sicher erreicht hatte.

Als die FREYDIS am nächsten Nachmittag mit interessierten Palmer-Leuten eine Segel-Spritztour in die Eisbergwelt unternimmt, bleibe ich an Land und unterhalte mich mit Dr. Robert Y. George, einem Professor für Physiologie der Universität North Carolina, über seine Arbeit.

Er untersucht den Einfluß von Temperatur und Druck auf Embryonal-Zustand und Larven-Entwicklung des Krills. Im Labor kann ich mir Eier und Larven in verschiedenen Entwicklungsstufen unter dem Mikroskop und im Film ansehen. Dieser Krill, ein garnelenartiges, etwa fünf Zentimeter langes Krebstier, mit dem sich seit einigen Jahren die Ernährungswissenschaftler intensiv beschäftigen, könnte einmal eine wesentliche Rolle in der Ernährung der Menschheit spielen. Er zieht in riesigen Schwärmen durch die antarktische See und hat sich unnatürlich stark vermehrt, seit die Bartenwale, deren Hauptnahrung er war, durch die hochentwickelten Walfangtechniken so radikal reduziert wurden. Russen und Polen sollen diesen Eiweißvorrat bereits kommerziell abfischen, zur Zeit noch überwiegend zur Verwendung als Viehfutter.

Ein Problem, das diesen hochkarätigen Eiweißträger auch zu einem wichtigen Nahrungsmittel für den Menschen machen könnte, ist bisher jedoch nicht ausreichend gelöst: Es muß nämlich möglichst schnell nach dem Fang verhindert werden, daß die in der Krillhülle gespeicherten toxischen Fluormengen in das Krillfleisch übertreten können, Fleisch und Hülle müssen also sofort voneinander getrennt werden.

Hans, der Biochemiker, ist heute auch ganz bei seiner Arbeit. Gestern hatte er uns bereits die Aquarien gezeigt, in denen die hier heimischen Kaltwasser-Fische zu Untersuchungszwecken gehalten werden. Wir fanden diese kleinen, stachligen Ungeheuer so unappetitlich, daß uns fortan jede Lust zum Fischen in antarktischen Gewässern verging. Bemerkenswert ist, daß die Fische in der Kälte deshalb überleben können, weil sie eine Art „Frostschutzmittel" im Blut haben. Dieses ungewöhnliche Eiweiß hüllt das sich bildende Eiskristall ein, bevor der Vereisungsvorgang stattfinden kann. Ein weiteres Forschungsobjekt ist der ungeklärte Gasstoffwechsel bei den Eisfischen, die kein Sauerstoff tragendes Hämoglobin im Blut haben. Hans spritzt radioaktiv markierte Aminosäuren in ihren Blutkreislauf, um damit ihren Eiweißaufbau bei verschiedenen Wassertemperaturen zeitlich zu verfolgen.

Ein paar Schritte weiter arbeitet der Biologe Paul Terrell in seinem Labor an einem intubierten und betäubten Pinguin. Er untersucht die Blutzirkulationsverhältnisse der Flossen bei unterschiedlichen Temperaturen und unter Einwirkung verschiedener Hormone. Danach werden die „Patienten" drei Tage lang überwacht und gefüttert. Ich sehe, wie bereits Genesene etwas verloren auf dem Eis vor der FREYDIS herumwatscheln und sich schließlich auf den Heimweg machen – ich hoffe es wenigstens.

FREYDIS hat inzwischen mit ihren Gästen wieder an der Pier festgemacht. Robi genießt die Zuneigung der Besucher in vollen Zügen. Hier in der Antarktis ist sie eine Attraktion, vergleichbar mit der eines Pinguins am Strand von Norderney.

Letztes Abendessen auf der Palmer-Station. Doc gibt mir noch ein Päckchen mit Verbandmaterial und einigen Arzneimitteln, das er extra für unsere Bordapotheke zusammengestellt hat, und Hans und Dennis überreichen uns einen großen Karton voll Leckereien als Wegzehrung. Auch das so dringend benötigte Speiseöl, Butter und Schokolade haben sie dazugepackt.

Unser Nebelhorn wetteifert mit dem Gebrüll der See-Elefanten, als die Palmer-Station hinter den Eiswänden verschwindet. Dann sind wir wieder allein in dieser ewig weißen, unwirtlichen Welt.

Wir segeln zunächst in westlicher Richtung, um möglichst schnell aus dem Gefahrenbereich der Inseln, Klippen und Eisberge herauszukommen, was leichter gesagt als getan ist. Manchmal scheinen sich die Eisberge geradezu in unseren Kurs hineindrängeln zu wollen. Aber auch anderen scheinen wir im Wege zu sein. Als Uli und Folkmar im

Morgengrauen gerade das Ende ihrer Wache herbeisehnen, erhebt sich plötzlich ein graues Ungetüm neben der FREYDIS, dann hört man einen dumpfen Knall. Es war die Schwanzflosse eines großen Wals. Alarmstufe eins beim Blick nach vorn. Wir sind mitten in ein Rudel schlafender Wale geraten. Folkmar und Uli kuppeln hastig die Selbststeueranlage aus, dann folgen bange Minuten waghalsiger Manöver um die Wegelagerer herum.

Noch immer treffen wir Eisberge auf unserem Kurs. Der flaue Wind des letzten Abends hat zu unserer Erleichterung in der Nacht bis auf 5 Beaufort aufgefrischt. Wenig erfreulich sind allerdings stundenlang anhaltende, starke Schneefälle. Hände und Gesichter der Wachhabenden sind schmerzhaft gerötet. Der Verbrauch an heißem Kakao und dampfenden Suppen steigt. Übrigens – ein Hinweis für Hobbyköche, die sich in diese Gegend wagen sollten: Der Salzgehalt des Wassers in der Drake-Straße ist so hoch, daß Spaghetti oder Reis, in reinem Meerwasser gekocht, völlig versalzen schmecken. Man muß die Hälfte Tankwasser zugeben!

Ab dem zweiten Tag nach dem Auslaufen legt der Wind weiter zu und bringt uns drei Tage und drei Nächte Sturm mit Böen um 60 Knoten (11 Beaufort). Ständig donnern schwere Seen über Deck und Deckshaus und ergießen sich sturzbachartig ins Cockpit. Durch die Gewalt der Brecher werden der Bugkorb an Backbord verbogen und mehrere Reling-Stützen abgeknickt. Die FREYDIS liegt stark über. Wasser dringt langsam aber stetig durch undichte Stellen an den Fenstern. Nasse Bücher und feuchte Matratzen sind zwar unerfreuliche Folgen, wir trösten uns aber damit, daß es ja schlimmer hätte kommen können.

In der Koje findet man keine Ruhestellung, man rollt von einer Seite auf die andere, fährt Fahrstuhl hinauf und hinunter oder bleibt wie in einer Zentrifuge zentnerschwer an den Wänden kleben. Durch Muskelverspannung komme ich mir vor wie schwer rheumageplagt, wenn ich mich mühsam erhebe, um Suppen und Eintöpfe zu wärmen.

Robi ist seekrank. Morgens leckt sie nur noch an dem rohen Ei, das sie sonst so begierig aufschlabbert. Ihr Tatendrang sinkt auf Null. Wenn aber Erich seine Koje verläßt, um die Wache zu übernehmen, landet sie mit einem Monstersatz in meiner Koje auf der oberen Etage, meist mitten auf meinem von der See ohnehin strapazierten Magen, und macht es sich dort bequem.

Es ist so kalt und feucht, daß wir nun häufig unsere Heizung anschalten, die, nachdem wir sie entrußt haben, wieder funktioniert und das Leben an Bord spürbar angenehmer macht.

Thilos Eßgelüste rufen gelegentlich erhebliche Aggressionen bei mir hervor, und nicht allein bei mir. An einem Morgen z. B., als sich jeder bemüht, bei dem hohen Seegang wenigstens sein Müsli hinunterzuwürgen, kommt Thilo händereibend aus seiner Achterkoje und erklärt lauthals, sein Magen giere nach drei fetten Spiegeleiern mit ordentlich viel Zwiebeln und Knoblauch. Mir wird schlecht, und ich kann nur angewidert auf seine trüben Machenschaften in meiner gestern blankpolierten Kombüse schauen. Als die Knoblauch- und Zwiebelschwaden schließlich aufdringlich das Cockpit erobern, verdüstern sich auch die Mienen der übrigen Crewmitglieder. „Thilo", sagt Erich kurz, „genieße die Eier tüchtig, denn das sind deine letzten mit Zwiebeln und Knoblauch am frühen Morgen."

Unsere Position ist 56° 10′ Süd und 58° 26′ West. Stürmischer Wind kommt jetzt aus nordwestlicher Richtung und macht die Annäherung an die Küste der Südspitze Amerikas gefährlich. Wir können Kap Hoorn nicht mehr direkt ansteuern. Wie auf Bestellung flaut der Wind jedoch am Nachmittag ab, und am Abend kommt in der Ferne die charakteristische Felsensilhouette des „falschen" Kap Hoorn in Sicht.

Bisher hatte ich immer nur vom richtigen, aber niemals vom falschen Kap Hoorn gehört. Das hatte seinen Namen bekommen, als sich herausstellte, daß das richtige Kap Hoorn gar kein Kap ist. Es liegt als südlichster Punkt Südamerikas auf einer der Hermiten-Inseln, nur 15 Seemeilen weiter südöstlich.

Die Route um Kap Hoorn wurde mehrere Jahrhunderte von Rahseglern in beiden Richtungen befahren, denn die Magellanstraße war für sie viel zu eng und gefährlich. Es waren vor allem Woll- und Weizen-Klipper zwischen Australien und Europa, Salpeter- und Guano-Schiffe zwischen Chile und Europa sowie Handelsschiffe zwischen der West- und Ostküste Südamerikas.

In dieser Zeit entstand der Nimbus vom sturmumtosten „Hoorn", der bis heute lebendig ist. Die Südspitze Südamerikas wird als eine ständig von Stürmen heimgesuchte Landecke dargestellt. Differenzierter Betrachtung hält diese Vorstellung jedoch nicht stand, denn in den Sommermonaten der Südhalbkugel ist lediglich eine Sturmhäufigkeit von 20 Prozent statistisch erwiesen, und nur ein Fünftel dieser Stürme bringen mehr als Windstärke 10, also Orkan, mit sich. Immerhin gibt es hier jedoch etwa viermal so viele Stürme wie im entsprechenden Gebiet des Nordatlantik.

Ich muß an den Großonkel von unserem siebten Mann, dem Christian, denken. Lange Jahre war er Kapitän auf Rahseglern um das Hoorn gewesen, und Christian, der ihn als Junge grenzenlos bewunderte, hat noch so manche alte Aufzeichnung über seine Reisen verwahrt, die das harte, oft gefahrenreiche Leben an Bord dieser großen Segelschiffe schildern – auch die Niederschrift der Seeamtsverhandlung von 1910, als Christians Großonkel Erster Offizier der PERSIMMON (Reederei Laeisz, Hamburg) war.

Die Viermastbark stand in jenem Jahr am 16. Juni in der Nähe vom Kap Hoorn. Bei Ost-Nordost-Wind und hoher Kreuzsee kam das Schiff stark ins Schlingern. Beim Reffen der Segel verlor einer der Leichtmatrosen den Halt auf der hohen Rahe und fiel rücklings an Deck, wo er mit zertrümmertem Schädel liegen blieb. Im Fallen traf er einen an Deck arbeitenden Matrosen so unglücklich, daß dieser beim Überholen des Schiffes den Halt verlor und über Bord ging. Christians Großonkel warf sofort eine Leuchtboje hinterher und ließ halsen.

Es dauerte nur wenige Minuten, bis ein Boot mit sieben Freiwilligen unter der Führung des im Steuern durch Brandung besonders geübten Bootsmannes ausgesetzt wurde. Sie ruderten auf die gut brennende Leuchtboje zu und suchten mehrere Stunden ohne Erfolg nach dem Verunglückten. Die Unfallstelle selbst konnten sie trotz aller Bemühungen wegen entgegenstehenden Windes und Seeganges nicht erreichen, vielmehr trieb das Boot ab. Das Wetter hatte sich außerdem inzwischen so verschlechtert, daß die Rettungsversuche schließlich aufgegeben werden mußten. Doch es kam noch schlimmer.

Nachdem sich die Männer zum Mutterschiff zurückgekämpft hatten, gelang es ihnen, einige der zahlreich übergehängten Leinen und Palsteeks zu fassen und in die Taljen einzuhaken. Beim Heißen des Bootes passierte dann ein weiterer schwerer Unfall. Es war schon fast

Ankunft in der Antarktis:
Der Sekt braucht nicht gekühlt zu werden

Eine Weddellrobbe räkelt sich
im vulkanisch aufgeheizten Sand *(unten)*

Wie durch eine Geisterwelt
segeln wir zwischen gestrandeten Eisbergen
und Growlern hindurch;
vor uns liegt die Eiswüste
von Snow Island *(oben)*

Nächtlicher Ausflug in der Antarktis *(links)*

Großstadt-Atmosphäre: Pinguinkolonie
auf der Thorgersen-Insel *(unten rechts)*

Antarktisches Familienleben: Hier wird der
Nachwuchs auf den Winter vorbereitet *(oben)*

In der Pinguin-Bar der Palmer-Station (von links):
Thilo, Folkmar, Uli, Claus und Erich
nehmen Heide Wilts in ihre Mitte

Wissenschaftler auf der amerikanischen
Forschungsstation Palmer

hochgeheißt, als sich das Schiff plötzlich stark überlegte, wodurch das Boot mit großer Heftigkeit auf eine hochrollende See schlug. Eine Talje riß, und die gesamte Bootsbesatzung stürzte in die See. Nur drei Männer konnten sich an die über Bord hängenden Leinen klammern und retten, die anderen ertranken. Eine schreckliche, für die damalige Seefahrt wahrscheinlich aber gar keine außergewöhnliche Geschichte. Die Seeamtsverhandlung schließt mit den Worten: „Dieser Unfall des Bootes, durch welchen fünf Leute ihren Tod gefunden haben, muß hernach auf höhere Gewalt zurückgeführt werden."

IM IRRGARTEN DER PATAGONISCHEN KANÄLE

*Die Erde hat uns wieder — Williwaws und Ankerbruch
— Wildwasserfahrt durch den Kirke-Kanal —
Abschied: „Whisky on the rocks" mit Gletschereis*

Die zweite Dreiliter-Flasche Champagner wird geköpft, und der erste große Schluck geht Rasmus zu Ehren über die Reling. Nach dieser feierlichen Einlage segeln wir am falschen Kap Hoorn vorbei in den Paso Nassau hinein.

Nun sind wir also in den patagonischen Kanälen. Das Wort „Kanal" bedeutet hier allerdings keinen künstlichen Wasserlauf mit befestigten Ufern, sondern natürliche Wasserwege, welche die patagonische Inselwelt durchziehen.

1833 wurde die BEAGLE, mit Darwin an Bord, nach mehreren Versuchen, entlang der Westküste Südamerikas nordwärts zu segeln, durch schwere Stürme gezwungen, auf dem gleichen Wege wie wir schutzsuchend in die patagonischen Kanäle einzulaufen. Wie es damals hier um die BEAGLE stand und welche Erlösung es für ihre Mannschaft bedeutete, vor dem Sturm auf offener See in die Kanäle ausweichen zu können, berichtet Darwin in seinem Tagebuch folgendermaßen: „Das Meer sah bedenklich aus, wie eine trübselige, wogende Fläche mit Flecken getriebenen Schnees: Während das Schiff sich schwer fortarbeitete, glitt der Albatros mit ausgedehnten Schwingen gerade dem Winde entgegen. Um Mittag brach eine starke See über uns herein und füllte eines der großen Boote mit Wasser, so daß es augenblicklich abgeschnitten werden mußte. Die arme BEAGLE erzitterte unter dem Stoß und wollte für wenige Minuten nicht einmal dem Steuer gehorchen. Bald aber, wie ein gutes Schiff, was es auch war, stellte es sich zurecht und kam wieder vor den Wind. Wäre eine zweite See der ersten gefolgt, so würde unser Schicksal bald, und zwar für immer, entschieden gewesen sein. Wir hatten nun vierundzwanzig Tage lang vergebens versucht, nach Westen voranzukommen; die Leute waren aufgerieben vor Ermüdung und hatten viele Nächte und Tage nichts Trockenes anzuziehen gehabt. Kapitän Fitzroy gab den Versuch, an der äußeren Küste nach Westen vorzustoßen, auf. Am Abend liefen wir hinter dem falschen Kap Hoorn ein und ließen den Anker in siebenundvierzig Faden Wasser fallen... Wie entzückend war diese stille Nacht, nachdem wir so lange in das Getöse der sich bekriegenden Elemente eingetaucht gewesen waren."

Während der kurzen Dunkelheit müssen wir zwei Stunden beidrehen, bis wir wieder die Konturen der Klippen und Berge ausmachen können. Weiter geht es an der Westseite der gebirgigen Isla Navarino entlang. Sie ist eine der größten Inseln des feuerländischen Archipels. Strahlender Sonnenschein und Flaute bei der Einfahrt in die Murray-Enge. An der schmalsten – nur etwa eine halbe Seemeile breiten – Stelle dieser Wasserstraße passieren wir eine Wachstation, die zu Chile gehören muß. Daß sie offensichtlich nicht besetzt ist, weil Sonntag ist, erspart uns eine Menge Scherereien, wie wir später erfahren. Denn von hier aus werden Schiffe häufig gezwungen, einen großen Umweg über Port Williams zu nehmen, um erst einmal eine offizielle Genehmigung zum Befahren dieser Gewässer zu erhalten.

Bei dem unerwartet freundlichen Wetter kommt es uns fast vor, als segelten wir auf einem Schweizer Bergsee. Um uns tiefblaues Wasser, zu beiden Seiten grünbewachsene Hügel mit vereinzelten kleinen Häusern und Bootsstegen, dahinter die gletscherbedeckten Berge Feuerlands. Die Stimmung an Bord ist ausgezeichnet. Man kann wieder frühstücken, ohne Gefahr zu laufen, alles in der Gegend herumzukleckern. Ein herrliches Frühstück in aller Gemütsruhe inmitten einer Umgebung, die aus einer Schokolade- oder Büchsenmilch-Werbung entnommen scheint. – Oder empfinden wir das etwa nur deswegen so stark, weil die Umgebung sich so schlagartig geändert hat? Es ist eben doch alles relativ.

Kormorane und Albatrosse machen es sich auf dem spiegelglatten Wasser bequem. Sie genießen die Sonne wie Robi, die mit einem Satz aufs Deckshaus springt und sich in der Wärme räkelt.

Bald liegt die Stadt Ushuaia voraus, freundlich und einladend an ihrer Bucht, sonnenbeschienen und von einem Wall schneebedeckter Berge begrenzt. Das Einlaufen bietet keine Schwierigkeiten. Hier ist Fausts triumphierendes „die Erde hat uns wieder" gerade recht am Platz.

Nach dem Anlegen dauern die Formalitäten insgesamt zwei Stunden, und für diese Zeit sind acht Beamte der argentinischen Marine mit uns voll beschäftigt. Wir wissen, daß sich Christian, unser siebter Mann, bereits seit zwei Wochen in Chile aufhält und in Puerto Natales auf uns wartet. Vergeblich versuchen wir, ihn in seinem Hotel telefonisch zu erreichen. Wir hinterlassen, er möge, so schnell er kann, nach Ushuaia kommen. Die Telefonverbindung zwischen Argentinien und Chile ist sehr schlecht, wie andere Verbindungen zwischen diesen beiden Staaten auch. Vorsichtshalber lassen wir deswegen die gleiche Nachricht über Otto in Deutschland an Christians Frau weitergeben. Christian ruft auch tatsächlich zu Hause an und erfährt die Neuigkeiten. Noch am selben Tag macht er sich auf die Reise zu uns.

Ushuaia wurde 1868 von dem Engländer Thomas Bridges gegründet, der sich hier mit einer protestantischen Mission niederließ. Heute ist Ushuaia Hauptstadt des argentinischen Feuerlandes mit immerhin 10 000 Einwohnern und Endpunkt einer der berühmtesten Straßen der Welt, der „Transamerikana", die sich von Alaska aus durch den ganzen nord- und südamerikanischen Kontinent hinzieht. Die Stadt selbst finden wir nicht besonders attraktiv, aber ihre einzigartige Lage gleicht den Mangel an Flair bei weitem wieder aus. Zur Zeit versucht man hier, den Tourismus anzukurbeln, sogar Skipisten werden ausgebaut. Im Sommer laufen etliche Touristendampfer auf Vergnügungsfahrten Ushuaia an, um diese südlichste Stadt der Welt zu besuchen. Uns lockt die Umgebung allerdings mehr.

Im Touristenbüro lassen wir uns beraten und mieten am nächsten Tag einen Kleinbus, mit dem wir den „Tierra del Fuego"-Nationalpark, ein Stück herrlich unverfälschter, rauher Natur, besuchen. Mit „Park" ist hier allerdings nur eine Begrenzung in der Karte gemeint, innerhalb der ein paar Wege angelegt sind, um interessierten Touristen landschaftliche Schönheiten näherzubringen.

Wilde Wasserfälle und rauschende Bäche mit milchig-grünem Gletscherwasser wechseln ab mit gestauten Seen, in denen zahlreiche Biber geschäftig ihrer Arbeit nachgehen. Wir liegen auf weiten Wiesen in der Sonne, schauen den Vögeln zu und lassen das Panorama der gletscherbedeckten Berge Feuerlands auf uns wirken. Nach dem vielen Wasser und Eis der letzten Wochen können wir die Einzigartigkeit dieser Landschaft doppelt auskosten.

Wieder in Ushuaia, kaufen Claus und ich Frischproviant ein. Gutes Rind- und Schafsfleisch ist billig zu haben. Fast alle europäischen Gemüse wachsen am Ort, sind aber sehr teuer. Die Crew verholt die FREYDIS an ein argentinisches Militärschiff und übernimmt 200 Liter gutes Wasser.

Wir treffen auch die HERO wieder. Wiedersehen und Abschied zugleich mit und von Willi und Bill. Als wir spät zu unserem Schiff zurückkehren, sitzt zu unserer Überraschung Christian im Cockpit. Seine vierzehntägige Chile-Reise hat er zwar nicht bereut, doch wäre er viel lieber mit uns in die Antarktis gesegelt, wie ursprünglich geplant. Einerseits hätte er eben gern einmal das Kap Hoorn gesehen, das sein Großonkel als Kapitän mit Rahseglern 32 Mal umrundet hatte, andererseits hat er selbst einen so gewichtigen Schuß Abenteurer- und Seefahrerblut mitbekommen, daß ich glaube, ein Segeltörn wird für ihn um so reizvoller, je entfernter das Ziel und je härter die Bedingungen, dorthin zu kommen. Soviel zu Christian.

Ausgehungert nach Neuigkeiten von zu Hause, stürzt sich alles auf die mitgebrachten Briefe.

Gestärkt und neu verproviantiert verlassen wir Ushuaia. Am Leuchtturm vorbei geht es in westlicher Richtung den Beagle-Kanal entlang. Darwin beschreibt das Gelände als ruhig und schön, der Kanal verlaufe gerade und erweitere sich immer wieder zu lieblichen, von niedrigen Bergen umgebenen Seen. „Man könnte ihn mit dem Tal von Loch Ness in Schottland, mit einer Kette von Seen und Fjorden vergleichen."

Um die Magellanstraße zu erreichen, müssen wir uns zuerst noch durch ein Gewirr von patagonischen Kanälen kämpfen. Wir kommen in den Brazo Noroeste. Hier werden wir plötzlich von einem chilenischen Küstenwachboot gestoppt, das uns auffordert, längsseits zu gehen. Kontrollen und Ratschläge für die Weiterfahrt. Danke, adios. Kurze Zeit später ist der Chilene aber wieder da. Wir müssen umkehren. Entgegen der Aussage des chilenischen Konsuls in Ushuaia dürfen wir ohne Genehmigung die Kanäle auf chilenischem Gebiet nicht befahren. Also zurück zu der vier Seemeilen entfernten Grenzstation Punta Jamana. Hier läßt man uns auf die Genehmigung warten.

Ich bin darüber gar nicht böse, denn wir ankern in einer bezaubernden kleinen Bucht. Am Strand werden die tellergroßen Steaks aus Ushuaia gegrillt. Langsam wird es dunkel. Wir sitzen um das Lagerfeuer und wärmen uns. Ein Fischer versorgt uns mit köstlichem, getrockneten Steckerl-Fisch. Ihm dagegen schmeckt unser Rindfleisch mit Kartoffelsalat auch einmal zur Abwechslung.

Freundlich grinsend bringt er mir zwei Meeresungetüme – Centollas, eine Krebsart, die aber eher wie Monster-Spinnen aussehen. Jede von ihnen wiegt an die zehn Pfund. Sie stellen mich vor ein Problem. Woher soll ich einen Topf nehmen, in den die fast einen halben Meter langen, stachligen Beine dieser Ungeheuer hineinpassen? Schließlich koche ich sie in meinem größten, zwanzig Liter fassenden Topf in mehreren Portionen. Es lohnt sich!

Ein bitterer Nachgeschmack bleibt jedoch. Etwa 300 000 Centollas werden jährlich rund um Feuerland abgeerntet. 1977 versuchten die Argentinier diesen Raubbau einzudämmen, um die Ausrottung zu verhindern. Leider konnten sie die Chilenen für Schutzmaßnahmen nicht gewinnen, und so ist der Zeitpunkt absehbar, wann auch die letzte dieser südlichen Königskrabben eines Tages herausgefischt sein wird.

Während der übrigen Nacht bekommen wir zum ersten Mal die Wucht von Fallwinden, den sogenannten Williwaws, zu spüren. Völlig unerwartet fegen die kurzen, orkanartigen Böen die steilen Berghänge herunter. Sie treffen uns mal aus dieser, mal aus jener Richtung. Wir stecken mehrfach Kette. FREYDIS treibt ständig von einer Seite der Bucht zur anderen. Zwei Stunden lang kann die Position der Yacht nur mit größter Mühe unter Maschine gehalten werden. Warum hält der Anker nicht? Am Morgen, beim Ankeraufholen, wird alles klar. Die ruckartige, starke Belastung durch die Sturmböen haben den pflugscharartigen Arm des 30 Kilogramm schweren Ankers glatt vom Schaft abgeschoren. Zum Glück haben wir zwei Ersatzanker.

Am Morgen bringt uns der Angestellte der Grenzstation ein handgeschriebenes Genehmigungspapier. Bei strahlendem Sonnenschein, leichtem Wind und 20° C im Deckshaus schippern wir zum zweitenmal durch den Brazo Noroeste. Fallböen beirren uns hier nicht mehr. Wir sonnen uns an Deck und genießen die ständig sich ändernde, immer aber beeindruckende Aussicht auf die Darwin-Kordillere. Zum Mittag werden die Meeresspinnen-Beine mit dem Rest Kartoffelsalat von gestern verspeist. Auch Robi ist wild auf Centollas und bekommt ihre Portion. Gleich darauf gibt es ofenfrischen Biskuit und eine große Kanne Tee. Selbst in diesen Breiten braucht man nicht auf gewohnte Annehmlichkeiten zu verzichten, wenn der Wettergott mitspielt.

Um 18.00 Uhr fahren wir dicht an einen Felsen vor der Isla O'Brien heran. Folkmar und ich pullen mit dem Dingi an Land. Wir filmen die FREYDIS, wie sie mit geblähten Segeln vor der patagonischen Bergkulisse vorbeirauscht. Das Gelingen dieser Szene erfordert meinen ganzen Einsatz. Daß ich dabei in ein Wildgänsenest gerate, bemerke ich erst, als drei kleine, flaumige Küken über meine Snowboots hüpfen.

Nach diesem Ausflug segeln wir an der Südseite der grünen, gebirgigen Insel O'Brien entlang. Dann laufen wir in den Ballenero-Kanal mit seinen vielen kleinen Inseln und kelpbewachsenen Untiefen ein. Kelp ist ein langstreifiger Seetang, der bis zu 40 Meter lange Strünke entwickelt. Er setzt sich bevorzugt auf blinden Klippen fest und wird durch gasgefüllte Kapseln in der Schwebe gehalten. So hilft er dem Seefahrer, Gefahren durch Untiefen zu erkennen.

Plötzlich wieder Williwaws um 50 Knoten. Unser 22-Tonnen-Schiff wird fast flach ins Wasser gedrückt. An Bord ist ein heilloses Durcheinander. Das Unterliek des Großsegels reißt aus der Baumnut. Alle Mann zum Einsatz. Sofortiges Bergen, dann wieder völlige Ruhe.

Abenddämmerung um 01.00 Uhr nachts. Um 02.00 Uhr ist es höchste Zeit, die Fahrt für die Dauer der Dunkelheit zu unterbrechen. Der

Anker fällt auf sieben Meter Wassertiefe im Schutze einer kleinen Gruppe von Inselchen in der Bahia Desolada, der „verlassenen Bucht".

Halb im Schlaf höre ich nachts seltsames Glucksen, Gurgeln und Planschen. Ab und zu ein Klopfen an der Bordwand. Dann wieder läuft jemand hastig übers Deck. Ich raffe mich auf und schaue nach, was los ist: Uli und Folkmar flitzen mit dem Halogenscheinwerfer über Deck. „Da ist sie wieder", ruft Uli mir zu, „eine Robbe. Sie spielt schon seit einer Stunde mit uns Versteck." Lautes Rülpsen und Prusten zwischen Ruderblatt und Heck. Im Scheinwerferlicht ein Kugelkopf und zwei Knopfaugen. Wie ein Blitz ist er weg, und keine fünf Sekunden später hört man heiseres Bellen am Bug.

Als es hell wird, verlassen wir unseren Ankerplatz. Die Sonne verwöhnt uns wieder, als wir durch den schmalen Paso Brecknock auf den Cockburn-Kanal zulaufen. An beiden Seiten ziehen sich flache, vom Wind fast leergefegte Felswände entlang, und nur weit im Hintergrund erheben sich vereinzelt schneebedeckte Kuppen.

Im Handbuch der Magellanstraße heißt es: „Die Umgebung des Brecknock-Passes ist öde und leer und macht einen trostlosen Eindruck. Der Himmel ist fast stets mit Wolken bedeckt, und Stürme wehen dort mit furchtbarer Heftigkeit."

Gegen Abend laufen wir in den Cockburn-Kanal ein. Dabei fällt mir eine Episode aus Joshua Slocums Buch „Allein um die Welt" ein, die mich außerordentlich beeindruckt hatte. Aus der Beschreibung dieses großen Einhandseglers geht anschaulich hervor, wieviel schwerer als wir er es damals hatte. Er war wirklich völlig auf sich allein gestellt, im Kampf gegen die Naturgewalten und nicht nur gegen diese. Nach seiner anstrengenden Einfahrt in den Kanal hatte er sich eine behagliche Bucht – die „Thieves Bay" – ausgesucht, um endlich auszuruhen. Da er aber bemerkt hatte, daß ihm tagsüber zwei Kanus mit Indianern gefolgt waren, streute er als Vorsichtsmaßnahme Reißzwecken auf das Deck. Slocum: „Nun weiß man ja, daß man nicht auf eine Reißzwecke treten kann, ohne seinen Gefühlen Luft zu machen. Ein guter Christenmensch pfeift vielleicht, wenn er auf das spitze Ende einer Reißzwecke tritt; ein Wilder heult wahrscheinlich und springt in die Luft. Genau das geschah in dieser Nacht, während ich in der Kajüte schlief und die Wilden mich, die Slup und alles andere schon zu haben glaubten. Doch sie änderten ihre Meinung rasch, als sie an Deck kamen; denn da dachten sie, daß ich oder ein anderer sie hätte. Ich brauchte auch keinen Hund. Sie heulten selbst wie ein ganzes Rudel. Hals über Kopf sprangen sie in die Kanus, einige auch in die See, um sich abzukühlen, wie ich vermutete, und warfen dabei mit allerhand Kraftausdrücken um sich."

Damals, 1896, gab es hier also noch eine Menge Indianer. Vier Stämme lebten auf dem Feuerland-Archipel und in Patagonien – die Haush und Onas auf der Hauptinsel Feuerlands, die Yamanas auf den Inseln südlich von Feuerland und im Kap-Hoorn-Archipel und die Alcaluf im Inselgewirr und in den Fjorden Westpatagoniens. Alle diese „Fueginos" waren Nomaden und ernährten sich vom Fischfang und der Jagd.

Wie anderswo wurde der Kontakt mit den Weißen auch diesen Stämmen zum Verhängnis. Der Alkohol demoralisierte sie, eingeschleppte Krankheiten rafften sie dahin, und der unerbittliche Ausrottungskampf der Siedler, meist Schafzüchter, gegen die Ureinwohner führte zu deren unaufhaltsamem Untergang. Bereits am Anfang unseres Jahrhunderts waren die Stämme der Haush, Ona und Yamana fast ausgestorben. Von den Alcaluf existierten zu Darwins Zeiten noch etwa 10 000, von denen sich nur einige Dutzend in der schwer zugänglichen patagonischen Inselwelt bis in die jüngste Zeit haben retten können. Als eigenständigen Stamm gibt es auch sie heute nicht mehr.

Den ganzen Tag über haben wir vereinzelt Seelöwen im Wasser gesehen. Jetzt aber kommen wir zu einigen Inseln, die mit Hunderten dieser höchst verspielten Tiere bevölkert sind, für die wir eine willkommene Abwechslung zu sein scheinen. Scharenweise stürzen sie sich von ihren Liegeplätzen auf den Felsen ins Wasser, balgen sich, brüllen und grölen, als wollten sie uns bedeuten „Ist das nicht ein herrliches Fleckchen Erde?" – Dorado für Seelöwen, aber kaum für uns! Kein Baum, kein grünes Pflänzchen. Die ewigen Südweststürme verhindern jegliche Vegetation.

Es geht an vielen kleinen Inseln vorbei, bis wir endlich in den Barbara-Kanal und damit in freundlichere Zonen kommen. Hügel und

Berge sind wieder grün. Die Grüntöne aller Schattierungen begeistern uns und füllen viele Meter Film. Das oliv- und smaragdgrün schillernde Wasser, die hellgrünen, sonnenbeschienenen Hügel im Vordergrund und die dunkelgrünen bis schwarzen Berge im Schatten dahinter. Zwischen den verschwenderischen Grünnuancen wechseln sich sonnenvergoldete, bewaldete Hänge ab mit schroff abfallenden, zerklüfteten Felsen – und in der Ferne dann die gletscherüberzogenen Bergmassive.

Die Zivilisation scheint noch nicht bis hierher vorgedrungen zu sein. Glücklicherweise. Seit zwei Tagen haben wir auf unserem Weg keinen Menschen, kein Haus und auch kein anderes Schiff gesehen.

Wir entschließen uns nun doch, Puerto Natales anzusteuern, und nicht, wie geplant, Puerto Montt, denn der Flugtermin unserer Mitsegler rückt bedenklich nahe. Von Puerto Natales aus können wir über Land schneller Punta Arenas erreichen, von wo sie abfliegen müssen.

Die gute Befeuerung innerhalb der Magellanstraße erlaubt in den folgenden fünf Stunden Dunkelheit eine gefahrlose Nachtfahrt. Am Morgen zieht dann eine gewaltige Wetterfront über uns hinweg. Im Cockpit empfangen mich Regenschauer und Böen um 55 Knoten. „Eine verdammte Wetterküche ist das hier", meint Erich, als sich nach Verkleinerung der Segelfläche für kurze Zeit wieder totale Flaute einstellt.

In der Mitte des Paso Largo, dort, wo die atlantische auf die pazifische Gezeitenwelle trifft, stoßen wir auf heftige Stromkabbelungen. Bei Annäherung an den Estrecho Magellanes bekommen wir bereits die Dünung des Pazifik unangenehm zu spüren. Durch den anhaltenden Regen und den einnebelnden Gischt hat sich die Sicht enorm verschlechtert. Zu allem Übel kommt der Wind auch noch aus Nordwest. Er zwingt uns, mühevoll gegenanzukreuzen bis zur Einfahrt in den Smith-Kanal. Die vielen tückischen Felsen und Klippen an den beiden die Einfahrt begrenzenden Huks verlangen äußerste Aufmerksamkeit. Die steil aufragenden Berge zu beiden Seiten wirken an der Luvseite zum Teil als Windbremse, zum Teil wie eine Düse. Der Wind pendelt ständig und unvorhersehbar zwischen 6 und 10 Beaufort. Manchmal herrscht fünf Minuten Windstille, und gleich darauf heult es um so gewaltiger los. Die heranbrausenden Williwaws erkennen wir zuerst am brodelnden Wasser, das hochgepeitscht blitzschnell auf uns zukommt. Wenn die gerefften Segel nicht augenblicklich geborgen werden, bleiben nur noch Fetzen übrig.

Schließlich zwingen uns Fallböen von 65 bis 70 Knoten, hinter einer kleinen, flachen Insel Schutz zu suchen und die Nacht dort zu verbringen. Gerade weil diese Insel nur 20 Meter hoch ist, schützt sie uns wirkungsvoll vor den Böen. Mit dem Beiboot bringen wir Leinen an Land aus, legen sie auf Slip und werfen zusätzlich den Heckanker. An diesem Tag – es ist der 30. Januar – haben wir also die Magellanstraße hinter uns gebracht.

Ich blättere noch einmal in Stefan Zweigs „Magellan": „Und mit allen vier Schiffen steuert Magellan mutig in diesen Kanal... Die Nachwelt wird ihn dankbar die Magellanstraße nennen... Kein Lebewesen zeigt sich rings, und doch müssen Menschen verborgen hier hausen, denn nachts leuchten zur Seite flackernde Feuer im Dunkeln, weshalb Magellan dies Land Tierra de Fuego, Feuerland, benennt... Nicht im mindesten ähnelt die aufgeschlossene Straße jenem schnurgeraden Phantasiekanal, den in ihren bequemen deutschen Stuben die biederen Kosmographen gezeichnet haben, und es bedeutet eigentlich bloß einen abkürzenden Euphemismus, die Magellanstraße überhaupt Straße zu nennen; in Wahrheit stellt sie ein ununterbrochenes Kreuzwerk dar, ein zerfetztes, labyrinthisches Gewirr von Windungen und Wendungen, von Buchten, Baien, Fjorden, Sandbänken und verwickelten Wasserdärmen, das Schiffe nur mit größter Kunst und größtem Glück heil zu durchfahren vermögen. In den sonderbarsten Formen spitzen oder ballen sich diese Buchten, unberechenbar in ihrem Tiefgang, in ihrem Ausgang, dicht mit Inseln durchspickt, mit Untiefen besät; Sandbänke müssen vermieden, Felsen umfahren werden, und immer wieder fegt der feindliche Wind mit plötzlichen Wirbelstößen... durch den unruhigen Sund."

37 Tage lang arbeiteten sich die Schiffe Magellans unter unbeschreiblichen Opfern und Strapazen durch diese unwirtliche Welt. Sie wollten das langgesuchte Mar del Sur erreichen, dessen Ufer Nuñez de Balboa wenige Jahre zuvor von den Bergen Panamas herab als erster Europäer erblickt hatte. Im November 1520 sichtete man endlich auf

den Späherbooten das offene Meer. Magellan nannte es das friedliche Meer, „El Pacifico", denn es lag still und ruhig vor ihm.

Bis zum nächsten Morgen gehen wir vorsichtshalber abwechselnd Ankerwache. An unserem urigen Ankerplatz klammern sich niedere, knorrige Bäume über dem verschiedenartigen Grün der Gräser an bizarr zerklüftete Felsen. Dazwischen stehen, ein wenig verloren, einsame rosarote Blüten. Thilo bringt mir eine davon an Bord. Kentersicher kommt sie in ein Schnapsglas auf unseren Cockpit-Tisch. Für mich ist sie ein Vorbote auf wärmere Zeiten.

Robi liegt faul in meiner Koje und putzt sich. Die Tour durch die kalten Zonen war mit dieser Tropenkatze viel problemloser gewesen, als wir vorher angenommen hatten. Robi erwies sich als äußerst geschickt im Auffinden der jeweils wärmsten Plätze im Boot.

Im ersten schwachen Licht der Morgendämmerung tauchen Umrisse vom Wrack eines großen Frachters auf. Er war auf einen Felsen aufgelaufen und streckt uns nun seine verrostete Unterseite entgegen. Nach der Umrundung der Halbinsel Zack an ihrem nördlichen Ende geht es mit achterlichen Winden auf Steuerbord-Bug in den Seno-Union mit seinen flachen, bewaldeten Küsten und kleinen Wasserfällen.

Schließlich erreichen wir den berüchtigten Kirke-Kanal. Er gibt einen an seiner schmalsten Stelle 45 Meter breiten Durchlaß frei für die gewaltigen andrängenden Wassermassen der Nachbarkanäle. Diese schluchtartige Enge der Wasserstraße hat zwar ihren einmaligen, atemberaubenden landschaftlichen Reiz, doch birgt gerade sie für die Durchfahrt enorme Gefahr. Der „South America Pilot" warnt: „In Spitzen können Gezeitenströmungen von 9 bis 14 Knoten auftreten. Es ist Pflicht für die Berufsschiffahrt, einen Lotsen zu übernehmen. Für die Fähre von Puerto Natales nach Puerto Montt ist am Eingang des Kanals ein Lotse postiert. Er meldet den Schiffen die nicht berechenbaren Strömungen über UKW und fordert sie, falls nötig, zum Warten auf, bis sich die Verhältnisse wieder bessern." Uns saugt eine Strömung von etwa 6 Knoten mit den Wassermassen durch das Nadelöhr. Für wenige Minuten erleben wir eine Art Wildwasserfahrt, dann werden wir ausgespuckt in den weiten und gut befahrenen Kanal Valdez.

Schließlich um 01.00 Uhr nachts machen wir hundemüde bei letzter Helligkeit in Puerto Natales an der Pier fest. Am frühen Morgen wieder einmal die unumgänglichen Formalitäten. Der Hafenkapitän kommt mit einem Adjutanten, dann die internationale Polizei und schließlich noch ein Kapitän der Armada. Viele Leute für unsere FREYDIS, aber alle sind recht freundlich, und die Einklarierung klappt reibungslos.

Der strahlende Sonnenschein verspricht für diesen Tag herrliches Wetter. Wir nutzen die Zeit und verabschieden uns zunächst von Puerto Natales, um in den für seine Naturschönheiten berühmten Estero Ultima Esperanza hineinzusegeln. Am Ende dieses Fjords liegen zwei große Gletscher, die wir besuchen wollen. Ultima Esperanza heißt „letzte Hoffnung": Im Jahre 1557 war diese Wasserstraße für den Spanier Juan Ladrillo nach langer Irrfahrt die letzte Hoffnung, doch noch die Magellanstraße zu finden. Seine Hoffnung hat sich nicht erfüllt. Für uns bedeutet dieser Fjord nicht die letzte Hoffnung, sondern die Aussicht auf ein weiteres Abenteuer. Heitere Stimmung an Bord. Bei sanfter Brise gleitet unser Schiff beschwingt über das ruhige blaue Wasser. Die Crew befreit sich von Windjacken, Pullovern, Snowboots und wollenen Socken. Sonnenanbeter liegen genüßlich an Deck auf weichen Segelsäcken. Ab und zu schallt das Grölen eines Seelöwen, der an den Felshängen liegt, zu uns herüber und Kormorane, Wildenten und seltsame Schwäne mit schwarzen Hälsen schwimmen an uns vorbei.

Nach vier Stunden Fahrt erwartet uns ein überwältigender Anblick: Der Monte Balmaceda mit Gletscher! Eingebettet zwischen hohe, seltsam spitze Berge wie aus einer Märchenwelt, scheint ein nicht enden wollender, bizarr zerfurchter Eisteppich fast senkrecht in die Tiefe bis an die Förde zu fließen. Türkisblau schimmern die Eisschollen im kleinen Gletschersee. Hier trinken wir, wie könnte das auch anders sein, unseren „Whisky on the Rocks" mit echtem Gletschereis. Übermütig klettern wir mit Flasche und Gläsern auf eine schwankende Scholle inmitten des Gletscherwassers und fotografieren uns gegenseitig beim Zuprosten. Unsere Begeisterung erreicht ihren Höhepunkt, als Folkmar in Ulis wasserdichtem Anzug von einer Scholle zur anderen schwimmt und robbt, bis er an den Gletscherrand gelangt.

Gleich in der Nachbarschaft befindet sich auch der zweite Gletscher, der Ventisquero Serrano. Mit ihm als grandiosem Hintergrund filmen wir vom Dingi aus noch einmal die FREYDIS unter Segel. Am Fuß des Gletschers legen wir schließlich an, machen ein Lagerfeuer und grillen in Ermangelung frischer Steaks Würstchen aus der Dose.

Robi genießt die Freiheit an Land in vollen Zügen. Übermütig macht sie immer wieder Mordssprünge in den kleinen Wald aus Krüppelkiefern. Gleich darauf kommt sie angefegt, um sich zu vergewissern, daß wir noch da sind.

Diesen in jeder Beziehung gelungenen Tag empfinden wir als ein stilvolles Abschiedsgeschenk der Magellanstraße für die Crewmitglieder, die uns morgen verlassen müssen.

Ich muß zugeben, die nun abgeschlossene Etappe zu sechst hatte mir zu Beginn einiges Kopfzerbrechen bereitet. Ich hatte befürchtet, daß unter sechs Menschen, die sechs Wochen auf engstem Raum zusammengepfercht sind, Aggressionen nicht ausbleiben würden. Intoleranz, Rivalitätskämpfe durch Besserwisserei und Gruppenbildung haben schon so manchen Ferientörn verdorben. Wir waren schon häufiger mit fast unbekannten Crewmitgliedern auf unserem Boot gesegelt und hatten bisher meist Glück gehabt. Es gab nur sehr selten kleine Unstimmigkeiten. Allerdings waren diese Touren meist kürzer, mit vielen Landaufenthalten verbunden, und fanden unter wesentlich geringerem psychischen und physischen Streß statt.

Meine Besorgnis hatte sich als überflüssig herausgestellt. Das Bordleben war reibungslos und harmonisch verlaufen. Aufgrund der Wacheinteilungen gab es so gut wie niemals Gedränge im Schiff. Meist schliefen zwei, zwei hatten Wache und zwei betätigten sich sonst irgendwie. Guten Willen und die nötige Portion Toleranz hatten wir alle mit an Bord gebracht. Zwar kommen wir aus verschiedenen Berufen, jeder hat seine eigenen Meinungen und Ansichten, aber eines ist uns doch allen gemeinsam: Die Leidenschaft fürs Segeln.

Sie verhalf uns unter den häufig schweren Bedingungen zu dem nötigen Einsatzwillen, zu verstärktem Verantwortungsbewußtsein und dem daraus erwachsenden Teamgeist. Auch das jugendliche Alter der Mannschaft – alle Mitte Zwanzig, begeisterungsfähig und lernbegierig – hat sicher zu dem guten Verhältnis untereinander und mit uns beigetragen. Erich wurde in seiner Rolle als Skipper und älterer, erfahrener Segellehrer voll anerkannt. Er fällte allerdings erforderliche Entscheidungen nicht ohne Beratung mit der Mannschaft.

Von nicht zu unterschätzender Bedeutung ist auch die Küche. Wie jeder Segler weiß, trägt gutes Essen ein gerüttelt Maß zur Bordstimmung bei. Daher wurde auch der Proviantkauf mit Sorgfalt durchgeführt, und ich empfand meine Tätigkeit als Smut als vollwertigen Beitrag zum Gelingen dieses Reiseabschnittes.

Nach der Rückkehr nach Puerto Natales verlassen unsere Crewmitglieder am Morgen die FREYDIS. Hätte ihre Zeit es zugelassen, sie wären alle noch gern geblieben. Aber die Pflicht ruft, und so fahren sie zunächst mit dem Bus nach Punta Arenas, dann geht es mit dem Flugzeug nach Santiago und von dort aus wieder nach Deutschland. Adios Amigos.

UND DANN SCHLÄGT RASMUS ZU

Drei Wochen Sturm und Orkan — Begegnung mit Heinz — Im „versteinerten Wald" — Geburtstagsfeier in der „deutschen Ecke"

Christian, ehemals als siebter Mann vorgesehen, bleibt nun als einziger noch bei uns. Auf kürzestem Wege wollen wir drei zur freien See. Noch 120 Seemeilen müssen wir uns durch die Inselwelt Patagoniens durchkämpfen, bis wir den Pazifischen Ozean erreichen.

Gegen Mittag laufen wir aus. Es geht in den Golfo Admirante Montt, der von hohen Schneebergen umrahmt ist, vorbei an der bewohnten Isla Focus. Wir haben westsüdwestliche Winde und laufen unter Maschine gegenan. Nun sind wir wieder am Ostende des Kirke-Kanals angelangt. Diesmal steht aber der Strom von wieder 6 Knoten gegen uns. Das kleine Lotsenboot übernimmt die Führung und weist uns den Weg durch die Turbulenzen. Eine Zeitlang sieht es so aus, als könnten wir uns gegen den reißenden Strom und die Strudel auch unter Maschine nicht behaupten, dann allerdings kämpft sich unser Schiff doch Meter um Meter voran, bis es schließlich im glatten Wasser dahingleitet.

Wir haben diese Gefahr gerade hinter uns, als wir über Funk von einem Wachboot die Anweisung erhalten, wir hätten wieder nach Puerto Natales zurückzukehren, da man dort vergessen habe, uns eine Genehmigung für das nun vor uns liegende Gebiet der Wasserstraßen auszuhändigen. Kapitän Erich bleibt diesmal stur und fährt weiter. Wir geben zu bedenken, was für eine Gefahr es für uns bedeute, nochmals, bei schon nachlassender Helligkeit, den Kirke-Kanal zu befahren. Trotzdem läßt man uns wissen, daß man uns abschleppen würde, wenn wir nicht freiwillig zurückkämen. In dieser Not fällt uns ein, daß Heinz, unser Funkerfreund aus Chile, das chilenische Fernsehen über uns verständigen wollte. Wir geben also über UKW durch, wir hätten einen wichtigen Termin beim Fernsehen in Puerto Montt wahrzunehmen und könnten deshalb leider keine Verzögerung mehr in Kauf nehmen. Das wirkt. Man entschuldigt sich, bittet uns, nichts von dem Vorfall beim Fernsehen verlauten zu lassen, und läßt uns ziehen. Die Medien haben einen langen Arm!

Über Nacht ankern wir in der Caletta Cascada, an der Nordseite des Kirke-Kanals. Die Bucht bietet Schutz und ist frei vom Einfluß der Gezeiten. Auf dem angeschwemmten Sand und Schlick eines Wasserfalls finden wir guten Ankergrund. Nach dem morgendlichen Frühstück fällt Arbeit am Boot an. Beim letzten Ölwechsel am Hilfsdiesel war das Auspuffventil nicht wieder geschlossen worden und dadurch Wasser in den Ölkreislauf eingedrungen. Wir wechseln das Öl mehrmals, bis es wieder klar wird. Das Altöl wird selbstverständlich gesammelt und geht nicht über Bord. Jetzt kann der Brot- und Kuchenteig wieder mit den Haken des Rührgerätes bearbeitet werden, und ich muß nicht mehr mit den Händen kneten, wie an den vorangegangenen Tagen.

Nieselregen und böiger Wind setzen uns den ganzen Nachmittag zu. Abends ankern wir wieder, todmüde von der ständigen Konzentration beim Navigieren, in Lee der Insel Verdigo im Smith-Kanal.

Am nächsten Morgen ist der Himmel dicht behangen von regenschweren Wolken. Wie schon gestern, besucht uns auch heute eine neugierige Robbe. Diese Tiere scheinen die Kanäle ganz gut unter Kontrolle zu haben.

Das Anker-auf-Manöver wird zur Schwerarbeit. Kelp hat sich um den Anker gelegt und will ihn nicht wieder loslassen. Eine Delphinschule begleitet uns in den Estrecho Nelson, einen letzten, breiten Wasserarm, der uns direkt in den Pazifischen Ozean führt.

Rund viereinhalb Monate nach der Abreise aus Gran Canaria haben wir nachmittags reines Pazifikwasser unter dem Kiel. Der scharfe Westwind wirft die See unangenehm hoch auf, und das Schiff bolzt und bockt hart am Wind. Nach so vielen Tagen fast ohne Seegang sind unsere Magennerven wieder empfindlich geworden; wir liegen jetzt öfter in der Koje. Dieses Segeln bei schwerem Wetter ist für Erich und mich nun doppelt hart. Durch den Törn in die Antarktis sind wir physisch und psychisch doch etwas angeschlagen. Eine längere Pause hätte uns sicher gut getan, aber Puerto Natales war keine Stadt, die zu einem längeren Aufenthalt verlockte. Zudem will Christian seinen Urlaub nutzen, und zwar auf See.

Stürmisch geht es weiter. Regen und Hagelschauer, immer abwechselnd. Es brist auf bis Windstärke 8, schließlich dreht der Wind auf Nordwest und steigert sich bis auf Sturmstärke 10. Das Leben an Bord wird zur Tortur. Die berechtigte Frage taucht auf: Warum machen wir so etwas überhaupt? Heute nacht habe ich zum wiederholten Male auf unserer Reise den gleichen Traum: Ein Rudel hungriger Löwen stürzt sich brüllend auf Erich, und wie gebannt bin ich dazu gezwungen, das schreckliche Geschehen hilflos mitanzusehen. Wie jedesmal reißt mich Entsetzen aus dem Schlaf, und erst ein rascher Blick ins Cockpit, in dem Erich ruhig seine Wache geht, läßt mich zutiefst dankbar in meine Koje zurücksinken. In diesen Tagen hält uns nur die Hoffnung auf einen längeren Aufenthalt in Puerto Montt aufrecht. Auch Robi ist seit zwei Tagen seekrank und verweigert sogar ihre sonst so geliebte Dosenmahlzeit von den Falkland-Inseln.

Am Morgen des dritten Tages flaut der Sturm langsam ab. Der Wind kommt für uns vorteilhafter aus Südwest. Aber das schönere Bordleben hält nicht lange an. Bereits am Nachmittag dreht der Wind erneut auf Nordwest und bläst mit Sturmstärke 10. Die Wellenberge werden höher und höher, Sturzseen fegen über Deck. Die ganze Nacht geht das so. Wenn der Sturm doch wenigstens von achtern käme, aber er trifft uns satt von vorn. Ständiges, zermürbendes Gegenankreuzen. Plötzlich stellen wir fest, daß wir bedrohlich dicht an die Felsenküste Patagoniens abgetrieben sind. Zehn Stunden laufen wir auf Backbord-Bug nach Westen, um wieder freien Seeraum zu gewinnen.

Wir fühlen uns wie gerädert und sind ein wenig demoralisiert. Um uns Auftrieb zu geben, sprechen wir über die schönen Zeiten, die wir in Brasilien verlebt haben und die uns hoffentlich wieder erwarten, wenn wir den 40. Breitengrad überschritten haben.

Wieder fällt mir der Bericht über Drake und seine GOLDEN HIND ein. Bevor er seinen freibeuterischen Unternehmungen an der Westküste Südamerikas nachgehen konnte, büßte er hier bereits für seine Sünden. Nachdem er die Magellanstraße passiert hatte, kamen seine Galeone und die übrigen Schiffe seiner Flotte in einen schweren und fast einen Monat anhaltenden Sturm.

Der Neffe Drakes beschreibt diese Zeit: „Am 7. September, dem zweiten Tag nach unserer Einfahrt in den Pazifik (der von manchen das ‚friedliche Meer' genannt wird, uns gegenüber sich aber als das ‚wütende Meer' zeigte), schien Gott sich durch einen widrigen Wind und einen unerträglichen Sturm gegen uns zu stellen. Der Sturm war von solcher Wildheit, daß es uns schien, als habe Er ein Urteil gesprochen, uns nicht zu helfen oder Seinen Spruch aufzuheben, bis Er uns und unsere Schiffe in der endlosen Tiefe der wütenden See begraben habe. Der wilde und außerordentlich wütende Sturm steigerte sich in der Nacht des 30. September und führte dazu, daß wir zu unserem Schmerz die Bark MARYGOLD verloren. Auf ihr befand sich Kapitän John Thomas mit vielen anderen unserer lieben Freunde, die, soweit wir sehen konnten, sich nicht helfen konnten..."

„Die anstehende Gefahr durch gewaltige und ständige Böen war so groß, daß wir uns eher auf einen baldigen Tod vorbereiten mußten, als auf eine Erlösung aus dieser Gefahr hoffen konnten. Die Winde waren so stark, als sei das Innerste der Erde nach außen gekehrt, oder als ob alle Wolken unter dem Himmel zusammengerufen worden seien, um ihre vereinte Kraft an dieser einen Stelle wirksam werden zu lassen."

„Die Seen, die ihrer Natur und Substanz nach schwer und gewichtig sind, rollten aus den Tiefen wie von den Sockeln der Felsen selbst herab, als seien sie Pergament-Rollen, die unter großer Hitze-Einwirkung zusammenlaufen, und nachdem sie oben waren, wurden sie auf höchst seltsame Art, wie Federn oder Schneewehen, durch die Gewalt des Sturmes emporgetragen und erreichten die letzten Gipfel der hohen Berge. Wie falsche Freunde in Gefahr, ließen uns unsere Anker im Stich; als ob sie von Entsetzen gepackt seien, sanken sie in die Tiefe, um sich vor diesem elenden Sturm zu verstecken, und überließen das in Not geratene Schiff und seine hilflose Mannschaft der Ungewißheit der Brecher, für die unser Schiff ein Spielball war."

Schlafmangel und Seekrankheit haben unsere Mägen ganz schön mitgenommen. Ein kräftiges Frühstück hilft, trotz anfänglicher Befürchtungen. Nur Robi ist unzufrieden. Sie ist läufig und will nicht einsehen, daß wir keinen Kater für sie auftreiben können.

In der Nacht segeln wir an der Westseite des Golfes de Peña entlang. Er ist für seine berüchtigten auflandigen Strömungen und Stürme bekannt, die hier eine schwere See aufbauen. Der „South America Pilot" warnt eindringlich davor, sich unnötig in seiner Nähe aufzuhalten, und so sind wir froh, als dieses gefahrenreiche Gebiet hinter uns liegt.

Gegen 08.00 Uhr nähern wir uns wieder der Küste und sehen Land drei Seemeilen voraus. Bei Sichtverbesserung bestätigt sich unsere Vermutung, daß es sich um Kap Raper handeln müsse. Einerseits sind wir froh, daß wir einen genauen Standort haben, andererseits müssen wir zusehen, daß wir schleunigst wieder freien Seeraum gewinnen. Mit auflandigen Stürmen ist hier immer noch zu rechnen. Tiefhängende Wolken ziehen über uns hinweg und bringen gelegentlich etwas Regen.

Gegen Nachmittag klart es auf. Die Sonne wärmt nun angenehm, und wir lesen 15° C vom Thermometer im Cockpit ab. Erich versucht vergeblich, Funkkontakt mit Otto herzustellen. Er ist nur äußerst schwach zu hören. Offensichtlich wirken die Anden abschirmend. Leider sind Peter aus Ilha Grande und Heinz aus Los Angeles (Chile) als Vermittler heute nicht auf Frequenz.

Obwohl vorlicher Wind die See recht ruppig macht, fühlen wir uns nach unserem „Tee mit Kuchen"-Stündchen ganz wohl.

In der Nacht dann herrliches Segeln bei idealem Wind. Es bläst aus westlicher Richtung mit 5 bis 6. Wir fahren die Fock und haben das Groß zweifach gerefft. Die Sonne blinzelt am Morgen durch die Wolken und bringt Behaglichkeit. Albatrosse schweben in großer Zahl um uns herum. Christian verfolgt mit der Filmkamera ihren Tiefflug über das Boot hinweg. Um 11.00 Uhr und um 14.00 Uhr ist die Sonne gut sichtbar, und wir können ihre Höhe bestimmen. Immer noch mitten in den „brüllenden Vierzigern".

Während sich Erich mit Otto über Funk unterhält, wobei auch Heinz als Vermittler wieder auf dem Band ist, surrt die Angel. Wieder mal ein Bonito! Das Abendessen ist gesichert, auch für Robi. Wir fühlen uns erleichtert und beschwingt, denn es sieht so aus, als wären wir endlich in den Bereich des südpazifischen Hochs gekommen, und bessere Wetterverhältnisse lägen vor uns. Herrliche Segelzeiten würden für uns anbrechen! Mit diesem beruhigenden Gefühl schlafe ich bald in meiner Koje ein.

Nachts werde ich unsanft geweckt durch holprige See und überkommende Brecher. Ade, du Traum vom guten Wetter! Sturm, wieder alles in Aufruhr versetzender Sturm! Wie seine beiden Vorgänger beginnt auch dieser aus Nordwest. Er nimmt den klassischen Verlauf entlang der Südflanke des südpazifischen Hochdruckgebietes.

Zwischen dem Passat und dem Polar-Kreislauf liegt ein berüchtigtes Gebiet, in dem die warmen Luftmassen aus dem Roßbreiten-Hoch auf die kalten Luftmassen stoßen, die aus dem Polarhoch stammen. An der Grenze dieser Luftströmungen bilden sich Wirbel aus – wandernde Tiefdruckgebiete. Diese Zyklonen treten häufig in Serie auf, und, weil sie so schön hintereinander kommen, heißen sie auch Zyklonen-Familie. Eine solche unerfreuliche Familie hat uns das Leben – genauer das Segeln – schwer gemacht. Mit drei Generationen finden wir uns reichlich bedient, auf Enkel und Urenkel können wir verzichten.

Der Sturm verstärkt sich im Laufe des Morgens. Der Gischt fliegt waagerecht über die aufgepeitschte See, die Grenze zwischen Meer und Himmel zerfließt im alles umgebendem Dunkelgrau. Hinzu kommen ununterbrochen auf uns niederprasselnde Regen- und Hagelschauer. Das Großsegel ist bereits doppelt gerefft, und es wird höchste Zeit, das Vorsegel gegen ein noch kleineres auszuwechseln. Eine Orkanböe kommt uns jedoch zuvor und reißt unsere Fock in Fetzen. So schnell es bei dem wütenden Sturm möglich ist, bergen wir sie. Auch das Groß ist an der Grenze seiner Belastbarkeit, wir wechseln es aus gegen das Trysegel. Während Erich und Christian das Manöver durchführen, halte ich das Schiff, so gut es mir bei dem hohen Seegang gelingt, unter Motor auf Südwestkurs.

Wir liegen nun mit dem Trysegel und ohne Vorsegel beigedreht. An ein Vorankommen ist überhaupt nicht mehr zu denken, statt dessen treiben wir ganz langsam auf die noch etwa 40 Seemeilen entfernte

Küste zu. Zum Glück noch genug Seeraum, um das Ende des Orkans abwarten zu können. Die Seen türmen sich zu hohen Brechern auf, und obwohl etliche davon auch auf das Deck und das Deckshaus donnern, verhält sich FREYDIS in beigedrehtem Zustand doch erträglich ruhig.

Ein mit enormer Wucht ankommender Brecher, der sich ins Cockpit ergießt, reißt den gesamten Inhalt unserer Spülschüssel, in der ich das schmutzige Geschirr der beiden letzten Tage gesammelt hatte, aus dem Boot heraus. Fassungslos schaue ich den vielen Tellern, Töpfen und der Pfanne nach, aber es ist nichts mehr zu retten. Auch die Hälfte meiner hübschen Bestecke habe ich eingebüßt, und kleine Löffel sind nun Mangelware. Trotzdem haben wir Glück gehabt. Von einem sogenannten Kaventsmann, das ist eine selten vorkommende, ungewöhnlich hohe, brechende See, bleiben wir wenigstens verschont.

Zum Frühstück gibt es für die angeschlagene Mannschaft nur ein Stück Kuchen. An Kaffeekochen ist derzeit nicht zu denken. Erst gegen Mittag wage ich mich an den Herd und erhitze Wasser, um Kartoffelpüree aus der Tüte zu machen, dazu gibt es Thunfisch aus der Dose.

Am Nachmittag beginnt der Orkan sich zu legen, und der tiefgraue Himmel zeigt einzelne silbrig-türkisfarbene Risse, die langsam zu größeren Flächen zusammenschmelzen. Die Sonne bricht durch und bringt eine friedliche Stimmung in das vorher so feindselig wirkende Bild.

Nach dem Orkan herrscht ab Mitte der folgenden Nacht Flaute, kein Lüftchen regt sich, nur der hohe Seegang erinnert an das Vorausgegangene. Auf dem Kielwasser tanzen kleine schwarze Vögel mit weißen Schwanzstreifen – Sturmschwalben – leichtfüßig über die Wellen.

Während unser Schiff ziellos im Wasser dümpelt, versammeln wir uns zum Frühstück. Position: 42° 30′ Süd und 75° West. Wir befinden uns gerade über dem Rande des südlichen Teils des Atacama-Grabens, dieses tiefen Spalts, der sich an der ganzen Westküste Südamerikas entlangzieht. Er ist hier etwa 4000 Meter tief und kommt weiter nördlich auf über 7000 Meter. Das ist die Zone, in der pazifischer Meeresboden unter den südamerikanischen Kontinent eintaucht. Von hier gehen von Zeit zu Zeit schwerste vulkanische Erschütterungen aus. Zuletzt hatte im Jahre 1960 ein Seebeben an der Küste Chiles schlimmste Zerstörungen verursacht. Noch in Japan und Hawaii gab es durch anbrandende Riesenwellen – Tsunamis – verheerende Schäden. Wir setzen auf die Friedfertigkeit der unterirdischen Kräfte. Die Stürme an der Oberfläche genügen uns vollauf. Gegen Nachmittag kommt Wind auf, wir machen unter vollen Segeln wieder Meilen.

Immer wieder wundern wir uns über die seltenen Schiffsbegegnungen – die von Montevideo an auf offener See gesichteten Schiffe lassen sich an einer Hand abzählen: Bis zu den Falkland-Inseln begegneten wir keinem einzigen Schiff, ebensowenig auf der Strecke von den Falkland-Inseln bis Deception Island. In der Antarktis kreuzten zwei argentinische Schiffe unseren Weg, aber auf dem Abschnitt Antarktis bis Ushuaia waren wir wieder allein. Von Ushuaia bis Puerto Natales segelten wir lediglich an einem deutschen Frachter vorbei und wurden von einem chilenischen Wachboot aufgehalten, und auf unserer jetzigen Reise von Puerto Natales nach Ancud hatten wir erneut Kontakt mit einem chilenischen Wachboot. Das war alles – in einer Zeit von acht Wochen Segeln mit nur kurzen Unterbrechungen. Und doch war es einmal anders hier. Die Küsten, an denen wir vorbeifuhren, können noch träumen von den zahllosen großen Rahseglern und schnellen Briggs, die vor hundert Jahren den begehrten Guano und Salpeter nach Europa brachten und vom Goldrausch Besessene nach Kalifornien.

Am zehnten Morgen im Pazifik segeln wir an der Insel Chiloé entlang. Grün bewaldete Hügel wechseln ab mit nackten, bizarr geformten Felsen, gegen die die Dünung des Pazifiks andonnert, und die See zu Gischt zerstäubt. Darwin beschreibt die Insel, die er 1833 auf der BEAGLE besuchte, folgendermaßen: „Sie ist ungefähr neunzig Meilen lang mit einer Breite von etwas weniger als dreißig. Das Land ist hügelig, aber nicht bergig und wird von einem großen Wald bedeckt... Aus der Entfernung ist die Ansicht der von Feuerland ähnlich, die Waldungen sind aber, mehr in der Nähe gesehen, ganz unvergleichlich schöner. Viele Arten immergrüner Bäume und Pflanzen mit einem tropischen Charakter nehmen hier die Stelle der düsteren Buche der südlichen Ufer ein. Im Winter ist das Klima schaudervoll, und im Sommer ist es nur ein wenig besser. Ich glaube, es gibt innerhalb der gemäßigten Zonen wenige Teile der Erde, wo so viel Regen fällt."

Dennoch bot die Insel Chiloé, im Gegensatz zu Feuerland und Patagonien, ihren indianischen Ureinwohnern recht gute Lebensbedingungen. Das Meer war reich an Meeresfrüchten aller Art, und auf dem fruchtbaren Boden wuchs wild eine nahrhafte Feldfrucht, die im 16. Jahrhundert, als die Spanier die Insel besiedelten, auch nach Europa gebracht und dort als Kartoffel zu einem Hauptnahrungsmittel wurde.

Aber ein „gelobtes Land" war Chiloé wirklich nicht. „Obschon der fruchtbare Boden eine üppige Vegetation trägt", schreibt Darwin, „ist doch das Klima all den Erzeugnissen nicht günstig, welche zum Reifen viel Sonnenschein bedürfen. Es ist nur wenig Weidegrund für die großen Säugetiere vorhanden; infolgedessen sind die Hauptnahrungsmittel Schweine, Kartoffeln und Fische."

Das rauhe Klima und die harten Bedingungen für die Landwirtschaft machen verständlich, warum 57 deutsche Kolonisten-Familien, die um 1890 hier angesiedelt wurden, größtenteils wieder zum Festland abwanderten. Aus denselben Gründen beschränkt sich noch heute die Besiedlung auf einen schmalen windgeschützten Küstenstreifen im Osten. Es gibt zahlreiche winzige Fischerdörfer und zwei größere Orte, Castro im Osten und Ancud im Norden. Nachdem wir die Halbinsel Lacui gerundet haben, machen wir kurz nach Mittag an der Pier von Ancud fest.

Dieser Hafen war einst Anlaufpunkt vieler Segelschiffe nach beschwerlicher Fahrt um Kap Hoorn. Hier versorgte man sich mit frischem Proviant und führte notwendige Ausbesserungsarbeiten durch. Heute ist es ein reiner Fischerhafen. Die Stadt selbst hat 11 000 Einwohner, die hauptsächlich von den Muschelbänken in der Umgebung und vom Tourismus leben.

Im Centro Touristico lassen wir uns erst einmal die üblichen wichtigen Fragen beantworten: Wo befindet sich die Post, wo das Telefon, ein gutes Restaurant und ein Hotel, in dem man duschen kann? Wer weiß etwas von dem „versteinerten Wald", von dem Christian erfahren hat, daß er sich in der Nähe von Ancud befindet? Bis auf die letzte werden uns die Fragen beantwortet.

Über den versteinerten Wald wisse höchstens Señor Paredes, ein Steinschleifer, Bescheid. Seine Werkstatt wird uns auf der kleinen Karte angekreuzt, die man uns mitgibt. Wir schauen uns in dem freundlichen Städtchen noch ein wenig um und kaufen langentbehrte Köstlichkeiten, wie frisches Brot, Schinken und Pfirsiche, ein.

Als wir zum Schiff zurückkehren, ist bereits Funkerfreund Heinz aus Los Angeles an Bord eingetroffen. Heinz hat uns, seit er sich in der Antarktis erstmalig in ein Gespräch über Funk einschaltete, bereits viele wertvolle Dienste erwiesen. Zum Beispiel hat er uns geholfen, eine neue Selbststeueranlage nach Puerto Montt zu beordern und die Flüge der Crew in Santiago zu buchen. Er hat geduldig an vielen Tagen unsere Gespräche vermittelt, wenn die Bedingungen für den direkten Funkkontakt nach Deutschland ungünstig waren, und stand uns stets mit guten Ratschlägen in jeder Beziehung unterstützend zur Seite. Es ist für uns ein geradezu spannendes Erlebnis, Heinz, mit dem uns eine herzliche Äther-Freundschaft verbindet, persönlich an Bord zu begrüßen.

Er will uns hier in Empfang nehmen und uns in schwierigen Angelegenheiten sowie beim Auffinden unserer Selbststeueranlage auf dem Zollamt in Puerto Montt behilflich sein. Wir richten Kaffee. Der hübsche Strauß Copihue, das ist die rote chilenische Nationalblüte, den er mir mitgebracht hat, kommt auf den Messetisch. Heinz interessiert sich für all die Dinge an Bord, von denen wir über Funk so häufig gesprochen hatten. Er findet es sehr behaglich auf unserer guten FREYDIS. Nach dem Kaffee besuchen wir gemeinsam eine Ausstellung über chilenische Agrarerzeugnisse und Handwerkskunst. Dort finden wir endlich den Steinschleifer, Señor Victor Paredes, einen freundlichen, untersetzten Mann, der hier Achate und versteinerte Holzstücke ausstellt und verkauft. Er erklärt uns auch bereitwillig den Weg zum versteinerten Wald.

Zurück zum Hafen. Auf der Pier laufen wir Slalom zwischen den aufgetürmten Kisten voller eben angelandeter Meeresfrüchte. Rohe Seeigel, nur mit etwas Zitrone beträufelt, scheinen den Fischern in ihren Arbeitspausen besonders zu schmecken. Damit kann ich mich nicht befreunden. Aber Locos, eine köstliche Abalonen-Art, und andere Muschelsorten wie Choros und Almejas sind – gekocht – eine ebenso willkommene Bereicherung in unserer Bordküche, wie ein Corviña, ein besonders schmackhafter Seefisch, und Camarones-Krabben. Nach dem Abendessen bleibt Heinz bei uns an Bord.

Am Morgen weckt uns Christians lauter Gesang; an Bord herrscht beste Stimmung. Kein Wunder, bei frischen Brötchen vom Bäcker, saftigem Schinken, Marmelade und Kaffee.

Am nächsten Tag holen wir in Puerto Montt unsere Selbststeueranlage ab. Puerto Montt liegt als südlichste Stadt des chilenischen Festlands an der Reloncavi-Bucht, an der 1852 die ersten deutschen Siedler an Land gingen. Nach und nach erschlossen sie den ganzen Süden Chiles. Hier, wie auch in Ancud, hat sich bis heute ein starker Einfluß der deutschstämmigen Bevölkerung erhalten.

Gut, daß wir Heinz dabei haben, der die Gepflogenheiten der übersteigerten Bürokratie Chiles so gut kennt: Bis wir unsere heißersehnte Anlage in Händen halten, vergehen Stunden. Ganze Papierberge werden geschrieben oder ausgefüllt, und wir warten lange auf Unterschriften höherer Beamter, die sich zur fraglichen Zeit gerade nicht in ihrem Büro aufhalten. Aber schließlich klappt es.

Danach bringt uns Heinz zum Rundfunkgebäude, wo er einen Termin für ein Interview vereinbart hat. Ich bemühe mich, alle Fragen der freundlichen und neugierigen Reporter über unsere Reise mit meinen noch aus der Kinderzeit stammenden Spanisch-Kenntnissen zu beantworten. Anschließend essen wir in einem kleinen Restaurant am Hafen zu Mittag, dann geht es zurück nach Ancud.

Da ich schon lange keine Post mehr von zu Hause erhalten habe und auch in der Hafenmeisterei von Puerto Montt keine Briefe vorfinde – sie kommen alle zu spät an –, rufe ich abends von dem Hotel aus an, in dem wir auch unsere ersehnte heiße Dusche nehmen können. Nach zweistündigem Warten klappt endlich die Verbindung. Ich bin glücklich, nach so langer Zeit wieder einmal die vertrauten Stimmen meiner Eltern zu hören, die allerdings in Deutschland aus dem Tiefschlaf gerissen werden. Ich erfahre, daß es allen gut geht, und daß sie nun nach Lima an die deutsche Botschaft schreiben werden.

Victor Paredes holt uns freudestrahlend ab. Heinz hatte ihm von unserer Reise erzählt, was uns seine große Bewunderung einbringt. Am Fuß eines kleinen Berges setzt er uns ab und eilt zu seinem

Ausstellungsstand zurück. Wir vier mühen uns den Berg hoch. Schließlich erreichen wir das Anwesen einer chilenischen Bauernfamilie, auf deren Grund sich das für uns so interessante Stück Erde, der „versteinerte Wald", befindet.

Heinz führt uns mit einigen netten Worten ein, und es entwickelt sich eine angeregte Unterhaltung mit den zahlreichen liebenswürdigen Familienmitgliedern. Sie leben von dem, was sie anpflanzen: Chili, Kartoffeln und Bohnen; dazu halten sie Milchkühe, Schweine und Hühner. Außer dem Nutzvieh laufen eine Unzahl der seltsamsten Hundemischungen im Hof herum.

Die hilfsbereite junge Frau führt uns schließlich zu der Fundstelle, die etwa 200 Meter vom Haus entfernt liegt. Es ist eine lehmige und wasserreiche Stelle, in der wir nach längerem Suchen tatsächlich mehrere Stücke des kostbaren, versteinerten Holzes finden. Urzeitliche Baumriesen haben hier in stark silikathaltigem Wasser gelegen, das die Zellstruktur des Holzes völlig ausfüllte und über viele Millionen Jahre konservierte. Selbst kleine Details, wie die Gänge von Baumschädlingen, kann man erkennen.

Froh über den Erfolg ziehen wir zurück zu dem ganz aus Holz gebauten Bauernhaus, wo man bereits mit einem deftigen Essen auf uns wartet. Es gibt Hühnersuppe und gebratenes Ferkel mit Salat. Alles schmeckt hervorragend. Geld mag man nicht annehmen, deshalb verteilen wir kleine Geschenke. Die Großmutter klagt über Schmerzen. Ich untersuche sie. Es besteht Verdacht auf eine Gallenblasen-Entzündung. Ich verspreche, über Don Victor einige Medikamente zu ihr hochzuschicken, worüber sie sich sehr freut, denn der nächste Arzt wohnt in Puerto Montt, und Medikamente sind teuer.

Auf dem Weg zurück kaufen wir eine Kiste Muscheln am Hafen. Wir schauen den Möwen zu, wie sie Muscheln stiebitzen und dann aus etwa fünf Meter Höhe fallenlassen, damit sie zerbrechen und gefressen werden können. Klappt es nicht beim ersten Mal, so wird das Spiel mehrmals wiederholt. Kluge, raffinierte Tierchen sind das!

Heinz fährt wieder nach Hause, aber wir werden ihn in ein paar Tagen wiedersehen. „Leinen los." Wir verlassen Ancud. Mit frischem südlichen Wind geht es Richtung Talcahuano. Zum Mittag gibt's das Gericht der Gegend: Muscheln im Überfluß! Ich koche sie in einer

Butter- und Petersilienbrühe mit einem Schuß Weißwein. Robi frißt von ihrem Leibgericht schier unglaubliche Mengen.

Unser Standort um 20.00 Uhr liegt bei 39° 38′ Süd und 74° 38′ West. Nun steht einwandfrei fest, daß wir nach der Karte die „brüllenden Vierziger" hinter uns gelassen haben. Die Wettermacher allerdings scheinen dies noch nicht zu berücksichtigen, denn die Misere fängt schon wieder an. Der Wind nimmt stetig zu. Wir bergen bei 7 die Fock und laufen nur noch unter Großsegel. Die ganze Nacht und auch noch am Morgen bläst es bei strahlendem Sonnenschein und blauem Himmel weiter mit Windstärke 8. Das Groß ist zweifach gerefft und die kleine Fock gesetzt. Bei der rauhen See wird das Segeln wieder einmal sehr ungemütlich.

Schlechte Nachrichten! Die Crew, die unser Schiff von Nassau aus zurücksegeln wollte, hat plötzlich abgesagt. Erich wird von Nassau aus nun nicht, wie geplant, mit mir zurückfliegen können, sondern noch sechs Wochen Segelzeit für die zweite Atlantik-Überquerung anhängen müssen. Über Funk müssen neue Mitglieder ab Nassau gefunden werden. Wir werden auch Inserate in Segelzeitschriften aufgeben und Freunde anschreiben.

Unser Weg verläuft zwischen der Insel Quirinina und der Halbinsel Tumbes hindurch, dann an der Ostseite der Halbinsel entlang bis in den Hafen von Talcahuano. Von weitem sehen wir bereits die beeindruckende Viermast-Brigantine ESMERALDA, die wie ein Wahrzeichen das Bild des Hafens beherrscht.

Als wir uns nach einem geeigneten Ankerplatz umsehen, entdecken wir Heinz winkend vor dem Gebäude der Hafenbehörde, zwischen Schaulustigen und Presse-, Rundfunk- und Fernsehleuten. Heinz hatte sie über unsere Reise und Ankunftszeit informiert. In aller Eile schnappen wir uns noch ein paar saubere Jeans, und ich hefte mir das kleine Abzeichen der Palmer-Station sichtbar ans T-Shirt.

Nach dem Festmachen werden wir sofort von Reportern umringt. Ich kratze wieder meine gesamten Spanisch-Kenntnisse zusammen, um alle Fragen zu beantworten. Was dabei in der späteren Berichterstattung herauskommt, gefällt uns gut. Verschiedene Zeitungen Südchiles bringen unsere Geschichte in allen Einzelheiten und dazu gelungene Bilder der kleinen Mannschaft.

Auf diesen turbulenten Empfang folgt die Einklarierung, und das Schiff wird sorgfältig aufgeklart. Dann geht's mit Heinz auf der berühmten Pan Americana zu dem etwa hundert Kilometer entfernten Los Angeles. Unser Freund hat mitten in dieser 100 000-Einwohner-Stadt einen „Rincon Alemán", eine „deutsche Ecke" – mit Restaurant, Café und einigen Delikateß-Läden, eine „Ecke", die sich auch in jeder deutschen Großstadt behaupten könnte.

Am Abend veranstaltet Heinz mir zu Ehren – es ist mein 40. Geburtstag – eine kleine Party. Eine stattliche Zahl Presseleute sowie der „Chef de Tourismo" sind eingeladen. Viele Fragen über unsere Reise wollen beantwortet und Fotos für die Zeitungen gemacht werden. Schließlich konzentrieren wir uns auf „Palmitos con Jamon", Palmherzen mit Schinken, und allerlei Feines auf dem Spezialteller des Rincon-Alemán.

Plötzlich klägliches, durchdringendes Miauen auf dem Dach. Robi! Sie war im obersten Stock in der Wohnung von Heinz eingeschlossen und auf der Suche nach uns auf das vorstehende Dach des Speiseraumes gesprungen. Heinz holt sie herunter, und sie wird Mittelpunkt der Party, was ihr offenbar sehr behagt. Sie erhält einen Spezial-Rincon-Alemán-Katzenteller und bietet den Fotografen ein hochwillkommenes neues Motiv. Es ist auch gar nicht einzusehen, warum wir ohne sie feiern sollten, schließlich ist sie auch ein Crewmitglied, noch dazu eines, das immer viel zur guten Bordstimmung beiträgt.

Seit unserer Abfahrt aus Gran Canaria schlafe ich zum ersten Mal wieder an Land. Ein herrlicher Sommertag erwartet uns, und zum guten Anfang ein liebevoll gerichtetes Frühstück in einer Art Glasveranda. Danach Telefonate mit Deutschland über die Zusammenstellung der neuen Crew. In dieser Hinsicht sieht alles nicht sehr rosig aus. Die Zeit ist sehr knapp, um geeignete Leute zu finden. Wir müssen erst einmal das Erscheinen der Anzeigen abwarten.

Heinz sitzt währenddessen an seinem Funkgerät. Wo er geht und steht, funkt er mit Gott und der Welt. Sogar in seinem Wagen hat er ein Funkgerät für das Zwei-Meter-Band eingebaut. Er ruft seine Freunde, um ihnen das neueste über die Crew der FREYDIS mitzuteilen, und wo man uns am besten treffen könne. Selbst mit Otto, also mit Deutschland, können wir uns vom fahrenden Auto aus unterhalten. Dabei hilft

Im Hintergrund die charakteristische
Silhouette des falschen Kap Hoorn *(oben)*

Robi inspiziert das Rigg *(links)*

Immer wieder warnt uns Kelp
vor felsigen Untiefen *(rechts)*

Skipper Erich im Ausgehanzug
der Palmer-Station *(oben)*

Antarktis-Crew in „Uniform":
Die Mützen strickte
Christians Frau

Vor den Eiswänden
von Anvers-Island

In der Magellanstraße
(oben und unten rechts)

Die Williwaws zeigten, was sie
können: Unser 30 kg schwerer
CQR-Anker ist gebrochen
(unten links)

Immer wieder begegnen wir solchen Zeugen
schwieriger Navigationsverhältnisse

ihm ein Freund, der sowohl ein Gerät mit Zwei-Meter-Band als auch eins mit Übersee-Bändern hat. Er hält den Lautsprecher des Zwei-Meter-Band-Gerätes an das Mikrophon des Fünfzehn-Meter-Band-Gerätes und umgekehrt. Man sieht wieder einmal deutlich, daß das Netz der Amateurfunker die Welt wie eine große Familie verbindet. Das Gefühl der Verlassenheit kann so leicht nicht auftreten.

Heinz fliegt mit uns in einer kleinen Cessna über die Region Bio-Bio, benannt nach dem Fluß, der durch diesen Teil des Landes fließt, über die Stadt Los Angeles, das Bio-Bio-Tal mit dem Laja-Wasserfall und der Küstenkordillere. Heinz erzählt gerne aus der Geschichte. Die feuchte und sehr fruchtbare Gegend um den Bio-Bio-Fluß war im 16. und 17. Jahrhundert hart umkämpftes Gebiet. Die eingeborenen Araukaner-Indianer, berühmt-berüchtigt wegen ihrer Wildheit und Tapferkeit, konnten von den Spaniern nie ganz besiegt werden. Sie eroberten sogar viele von diesen gegründete Orte und Stützpunkte, bis es 1726 zu einem Friedensschluß kam, der den Indianern das Gebiet südlich des Flusses zusicherte. In der Folgezeit wurden sie allmählich – vorwiegend durch Kolonisten – zivilisiert. Ihre Zahl ging stark zurück, und heute leben sie meist in Reservaten.

Am nächsten Tag fährt uns Heinz zurück nach Talcahuano, dem bedeutendsten Militärhafen Chiles. Wir erhalten die Erlaubnis, das Schulschiff ESMERALDA zu besichtigen. Ein Offizier übernimmt die Führung. Die Viermast-Brigantine ist 100 Meter lang, ihre Masten sind 50 Meter hoch. Auf dem Rundgang beeindruckt mich vor allem die Ausstrahlung, die ein so großes Segelschiff auch heute noch ausübt, die kaum zu beschreibende Atmosphäre, die an die alten Zeiten der Vollschiffe erinnert und viel Fernweh heraufbeschwört, obwohl wir doch weiß Gott weit genug weg von unserer Heimat sind.

Der Ort ist auch ein Zentrum der Fischindustrie. Große Mengen werden im Hafen auf Lastwagen verladen und zur Fischmehlfabrik transportiert. Es ist ein trauriger Anblick, wie Tausende hungriger Pelikane auf den Kaimauern sitzen und zusehen, wie ihr Futter in den „Mägen" der Laster verschwindet.

Einige Freunde von Heinz, selbst Funker und Flieger, kommen nach dem Besuch auf der ESMERALDA noch zu uns an Bord. Wir feiern zusammen einen zünftigen Abschied mit Rum und Shanties. Tief beeindruckt von ihrer Gastfreundschaft und Hilfsbereitschaft, sagen wir Lebewohl und trösten uns damit, daß wir weiterhin in Kontakt bleiben werden, wenn auch nur über Funk.

Nachts laufen wir bei leichter südwestlicher Brise aus. Bald frischt es auf Windstärke 7 auf, die Genua bekommt einen langen Riß und muß geborgen werden. Der Seegang ist unangenehm, unser Schlaf unruhig.

VON ROBINSON ZU DEN INKAS

Langusten, Ameisenbären und – Blindgänger — Im zoologischen „See-Garten" des Humboldt-Stroms — Alte Inka-Kultur und neue Gangstermethoden — Im Amazonasdschungel

Nächstes Ziel, zu dem uns unsere neuen Freunde geraten hatten, ist die Insel Juan Fernandez, heute eher bekannt unter dem Namen Robinson-Insel. 300 Seemeilen vom Festland entfernt, steigt sie schemenhaft im Dunst vor uns auf. 900 Meter hohe, abschüssige Felswände und vulkanische Klippen tauchen langsam auf, das Brandungsrauschen am Fuß der Felsen wird hörbar. Als wir in der Cumberland-Bucht vor Anker gehen, haben sich schaulustige Inselbewohner an der Pier versammelt. Um uns herum liegen zahlreiche kleine Fischerboote. Berge gefangener Langusten werden in schwimmende Körbe gesteckt, die als Vorratslager dienen.

Markus, ein deutschsprechender junger Chilene, verheiratet mit einer Österreicherin, kommt mit dem Hafenkapitän an. Dieser war bereits von Talcahuano aus über Funk von unserem Kommen unterrichtet worden. Er hatte daraufhin den Peilsender auf Dauersendung geschaltet, so daß wir die Insel bei unserer Annäherung gut einpeilen konnten.

Das Schild an Land „Willkommen im Naturpark der Insel Juan Fernandez" ist nicht mehr auf dem neuesten Stand. Die chilenische Regierung hat vor ein paar Jahren die Insel Juan Fernandez Mas a Tierra touristisch attraktiv in Robinson-Crusoe-Insel umgetauft.

Fürs erste Insel-Mittagessen bringt ein Fischer drei Langusten, die wir uns mit Mayonnaise bestens schmecken lassen. Robi bekommt die Reste. Wir ahnen nicht, welch teures Mahl wir da verzehren.

Zwar wurde die Insel schon 1574 von dem spanischen Seemann Juan Fernandez entdeckt, berühmt wurde sie jedoch durch Daniel Defoes Buch „Die Abenteuer des Robinson Crusoe". In seiner Erzählung lebte der Schiffbrüchige Robinson lange Jahre auf dieser Insel. Der wirkliche Robinson hieß allerdings Alexander Selkirk und wurde Anfang des 18. Jahrhunderts in dieser Einsamkeit von Befehlshabern eines Seeräuberschiffes, zu dessen Mannschaft er gehörte und mit der er sich entzweit hatte, mitleidlos ausgesetzt. Auf der Insel fand er jedoch recht gute Lebensbedingungen: Angenehmes, das ganze Jahr über gleichbleibendes Klima. Kein Frost, aber genügend Regen. Auch die See ist hier um 5°C wärmer als am Kontinent, weil die Insel außerhalb des Humboldt-Stroms liegt. Aber trotz des warmen Wassers gibt es ungewöhnlich viele Arten von Fischen und große Mengen Langusten und Muscheln.

In den Wäldern und auf den Wiesen der Hänge finden sich wilde Ziegen, Hasen und Ameisenbären. Besonders die Jungtiere der Ameisenbären sind äußerst verspielt. Eine Einwohnerin überläßt mir für eine Weile ihren kleinen Coati, den sie mit der Nuckelflasche großzieht. Als Höhlentier liebt er die Dunkelheit und kriecht immer wieder zielstrebig unter meinen Pullover. Ich kann ihn nicht einmal mit seiner Flasche wieder hervorlocken, damit Erich ihn filmen kann.

Ähnlich wie später auf den Galapagosinseln gibt es auch hier eine nur auf diesem Archipel heimische Pflanzenwelt – eine besondere Palme, die Palma Chonta, mit blaßgrünem, glänzendem Stamm, verschiedene Arten von Blätterfarnen, und bis vor einigen Jahren auch noch eine Sandelholz-Baumart, die jedoch heute ausgestorben ist. In der Tierwelt sind behaarte Seelöwen, der Picaflor-Rojo – ein Kolibri, und einige Greifvögel für diese Insel eigentümlich.

Wir machen mit Markus einen Spaziergang durch San Juan Bautista, dem einzigen Dorf der Insel. Es hat etwa 600 Einwohner, von denen die meisten ihren Unterhalt durch die Langustenfischerei verdienen. Markus erzählt uns, daß er Langusten für umgerechnet 20 bis 30 DM das Stück von den Fischern an- und für 50 DM nach Valparaiso verkauft. Trotz ihres häufigen Vorkommens auf der Insel sind Langusten also keineswegs spottbillig, wie man erwarten sollte. Die Fischer wohnen in kleinen Holz- und Blechhäusern, von denen einige so hübsch sind, daß man am liebsten gleich einziehen möchte. Hier fahren keine Autos, es gibt also auch keine Abgase, keinen Lärm. Nur gelegentlich vernimmt man die Hufe eines Maultieres auf den unbefestigten, sandigen Wegen. Elektrischer Strom steht nur am Abend zur Verfügung, für drei Stunden, dann geht man ins Bett, oder man muß seinen Krimi bei Kerzenlicht zu Ende lesen.

Alles, was wir hier kaufen, ist sehr teuer, angefangen vom Toilettenpapier bis zum „Pisco Sauer", dem chilenischen Nationalgetränk. Dafür zahlen wir im einzigen Hotel der Insel den unerwartet stolzen Preis von 20 DM und fühlen uns prompt geneppt. Der Preis eines Doppelzimmers beträgt pro Nacht 150 US-Dollar. Sicherlich kann man in den kleinen Pensionen im Dorf etwas preiswerter übernachten, aber die Robinson-Insel ist wirklich kein Billig-Reiseziel. Es ist deshalb auch kein Wunder, daß wir während unseres Aufenthaltes nur zwei Touristen, einen deutschen Ingenieur mit Freundin, treffen.

Zweimal im Monat legt hier ein Schiff der Marine an und versorgt die Insel mit Energie in Form von Gas und Dieselöl und mit den notwendigen Nahrungsmitteln. „Die Transportkosten treiben die Preise in die Höhe", sagen die Einwohner. „Um unseren Lebensunterhalt bestreiten zu können, müssen wir daher die Langusten so teuer verkaufen." Dieser fatale Kreislauf könnte nur durchbrochen werden, wenn von der chilenischen Regierung Subventionsmaßnahmen, ähnlich wie auf Inseln anderer Nationen, ergriffen würden, u.a. in Form eines Supermarktes, in dem es Nahrungsmittel zu erschwinglichen Preisen gibt.

Ein weiteres Problem sind die Transportwege. Auf der Insel fehlt die notwendige Infrastruktur. Touristen müssen mit kleinen Booten über See vom Flugplatz auf der anderen Inselseite bis zum Hotel gebracht werden, eine mehrstündige Unternehmung, umständlich und strapaziös für verwöhnte amerikanische oder europäische Urlauber. Da hilft wohl auch kaum mehr der neue, Abenteuer versprechende Inselname.

In der Dorfkneipe erzählen uns einige Inselbewohner, die sich an unseren Tisch setzen, daß genau an der Stelle unseres Ankerplatzes in etwa 70 Meter Tiefe der deutsche Kreuzer DRESDEN liegt. In der Seeschlacht vor den Falkland-Inseln war 1914 das Geschwader des Vizeadmirals Graf Spee von überlegenen englischen Kräften vernichtet worden. Nur der kleine Kreuzer DRESDEN konnte entkommen.

In der Cumberland-Bucht vor Juan Fernandez von zwei englischen Kreuzern gestellt, versenkte er sich nach kurzem Feuergefecht selbst. Durch den Beschuß kam es zu Einschlagslöchern in den Felsen, die wir uns anschließend ansehen. In einigen stecken sogar noch englische Blindgänger. Hier in der Nähe des Dorfes liegt auch der Friedhof, auf dem gefallene Mannschaftsmitglieder der DRESDEN begraben sind.

Unser Start zur neuen Etappe mit dem 1300 Seemeilen entfernten Ziel Lima verzögert sich um einen Tag. Durch heftige Ischiasbeschwerden ist Christian an die Koje gefesselt. Erich und ich bewältigen ein großes Pensum an Briefen. (Ich bin enttäuscht, weil es auf der Insel keine speziellen Briefmarken gibt, und Erich spottet: „Nicht einmal einen Robinson im Fell kann man draufkleben.") Nach einem ausgedehnten Spaziergang über die Berge kaufe ich am Strand von einem Fischer noch ein paar schöne Stücke schwarzer Korallen aus der Cumberland-Bucht.

Währenddessen besucht Markus unseren Christian an Bord. Er will versuchen, seine Frau, die in Wien bei ihren Eltern ihre Niederkunft erwartet, über Funk zu erreichen. Als sich in der Wohnung niemand meldet, nimmt er an, daß sie bereits in der Klinik ist. Schade, daß es nicht geklappt hat, wo wir doch die einzige Möglichkeit zu einer schnellen Kommunikation sind, denn Telefon gibt es hier nicht. Als wir zurückkommen, geht Markus mit roter Nase, glänzenden Augen und unsicherem Gang von Bord. Offensichtlich hat ihm Christian zum Trost einige Gläser zuviel eingeschenkt. Für uns aber heißt es wieder Anker auf.

Acht Tage haben wir für die Etappe nach Lima angesetzt. Bei achterlichen Winden surfen wir unter Spinnaker förmlich übers Wasser. Aber in der Nacht reißt ihn eine Böe in Fetzen. Er war auf dieser Reise bereits arg strapaziert worden. Nähte und Gewebe hielten einer zusätzlichen kurzen Belastung nicht mehr stand.

In vier Nächten hintereinander weckt mich Robi durch lautes

Miauen. Jedes Mal sitzt sie auf dem Kombüsentisch mit einem Tintenfisch vor sich. Sie hat ihn an Deck gefunden und will gelobt werden. Erst dann frißt sie ihn auf. Diese Mini-Kraken haben wohl, ähnlich den Fliegenden Fischen, ihre Flucht in die verkehrte Richtung angetreten. In der fünften Nacht bleibt das Erfolgserlebnis für Robi aus, ich kann mal durchschlafen und mache ihr am Morgen zum Trost eine Dose Falkland-Katzenfutter auf. Eine halbe Stunde später fängt Christian einen 50 Zentimeter langen Bonito, in dessen Magen wir sechs kleine, unverdaute Tintenfische entdecken. Sie wechseln allesamt in Robis Magen über.

Als wir den Wendekreis des Steinbockes überqueren, denke ich an Peter auf Ilha Grande, dessen Facenda auf diesem Wendekreis liegt, aber auf der anderen Seite Südamerikas. Erst drei Monate ist es her, daß wir dort waren. Mir scheint, es läge ein Jahr dazwischen.

Plötzlich läßt uns der südliche Wind im Stich und bringt damit auch unseren Zeitplan durcheinander. Wir haben also doch noch nicht den Südostpassat erwischt, wie angenommen. Von nun an haben wir mehrere Stunden Flaute am Tag und kommen entsprechend langsam voran.

Dann sinkt die Wassertemperatur, die zunächst um 22°C lag, ziemlich schnell auf 18°C ab. Das kann nur bedeuten, daß wir endlich den Humboldt-Strom erreicht haben. Wir merken es auch an der geradezu frappierenden Zunahme des Tierreichtums. Ganze Scharen von Quallen ziehen vorbei – bunt geäderte, weit aufgespannte Schirme mit meterlangen Geißeln als Schleppe. Robben äugen aus dem Wasser, und zu Kormoranen, Tölpeln und Möwen haben sich auch Pelikane gesellt. Außer von Delphinschulen bekommen wir häufiger auch Besuch von Haien. In diesem plankton- und fischreichen Strom ist reichlich Nahrung für alle.

Der Humboldt-Strom zieht vom antarktischen Meer an der chilenischen und peruanischen Küste entlang, umspült die Galapagosinseln und wird dann in Richtung Polynesien abgelenkt. Ihm verdanken die Peruaner einen Großteil ihrer Deviseneinnahmen. Besonders in den Jahrzehnten um und vor dem ersten Weltkrieg war es das Geschäft mit dem Guano, den Seevögel, vorwiegend Kormorane, auf den vorgelagerten Inseln hinterließen.

Nachdem die chemische Industrie mehr und mehr synthetischen Stickstoffdünger produzierte, erschloß man eine andere Devisenquelle – diesmal direkt aus dem Humboldt-Strom: Anchovis, die hier in Riesenschwärmen vorkommen, wandern in Millionen Tonnen jährlich in die Fischmühlen. Nur ab und zu, in zehn- bis zwanzigjährigem Abstand, versiegt diese Einnahmequelle. Eine vom Äquator kommende warme Strömung, der Niño, überspült dann den Humboldt-Strom und drängt ihn mit Plankton und Fischen in größere Tiefen. Für die Industrie bedeutet das jeweils eine schwere Einbuße, für die Seevögel eine Katastrophe. (1957 verhungerten dabei mindestens 20 Millionen; 1972 waren es ähnlich viele.)

Es ist bereits der elfte Tag seit dem Ablegen in Juan Fernandez, als ich um 04.00 Uhr die Wache übernehme. Dicker Nebel hüllt das Schiff ein. Kein Wunder, die warme Luft kühlt sich nachts über dem kalten Wasser ab, und das Kondenswasser liegt dann als dichter Schleier über der See. Von „Sichtweite" kann man hier nicht mehr sprechen. Ich sitze geschützt im Cockpit und denke „da kannst du ja nur beten, daß nichts passiert". Trotzdem schaue ich alle zehn Minuten angestrengt in die Milchsuppe. Der Windanzeiger unter dem Topplicht wirft ständig sich bewegende Schatten auf den dichten Nebel, sonst nichts.

Plötzlich, nur ein paar Bootslängen voraus, eine Steilküste! Eher zu ahnen als zu sehen. Eine Fata Morgana kann das hier wohl nicht sein, also Selbststeueranlage auskuppeln, Kurs ändern, aber wohin? Wo sind wir? Ich drehe nach Steuerbord. Es ist die Insel St. Gallan, die nahe der Festlandsküste und etwa 110 Seemeilen südlich von Callao liegt. Wir waren also ziemlich weit östlich versetzt worden.

Wieder fast Flaute. Wir entschließen uns, den Motor niedrigtourig mitlaufen zu lassen. Gegen 06.00 Uhr wird es hell, und gegen 13.00 Uhr schiebt sich die Sonne durch den Nebelschleier. Der Vorhang öffnet sich, die Sicht wird klarer. Im Dunst geschäftiger Flugbetrieb der verschiedensten Vogelarten unter strahlend blauem Himmel. Da sind pfeilschnelle Düsenjäger, die zielstrebige Langstreckengeschwader überholen, hochgezüchtete Sportflieger, die atemberaubende Sturzflüge und Loopings trainieren, und Aufklärer, die neugierig und aufmerksam über uns ihre Runden drehen. Mit all den Vögeln, Fischen, Robben, Walen, Delphinen und Quallen um uns herum komme ich mir vor wie in einem großen zoologischen „Seegarten". Heute nacht werden wir Lima erreichen.

Ab Mitternacht ist die Sicht schlecht. Bevor der Nebelvorhang fällt, gelingt es uns gerade noch die Insel Lorenzo auszumachen – meinen wir. Unvermutet finden wir uns jedoch von brandungsumspülten Felsen eingeschlossen. Am Bug halten Christian und ich Ausschau, aber wohin wir uns auch wenden, überall hören wir Brandungsrauschen oder sehen weißen Gischt schwach durch die neblige Nacht schimmern. Es war nicht die Insel Lorenzo, die wir gesichtet hatten, sondern eine ihr vorgelagerte Insel, und so sind wir mitten unter die knapp das Wasser überragenden Felsengruppen geraten, die vor der Südspitze Lorenzos liegen. Wir finden schließlich auf Westkurs einen Ausgang zur offenen See.

Zunächst heißt es einmal Abstand gewinnen, dann drehen wir wieder auf Nordkurs. An der Westseite der Insel Lorenzo mogeln wir uns entlang, bis das Rollen der Brandung nicht mehr zu hören ist. Als wir direkt auf den Hafen von Callao zuhalten können, dämmert es. Es ist bereits 06.00 Uhr morgens, der Nebel löst sich langsam auf.

Eine russische Fischereiflotte mit etwa zwanzig Schiffen und eine Menge anderer ausländischer Frachter liegen vor dem Hafen auf Reede. Masten weisen uns den Weg in den Segelhafen. Müde und erschöpft machen wir an einer Mooring des Yachtclubs Peruano fest.

Nach einer kleinen Ruhepause verlassen wir unser Schiff mit der clubeigenen Barkasse, erledigen die üblichen Formalitäten und rufen dann unseren Funkerfreund Georg an, von dem uns bereits Peter auf Ilha Grande erzählt hatte. In den letzten Tagen haben wir mehrfach mit ihm über Funk gesprochen. Er hat auch das Flugticket für Christian besorgt, das wir nun in Lima abholen wollen, denn Christians Urlaub geht zu Ende.

Georgs Wagen ist defekt. Wir kommen gerade noch von Callao nach Lima. Schließlich hat Christian sein Ticket, und wir suchen in den unzähligen Kunstgewerbe- und Souvenirläden Geschenke für seine Familie und Freunde. Unter den Stößen von Alpaca-Pullovern, -Mützen und kunstvollen Holzschnitzereien findet er das richtige.

Die beiden Männer fahren anschließend zurück zur FREYDIS. Mich lockt noch ein Schaufensterbummel. Ich kann mich nicht sattsehen an den herrlichen Tonvasen und Figuren, die der Kunst der Inkas nachempfunden sind, an den Holz- und Kupferarbeiten, an den Teppichen und dem Silberschmuck.

Spätnachmittags erst besteige ich den Bus nach Callao, der gerammelt voll ist. Eine Mitfahrerin rät mir, meine Armbanduhr in meine Handtasche zu stecken. Sonst liefe ich Gefahr, daß sie mir im Gedränge gestohlen würde. Ich folge ihrem Rat und bedanke mich. Offenbar muß man mit allerlei rechnen.

Als ich an Bord ankomme, sitzen Erich und Christian bedrückt im Cockpit. Sie weisen stumm auf den Platz, wo die Außenlautsprecher standen, und auf den Niedergang. Die Lautsprecher waren herausgerissen und der Stahlsicherungsbügel am Niedergang gewaltsam mit der Winschkurbel aufgebogen worden. Die Diebe mußten das Schiff eilig verlassen haben, als Erich und Christian unerwartet früh zurückkamen. Sie konnten nur einige zwar kostspielige, aber doch verschmerzbare Gegenstände mitnehmen.

Schöne Aussichten! Können wir es bei solchen Vorzeichen riskieren, das Schiff hier alleine zu lassen, um nach Machu-Picchu zu fliegen, wie wir schon lange geplant hatten? Uns erscheint es fast sicher, daß wir dann ein leeres Schiff oder überhaupt keines mehr vorfinden würden. Ohne Lösung schlafen wir schließlich ein und träumen schlecht.

Zunächst aber steht uns wieder ein Abschied ins „Haus", diesmal von Freund Christian. Zwei einsame Segler bleiben an Bord zurück mit ihrer schwarz-gelb-braunen Mieze, die sie wieder zärtlich miauend an Bord empfängt.

Wir entschließen uns, nachdem wir für unser Schiff rund um die Uhr einen Wächter angeheuert haben, nun doch nach Machu-Picchu zu fliegen.

Dietrich Kunther, ein deutscher Ingenieur, der ganz in der Nähe des Yachtclubs in einer Getreidemühle arbeitet, hat unsere Fahne gesehen und besucht uns an Bord, um uns zu begrüßen. Mit ihm zusammen gehe ich zur Polizei, um Anzeige wegen des Einbruchs zu erstatten. Die Polizei schickt uns zu einem Friseur, der nebenbei auch eine Schreibmaschine besitzt und für die Polizei schreibt. Ich muß allerdings einige Blatt Papier mit einem Wappen darauf in einem Papierladen besorgen, bevor man meine „Denuncia" langatmig niederschreibt. Nachdem ich zwischen Polizei und Friseursalon mehrmals hin- und hergelaufen bin, wird mir mitgeteilt, daß zuerst nähere Untersuchungen eingeleitet würden, bevor ich die Verlustmeldung für die Versicherung erhalten könne. Unser neuer Freund will sich um die Angelegenheit, die sich einige Tage hinziehen wird, kümmern, während wir Machu-Picchu besuchen. Er wird sogar mehrmals täglich nach der FREYDIS schauen, um zu kontrollieren, ob der Wächter auch tatsächlich nachts an Bord schläft. Doppelte Kontrolle empfiehlt sich hier.

Einige wertvolle Sachen, zum Beispiel unser Funkgerät, den Astro-Navigations-Rechner und wichtige Papiere, stellen wir bei Georg unter, und nehmen auch Robi, das kostbare Stück, zu ihm mit, als er uns gegen Mittag am Hafen abholt. Wir fahren bei der deutschen Botschaft vorbei, wo uns eine Menge Post erwartet.

Im Hause von Georg versucht dessen kleiner, schneeweißer Siamkater, mit unserer Comprida-Robi Freundschaft zu schließen. Sie hat offenbar andere Vorstellungen, macht einen Riesenbuckel und zischt wie eine Schlange. Verängstigt setzt er sich auf einen Glastisch zwischen Nippesfiguren, mit starrem Blick auf Robi, reglos, als wäre er selbst aus Prozellan.

Gut zwei Stunden verbringe ich mit dem Lesen meiner verspäteten Geburtstagspost und dem Abhören eines Tonbandes, das mir meine Schwester geschickt hatte. Besonders über die Ostfriesenwitze, die mein Neffe, der fünfjährige Till, erzählt, lachen wir Tränen.

Am Nachmittag holen wir unsere Flugtickets nach Cusco und gehen zum Indiomarkt. Während wir gerade den Preis für zwei Ledersitzkissen aushandeln, die es uns angetan haben, zittert plötzlich für mehrere Sekunden der Boden unter uns. „Un pequeño terremoto (ein kleines Erdbeben)", sagt unser Indio, als er mein erschrockenes Gesicht sieht. „No se preocupe (keine Angst)." Es war nur eines der kleinen Erdbeben, die in den geologisch unruhigen Anden häufiger vorkommen.

Meines Vaters Geburtstag – ich lasse über Funk Grüße ausrichten. Telefonieren würde wieder eine elende Warterei bedeuten.

Gegen Nachmittag holt uns Georg vom Segelclub ab. Wir werden heute bei ihm übernachten, denn wir müssen bereits um 06.00 Uhr am Flughafen sein, und er will uns hinfahren. Katze Robi hat sich schon ihren Platz in seinem Haus erkämpft. Sie hat auf Georgs Bett geschlafen und den kleinen Kater unter dasselbe verwiesen. Nun ist sie glücklich, daß sie uns wieder hat, und schläft bei Erich im Bett.

Ein Musikwecker ruft auf zu neuen Taten. Los geht's! Nach einstündigem Flug über die Anden kurvt die Maschine beim Landeanflug eng zwischen den Bergen und setzt dann weich auf der Piste auf.

Cusco, Ausgangspunkt nach Machu-Picchu, liegt 3500 Meter hoch in einem fruchtbaren Andenhochtal. Es war die Hauptstadt des alten, ehemals weit ausgedehnten Inkareiches, das sich über Peru, Bolivien, fast ganz Ecuador, den Süden Kolumbiens, die nördliche Hälfte Chiles und den Nordosten Argentiniens erstreckte.

Nachdem wir in einem der zahlreichen, kleinen Touristenhotels ein Zimmer genommen haben, wollen wir uns die Stadt ansehen. Wir haben wieder einmal Glück, als sich Marco, ein 17jähriger Schüler, anbietet, uns zu führen. Es geht durch die engen Gassen, in denen die Grundmauern der einstigen Inkastadt noch zu bewundern sind. Sie haben als einzige allen feindlichen Verwüstungen standgehalten, selbst dem Erdbeben von 1950, bei dem 90 Prozent Cuscos zerstört worden sein sollen. Auf diesen architektonischen Meisterwerken, die aus großen abgerundeten Steinquadern bestehen, ohne Mörtel präzise aufeinandergesetzt, errichteten die spanischen Eroberer ihre Kirchen, Klöster und Paläste. Die Kirchen, die wir uns ansehen wollen, sind über Mittag geschlossen. So zeigt uns Marco einen kleinen Wollmarkt, auf dem die Indios Handgestricktes aus Alpaca-Wolle und kunstvolle Töpfereien ebenso wie Souvenirkitsch feilbieten.

Nachdem wir zu dritt in einem kleinen Restaurant zu Mittag gegessen haben, will Erich sich hinlegen, denn bei ihm meldet sich plötzlich die Höhenkrankheit. Er hat starke migräneartige Kopfschmerzen und übergibt sich mehrmals im Hotel. Marco weiß Rat: „Coca-Mate (Coca-Blättertee) ist sehr gut gegen Sorocho (die Höhenkrankheit)."

Während Erich im Bett bleibt, führt Marco mich zum Markt der Indios, wo wir Coca-Blätter kaufen. Die Indios kommen oft von weit her, um hier ihre kärgliche Ernte, ihre Hühner und Schweine zu verkaufen. Zwischen Obst und Gemüse sitzen Indiofrauen mit ihren zahlreichen bunten Wollröcken, die sie übereinander tragen, ihren weißen Pappzylindern oder schwarzen Männerfilzhüten und ihren farbenprächtigen, selbstgewebten Wolltüchern über den Schultern, mit denen sie auch ihre Babys auf dem Rücken überall hintragen. Viele haben einen Topf mit brodelndem Chicha vor sich, in den sie von Zeit zu Zeit hineinspucken, um die Gärung dieses Maisbieres in Gang zu halten.

Nach unserer Rückkehr ins Hotel bestellen wir kochendes Wasser und brauen für Erich einen Tee. Die Blätter müssen fünf Minuten im Wasser ziehen. Das Getränk wird dem Schwerkranken schluckweise eingeflößt. Schon kurz danach fühlt er sich erheblich besser, will jedoch weiterhin liegenbleiben.

Allein mit Marco als fachkundigem Begleiter und Beschützer besuche ich einige Kolonialstilhäuser, die Kathedrale, die auf den Grundmauern eines Inkapalastes errichtet wurde, einige sehr schöne Kirchen und das Kloster de la Merced, wo auch der mit unzähligen Edelsteinen besetzte Hostienbehälter, die herrliche Juwelierarbeit eines spanischen Goldschmiedes aus dem 18. Jahrhundert, aufbewahrt wird.

Wir setzen uns auf eine Mauer am Sonnentempel und lassen die Atmosphäre dieser geschichtsträchtigen Stadt in der Abendsonne auf uns wirken. Ich höre vorbeikommende Indios zueinander sprechen in der alten Kaisersprache Quechua und hoffe, daß es Erich morgen wieder besser geht, denn ich habe auf sein Anraten hin bereits Fahrkarten nach Machu-Picchu gekauft. Statt des Touristenzuges werden wir den etwas früheren Indiozug nehmen. Von der Fahrt mit ihm verspreche ich mir mehr Kontakt zu den Einheimischen, eine eigene Atmosphäre und interessante Szenen für meine Kamera.

In aller Frühe lassen wir uns vom Hotelportier wecken. Erich geht es nach dem Schlaf etwas besser. Zur Stärkung trinkt er vor dem Verlassen des Hotels noch einen Coca-Tee.

Am Bahnhof wimmelt es von Menschen: Die Treppen und Gänge sind voll von Marktfrauen mit überdimensionierten Körben voller Obst, Gemüse, Brot und Kuchen. Männer in Ponchos schleppen Säcke mit Getreide und Maiskolben.

Wir kämpfen uns durch diese Menschenmenge, wobei wir unser

Gepäck aus Angst vor Dieben krampfhaft festhalten. Vor der Sperre drängeln plötzlich etwa acht Männer von allen Seiten herbei und lösen damit einen Stau aus, ohne daß jemand durch die Sperre geht. Schubsend und stoßend zwängen sie sich zwischen Erich und mich. Erich fühlt plötzlich Hände in seinen Hosentaschen. Er trägt das Gepäck und versucht deshalb, die Kerle mit den Füßen abzuwehren. Es gelingt ihm schließlich mit roher Gewalt, durch Treten und Boxen, durch die Sperre und dadurch frei von den Dieben zu kommen.

Ich befinde mich noch mitten im provozierten Stau und versuche krampfhaft, meine Taschen festzuhalten oder über meinen Kopf zu heben. Ein Sack wird vor meine Augen gehalten und während dieser Schrecksekunde wird mir die Tasche entrissen, in der sich Film- und Fotoapparat befinden. Erich kann mir nicht zu Hilfe kommen. Das Ganze dauert nur Sekunden. Völlig verdutzt, erschreckt und verärgert über meine eigene Hilflosigkeit, komme ich mit nur noch einer Tasche bei ihm auf dem Bahnsteig an. Als er mich dann, erbost über den Verlust, auch noch anschreit, kann ich nur noch zitternd und den Tränen nahe der Polizei, die am Bahnsteig herumspaziert, von dem Raub berichten. Auch der Polizist scheint böse auf mich zu sein. „Warum nehmen Sie nicht den Touristenzug", herrscht er mich an. „Man hat Sie doch sicher gewarnt", und mit der Geste: „Wem nicht zu raten ist, ist nicht zu helfen", geht er nachschauen, ob die Diebe mit meiner Tasche schon verschwunden sind, woran ich keinen Moment zweifle.

Es hat nicht viel gefehlt und ich hätte eingesehen, daß ich, die böse Touristin, mit meinem aufreizenden Gepäck die armen Indios zu einer bösen Tat verführt habe. Kleinlaut besteige ich den Zug, in dem Erich mit Mühe noch einen Platz für uns ergattert hat. Die vorangegangenen zehn Minuten gehen uns nicht so schnell aus dem Kopf. Wir diskutieren, was ich vielleicht hätte anders machen sollen, aber es hilft jetzt alles nichts, die Tasche mit Inhalt ist weg.

Als der Zug abfährt, ist auch kein Platz mehr auf den Gängen. Wir staunen, wie viele Menschen in einen Waggon hineingehen und wie viele Säcke und Körbe auf den Gepäckträgern, auf den Sitzen und im Gang bei gutem Willen Platz finden. Fliegende Händler, die aus großen Körben und Flaschen Kaffee, Milch, Maisfladen, gekochte und noch dampfende Maiskolben, Kuchen und Brot anbieten, steigen unbeirrt über die am Boden kauernden Menschen, über Säcke voll Hühner und über Körbe oder in Tücher gebundenes Gepäck.

Niemand regt sich auf, wenn die Kleine auf dem Schoß ihrer Mutter den Kaffee aus ihrem Becher über fremdes Gepäck leert, oder die Frau, die Maiskolben ißt, die Hüllen über die Köpfe anderer hinweg aus dem Fenster spuckt. Der Zug quält sich im Zickzack den Paß hoch und hält in jedem kleinen Dorf. Bauersfrauen in ihrer malerischen Tracht strömen mit ihren mit Obst und Gemüse gefüllten Körben bei jedem Halt an die Fenster des Zuges, wo ausdauernd und laut um den Preis verhandelt wird. Kurz bevor der Zug abfährt, wird man sich einig und schiebt die gekaufte Ware eilig durch die Fenster. Einige Frauen sind zugestiegen und drängeln sich nun mit großen Schüsseln voll gebratener Meerschweinchen und Spanferkel, frischem Käse oder würzigen Kräutersträußchen durch die Waggons. Eine neue Freßwelle hebt an und erfaßt die meisten der Fahrgäste. Erich kaut ebenfalls unentwegt, aber nur auf Coca-Blättern, damit ihm nicht übel wird.

Viele der Gesichter sehen nicht eben vertrauenerweckend aus, Anlaß genug, den Rest unseres Gepäcks stets wachsam im Auge zu behalten. Und das alles in der ersten Klasse, wie sieht es da wohl in der zweiten aus? Plötzlich hält der Zug ruckartig an, viele der Mitfahrer stürzen nach draußen, um zu sehen, was passiert ist. In der zweiten Klasse wurde ein Tourist, der sich nicht widerstandslos berauben ließ, mit einem Messer am Hals und am Bein verletzt und anschließend einfach aus dem Zug geworfen. Nun warten wir eine halbe Stunde auf die Ambulanz, dann geht es weiter. Die Gesichter um uns herum erscheinen uns immer weniger angenehm.

Der Zug hat den Paß überwunden und rattert nun am Wildwasserfluß Urubamba entlang, durch ein enges, gewundenes Tal mit alles überwuchernder tropischer Vegetation. Nach vier Stunden entnervender Fahrt hält er endlich an einer Flußbiegung. Endstation Machu-Picchu. Busse fahren in einer Viertelstunde in Serpentinen hoch zur „vergessenen Stadt" Machu-Picchu. Wir gehen zunächst in das einzige, recht gute Hotel, in dem wir bereits von Cusco aus ein Zimmer für die Nacht haben reservieren lassen, und werfen uns erschöpft auf die Betten.

Am Nachmittag sind die Menschenschwärme, die nur für einen Tag hierherkommen, bereits wieder mit dem Touristenzug abtransportiert. Wir haben die Stadt der Inkas, über deren Geschichte so wenig bekannt ist, für uns allein. Durch gut erhaltene Gassen geht's vorbei an Häusern, die man nur decken müßte, um sie wieder bewohnbar zu machen. Wir setzen uns auf eine Treppe.

Die Abendsonne fällt weich auf die Mauern der am Steilhang liegenden Stadt, und Alpacas grasen friedlich dazwischen, wie sie es wohl vor fünfhundert Jahren hier schon getan haben. Der Blick geht weit über die atemberaubend schöne und wilde Landschaft. Der tosende Urubamba-Fluß, ein Hauptzufluß des Amazonas-Systems, schlängelt sich als Silberstreifen durch das fünfhundert Meter unter uns bereits im Schatten liegende Tal. Nur die Gipfel der Berge, die bis zu 5500 Meter emporragen, fangen noch die letzten Sonnenstrahlen ein.

Wie gerne hätte ich jetzt gefilmt, um diesen Anblick festzuhalten. Der Gedanke an die Geschehnisse vom Vormittag trübt den Genuß der stimmungsvollen Atmosphäre. Wir verlassen unseren Aussichtsplatz, und bald umgibt uns wahre Urwaldpracht: Orchideen, Begonien, Lilien, exotische Pflanzen in Hülle und Fülle, säumen unseren Rückweg. Diese letzten Stunden haben uns mit dem Tag versöhnt.

Am Morgen, bevor der Besucherstrom aus den Bussen quillt, lassen wir die stille Inkastadt noch einmal auf uns wirken. Wir schreiben, wie man es von Touristen erwartet, eine Menge Postkarten und kaufen am Kiosk ein paar Dias, um Machu-Picchu nicht ganz ohne Andenken zu verlassen.

Von der Hinfahrt mit dem Indiozug kuriert, nehmen wir nun den Touristenzug. Zufrieden und vor Dieben sicher, machen wir es uns auf den Sitzen bequem. In vier Stunden würden wir wieder in Cusco sein und dann noch eine ganze lange Nacht vor uns haben bis zum Rückflug morgen um 06.00 Uhr früh. Nach etwa zwei Stunden hält der Zug bei einem kleinen Dorf. „Weiterfahrt erst morgen früh, eine entgleiste Lok blockiert den Weg", wird den aufgebrachten Touristen erzählt. Danach ist das Bahnpersonal verschwunden, die hilflosen Touristen stehen herum. Indiofrauen und -kinder bestürmen den Zug mit Eßwaren, und auch wir wissen nichts Besseres, als eine Banane nach der anderen zu vertilgen, während bei den übrigen Mitreisenden auch gekochte Maiskolben sehr beliebt sind.

Nach Sonnenuntergang richtet man sich für die Nacht ein. Kerzen werden aufgestellt, Schlafsäcke, Weinflaschen und Lesbares ausgepackt. Es werden Freundschaften geschlossen und die eigenen Erlebnisse erzählt. Aber was sollte nur aus uns werden? Morgen um 07.00 Uhr geht unsere Maschine nach Lima. Unser gesamter Zeitplan würde durcheinander kommen. Die Reiseleiter einiger Gruppen haben Busse für ihre Gäste angefordert, die sofort gestürmt werden und bis auf den letzten Platz gefüllt abfahren. Nach vier Stunden sorgenvollen Wartens kommt plötzlich ein netter junger Franzose, dem wir unsere Situation geschildert hatten, in unseren Waggon. „Ich habe zwei Plätze für Sie reserviert", sagt er, „kommen Sie, aber machen Sie bloß schnell." Wir hasten zum wartenden Kleinbus einer englischen Reisegesellschaft und nehmen dankbar auf den Notsitzen Platz. Gerettet. Gerührt winken wir unserem Wohltäter, der unseretwegen zurückgeblieben war.

Ein Stein fällt uns vom Herzen, als wir FREYDIS unversehrt an ihrer Mooring schwojen sehen. Hier scheint jedenfalls alles in Ordnung zu sein. Daraufhin beschließen wir, noch einen weiteren Ausflug zu unternehmen, diesmal in den Dschungel des Amazonasgebietes. Mit Pucallpa, einer Stadt am oberen Amazonaslauf, geben uns Georg und Herr Kunther einen guten Tip.

Robi sei übrigens die größte Diebin aller Zeiten, schimpft Georg lachend. Sie stehle vom gedeckten Tisch und fresse außer ihrer eigenen oft auch noch die Fischportion des kleinen Katers auf. Ich hätte sie nicht gut erzogen. Ein deutscher Freund Georgs möchte Robi gerne mitnehmen auf seine Kaffeeplantage, wo sie alles im Überfluß bekäme, was ein Katzenherz begehrt: Freiheit, viele Mäuse, Futter, Wärme und viel Liebe. Vor allem gibt es dort keine Autos, die ihr gefährlich werden könnten. Ich denke an die kalten Winter in Deutschland, an die vielen Autos vor unserem Haus, daran, daß wir beide berufstätig sind, und an meinen Papagei. Ich komme zu der Überzeugung, daß Robi auf der Kaffeeplantage sicher besser aufgehoben ist.

Das ist also der letzte Tag, an dem ich meine kleine Katze sehe, unsere dankbare, tapfere, liebe Begleiterin durch alle Strapazen dieser

Reise. Wir haben unsere Entscheidung mit dem Verstand getroffen und unser Herz außer acht gelassen. Ich werde das noch sehr bereuen.

Die nächsten beiden Tage vergehen mit Instandsetzungsarbeiten auf dem Schiff. Die Lichtmaschinenhalterung, die während der Ansteuerung von Callao brach, müssen wir schweißen lassen, einige weitere Reparaturen sind notwendig. Nach unserer Reise in den Dschungel wollen wir startklar sein für das Auslaufen in Richtung Galapagosinseln.

Wir haben Flugtickets nach Pucallpa gekauft. Die Maschine wird heute um 16.00 Uhr starten. Ich fahre am Morgen mit dem Bus zur Capitania, um mir bereits jetzt unsere Papiere geben zu lassen, damit wir bei unserer Rückkehr nicht in Zeitdruck geraten. Der erste Beamte verlangt 100 Dollar für die Ausklarierung. Ein zweiter will mir die Papiere jedoch gebührenfrei aushändigen. Dieses Angebot lasse ich mir nicht entgehen. In aller Eile fülle ich die wappenstarrenden Papiere aus, die ich wieder in dem nahen Schreibwarenladen erstehen mußte.

Wie befürchtet, treten aber wieder mal viele „unvorhersehbare Probleme" auf. Dabei sitze ich wie auf heißen Kohlen, denn wir müssen um 15.00 Uhr zum Flugplatz, und ich habe noch nicht gepackt. Alle Papiere, verlangt ein Beamter, müsse Erich noch unterschreiben, und dann solle ich sie zur Weiterbearbeitung noch einmal vorlegen. An diesem Punkt gebe ich auf, raffe die Papiere zusammen, bedanke mich und eile zum Schiff. Nach hastigem Mittagessen fährt uns Herr Kunther zum Flugplatz.

Mit einer halben Stunde Verspätung starten wir mit Aero Perú. Unser Nachbar verstaut einen Sack voll Hühner unter seinem Sitz und gibt ihnen einen diskreten Tritt, wenn sie zu laut gackern. Eine alte Frau vor uns kämpft mit ihrem Gurt. Sie bekommt das Schloß nicht zu. Erich hilft ihr. Im übrigen ist der Flug problemlos. Wir fliegen über das Hochland der Anden, das jäh zum Amazonasbecken abfällt. Unser Jet landet auf dem Flugplatz inmitten des Dschungelteppichs nahe der Stadt Pucallpa. Sie ist der westlichste schiffbare Amazonashafen und dank der Erdölfunde und der Holzindustrie in wirtschaftlichem Aufschwung begriffen.

Als wir aussteigen, schlägt uns feuchtwarme Tropenluft wie aus einem Fön entgegen. Wir werden von einem einheimischen Angestellten der von Deutschen geführten Lodge „La Cabāna" – dort hatten wir uns angemeldet – am Flugplatz abgeholt und fahren über staubige und holperige Straßen durch den schmuddeligen 70 000 Einwohner zählenden Ort. Es ist Abend, und aus fast jeder der palmenblätterbedeckten Holzhütten oder Blechbaracken schimmert das fahle Licht der Fernseher. Wir kommen an zahlreichen Kneipen vorbei. Straßenhändler haben Kerzen vor sich aufgestellt, damit man ihre feilgebotene Ware besser betrachten kann.

Mit Außenborderkanu überqueren wir die Jaricon-Lagune, ein Altwasser des Ucayali-Flusses, der auch das Wildwasser des Urubamba-Flusses führt, das wir in Machu-Picchu bereits bestaunt haben. Unsere Lodge liegt auf einer Insel inmitten der Lagune. Das Wasser, das seit zehn Jahren nicht mehr so hoch gestanden hat, reicht bis an sie heran, und wir legen direkt an der Holzbrücke an, welche die Haupthütte mit den einzelnen Gästehütten verbindet. Fledermäuse huschen über das Wasser, als wir nach einem kleinen Imbiß im Dunkeln unsere Hütte aufsuchen. Ich gehe vorsichtig über die Brücke, um ja nicht ins Wasser zu fallen, denn ich will weder Stachelrochen noch Piranhas – von beiden hatte unser Hausherr berichtet – eine Angriffsfläche bieten. Zwar sollen die Piranhas nicht sehr angriffslustig sein, da sie in diesen Gewässern reichlich Nahrung finden, aber das möchte ich lieber nicht ausprobieren.

Am Morgen erwarten uns 30° C, 90 Prozent Luftfeuchtigkeit und lehmige Brühe aus der Dusche. Vor der Tür begrüßen uns Affen und Papageien. Leon, ein Eingeborener, langjähriger Angestellter der Lodge, macht sich bereit für einen Ausflug mit uns in den Urwald.

Es wird eine Fahrt mit dem Kanu, überall bahnt sich das Hochwasser seinen Weg. Das überschwemmte Gebiet liegt nur 160 Meter über dem Meeresspiegel, was einem Gefälle des Flusses von nur zweieinhalb Zentimeter pro Kilometer entspricht. Dadurch werden die aus den Bergen kommenden Wassermassen erst einmal hier gestaut und fließen dann nur sehr langsam ab. Zahlreiche Hütten stehen unter Wasser oder sind zusammengebrochen. Ihre Bewohner haben sich, ihrer Habe beraubt, auf trockene Gebiete zurückgezogen. Bananen-, Papayas-, Reis- und Yuccaanpflanzungen sind verwüstet.

Diesmal kommen wir von der Wasserseite her an Pucallpa mit seinen auf Stelzen gebauten Holzhäusern vorbei. Überall liegen Kanus als Transportmittel. Hunderte dicker alter Urwaldstämme warten im Wasser zusammengekettet darauf, abtransportiert oder in einem der vielen schwimmenden Sägewerke zerkleinert und in den Papiermühlen zermalmt zu werden – ein betrüblicher Anblick, zumal wenn man weiß, daß bisher keinerlei Wiederaufforstung betrieben wird.

Auf den mächtigen Flüssen mit ihren gelben oder schwarzen Wassern kreuzen Gruppen kleiner Flußdelphine unseren Weg, große rosafarbene Welse springen in die Luft. Im weiteren Verlauf schlängeln sich die Wasserwege immer schmäler zwischen den Baumriesen hindurch, an denen die Luftwurzeln wie lose geknüpfte Netze herunterhängen. Zuweilen sind die stillen Wasserarme völlig zugewachsen mit der blaßviolett-blühenden Wasserhyazinthe, und Leon muß mit der Machete einen Weg durch Wasserpflanzen und über modernde Baumstämme schlagen.

Dieser schwankende, grüne Teppich beherbergt ein üppiges, quirliges und vielfältiges Leben. Unmengen blauer Blattläuse und schwarzer Blattschneider-Ameisen fallen uns auf. Goldbraune Blatthühnchen mit zartgelb umrandeten Flügeln stolzieren langbeinig zwischen den Blättern herum. Die Treibhausluft ist voll von gelben und blauen Schmetterlingen und leuchtendroten Libellen. Es riecht nach Kräuterladen oder Apotheke, würzig und aromatisch, beißend und faulig. Neugierige Eisvögel hüpfen durchs Geäst, um uns ein Stück zu begleiten. Ihre silberblauvioletten Körper schillern ein wenig irreal in den wenigen Sonnenstrahlen, die den Dschungel durchdringen. Eine hellbraun gezeichnete Grubenotter schlängelt sich durchs Wasser. Horden von Totenkopf-Äffchen balgen sich keifend im Geäst über uns oder schaukeln an Schlingpflanzen dicht über dem Wasser. Loros, kleine grüne Papageien, schauen aus Höhlen, die sie mit ihren harten Schnäbeln in die Stämme gehauen haben, oder sitzen auf Zweigen davor und krächzen zu uns herab.

Man muß sich sehr gut auskennen, um aus diesem scheinbar undurchdringlichen Dickicht wieder herauszufinden. Wir sind froh, daß Leon bei uns ist. Er war schon auf vielen solchen Expeditionen dabei, besitzt ein scharfes Auge für den Urwald und erkennt Tiere schon lange, bevor wir sie sehen. Er zeigt auf die dicken Klumpen an den Bäumen, die sich beim Näherkommen als schlafende Faultiere entpuppen oder als Behausung von Termitenstaaten. Er erklärt uns, was die braunen und weißen Glocken bedeuten, die an manchen Bäumen in großer Zahl herunterhängen. Es sind Vogelnester von Neuwelt-Stärlingen, welche gerne neben den weißen Wespennestern bauen, weil diese sie vor Nestplünderern schützen.

Kurze Mittagspause im Boot unter Baumgiganten. An ein Aussteigen ist wegen der Überschwemmung nicht zu denken. Erst später, in einem auf einer Anhöhe liegenden kleinen Indianerdorf, ist es trokken. Wir verlassen mit steifen Gliedern das Kanu. Kinder begrüßen uns und bieten Mangofrüchte an. Ihr Vater ist beim Speerfischen, die Mutter geht eilig in die palmenblätterbedeckte, offene Hütte und kramt ihre Handarbeiten heraus, Halsketten aus Affenknochen oder Wildschwein-Zähnen, gestickte Deckchen und schönbemalte Töpfereien. Wir kaufen ihr einiges ab, und sie lädt uns zu einem Chicha-Umtrunk ein. Da wir wissen, wie dieses Gebräu hergestellt wird, reden wir uns mit einer Magenverstimmung heraus und lehnen dankend ab. In der Hütte läuft ein Papagei auf dem Boden herum, ein kleiner Affe macht sich über eine Banane her, und ein Wickelbär krabbelt schutzsuchend an meinen Jeans hoch.

Ich bin müde und würde mich am liebsten in einer der Hängematten in den Hütten schlafen legen. Als es anfängt, in Schnüren zu regnen, kühlt es soweit ab, daß wir sogar leicht frösteln, als wir schließlich zur Lodge zurückkommen. Der Abend im Dschungel mit seinen vieltönigen Stimmen und Klängen ruft eine ganz seltsame Stimmung in uns hervor; gedankenversunken sitzen wir noch lange auf der Veranda.

Nachdem wir noch einen Tag auf der Lodge von Herrn Maulhardt verbracht haben, fliegen wir am Abend mit dem Jet zurück nach Lima.

Am Tag vor unserer Abreise – jetzt sind bereits sechs Monate seit Gran Canaria vergangen – wieder langes Palaver auf der Capitania. Es scheint wirklich außerordentlich schwierig, einfache Ausreisepapiere fertigzumachen und unsere Pässe mit den erforderlichen Stempeln zu versehen. Schließlich schaffe ich es aber doch unter Aufbietung all meiner Spanischkenntnisse, die Umstandskrämerei der Beamten zu überwinden!

Am Abend treffen wir noch einmal Herrn Kunther. Zusammen besuchen wir den deutschen Club in Lima, dem auch die deutsche Schule angeschlossen ist. Diese Einrichtungen werden lediglich aus Spenden und Beiträgen finanziert. Dann heißt es, auch ihm, der uns so hilfsbereit zur Seite gestanden hat wie ein guter alter Freund, Lebewohl zu sagen. Manchmal denke ich, daß man erst einen solchen Törn machen muß, um so viele uneigennützig-hilfsbereite Leute kennenzulernen. Und – ich begreife es eigentlich erst später richtig – Robi ist auf der Kaffeefarm geblieben. Georgs Freund hat sie behalten. Hätte ich gewußt, wie sehr sie uns fehlen würde, ich wäre noch am Abend zur Plantage gefahren und hätte sie zurückgeholt.

Wieder einmal – ich weiß, daß ich mich wiederhole, aber beim Segeln sind solche Wiederholungen oft lebenswichtig – letzte Einkäufe von Frischproviant. Diesmal in der häßlichen und verwahrlosten Stadt Callao. Seit der Kolonialzeit ist sie der wichtigste Hafen Perus. Pizarro gründete sie auf einer in den Pazifik ragenden Halbinsel als Bollwerk gegen Piraten für die elf Kilometer entfernte Stadt Lima. Im Segelhafen von Callao ruhen sich auf den Booten und Yachten wieder ganze Horden von Seeschwalben und Pelikanen aus. Erfolglos lassen die Besitzer alle möglichen Arten von Vogelscheuchen darauf flattern, baumeln, wehen oder klappern. Trotzdem erkennen sie ihre Schiffe kaum wieder unter dem Vogeldreck. Auf der FREYDIS hatten wir dieses Problem nicht gehabt, denn sie war fast stets gut bewacht worden. Nun werden wir selbst wieder für unsere Wikingerfrau sorgen, auf dem 1800 Seemeilen langen Weg zu den Galapagosinseln.

ABSTECHER GALAPAGOS

Wie kommt ein Alligator an Bord? — Höllenhund mit satanischem Gefolge — Heile Seelöwenwelt — Ungewöhnliches Treffen auf hoher See

Die Nachtwache teilen wir so ein, daß ich bis 02.00 Uhr Ausschau halte und Erich den Rest der Nacht. Zunächst droht noch Gefahr durch die vielen unbeleuchteten Fischerboote. Wir müssen höllisch aufpassen, um keine zu rammen. Dann erreichen uns zuweilen das Tuckern eines Dieselmotors, der Schein einer Fischerlampe oder vom Wind herübergetragene menschliche Stimmen. Ab 01.00 Uhr nachts sind wir wieder allein. Für einige Tage begegnen wir keinem einzigen Schiff mehr. Der Südostwind zeigt in den ersten zwei Tagen Beständigkeit, dann wechselt er ab mit Flautenzeiten. Trotzdem machen wir meist, im Sog des Humboldt-Stroms, ein Etmal von 100 Seemeilen.

Fliegende Fische knallen wieder auf Deck. Ein 30 Zentimeter langes Exemplar fliegt uns sogar bei Tage direkt vor die Füße. Wie üblich landen sie in der Bratpfanne. Eine große Dorade begleitet uns schon mehrere Tage. Eines Nachts zieht sie bei Meeresleuchten dicht neben dem Bug eine verräterische Spur hinter sich her. Ich empfinde die Begleiterin als ein gutes Omen und nenne sie bereits liebevoll „Dora". Bei Erich allerdings löst ihr Anblick Jagdinstinkt aus. Die halbe Nacht versucht er, sie an die Angel zu bekommen, sogar mit einem Fliegenden Fisch als Köder. Dora reagiert nicht, frißt aber am anderen Morgen sofort die zwei kleinen Tintenfische und den Fliegenden Fisch, die ich ihr ohne Angelschnur zuwerfe.

Wir haben wieder täglichen Funkkontakt mit Otto und nun auch mit Tönjes aus Ostfriesland, Heinz aus Chile und Alexander aus Argentinien. Unersättlich wollen sie jedesmal Neues und Interessantes von uns hören. Ich bin reichlich erstaunt und denke an einen Tropenkoller, als Erich ihnen erzählt, wir hätten unsere Katze in Lima gelassen, weil wir in Pucallpa einen Alligator von zwei Meter Länge an Bord genommen hätten.

Noch mehr staune ich über die Resonanz, die dieses Seemannsgarn findet. Ich hatte lautes Gelächter erwartet, aber die Funkerfreunde fangen an zu fragen: „Wo habt ihr ihn untergebracht? Ist er wirklich zwei Meter lang? Wie habt ihr ihn von Pucallpa nach Lima transportiert?" Mit der gleichen ernsten Miene, wie er unseren Standort und das Wetter durchgibt, antwortet Erich: „Er planscht zufrieden in der Badewanne, und wenn wir baden, legen wir ihn ins Cockpit in die Sonne", und „Ich werde noch einmal nachmessen, ich kann mich eventuell um Zentimeter verschätzt haben", oder „Es war nicht einfach, ihn im Flugzeug mitzunehmen, obwohl er einen Maulkorb hatte." Der sozial eingestellte, ehemalige Kinderheimleiter Heinz meint: „Sicher habt ihr euch wieder um so eine arme Kreatur wie eure Katze gekümmert, vielleicht kann ein Alligator auch eine Art Dankbarkeit empfinden."

Der Alligator wird noch lange durch die Funkgespräche spuken, gelegentlich taucht sogar echter Zweifel an der Existenz dieses Tieres auf. Otto behauptet, als er die Geschichte weitererzählte, habe man ihn gefragt, ob wir infolge der Zeitverschiebung vielleicht schon den 1. April hätten. Darüber kann Erich nur verzeihend lächeln und hält mit seinen seriös klingenden und detaillierten Angaben über das tägliche Befinden unseres Alligators die Zuhörer in Atem und die Geschichte so stark am Leben, daß ich mich manchmal selbst frage, was wohl unser Alligator jetzt wieder in der Badewanne anstellt.

Noch immer – jetzt schon tagelang – schwimmt Dora dicht neben dem Bug. Ab und zu jagt sie erfolgreich Fliegende Fische. Der gute Wind heute nacht hat uns der Insel Española, der südlichsten des Colón-Archipels, ein gutes Stück nähergebracht. Etwa 15 Seemeilen voraus kommt sie am Nachmittag in Sicht. Wir lassen den Motor mitlaufen, um vor Dunkelheit noch zu einem Ankerplatz zu kommen.

Dora hat etwas gegen das Motorengeräusch und verläßt uns. Dafür überfallen uns Scharen laut kreischender Tölpel und Tropicvögel. Manche versuchen zu landen, aber das Schiff schwankt zu sehr in der Dünung. Wie Pilzkolonien auf einer Wiese schießen Seehundsköpfe aus dem Wasser. Es hat den Anschein, als wolle man uns auf den Galapagosinseln von allen Seiten willkommen heißen.

Die Sonne ist untergegangen, aber der Mond steht zum Glück hoch am Himmel. Nur als Sichel, doch so hell, daß wir einen kleinen Sandstrand erkennen können. Am 30. März, um 21.00 Uhr, werfen wir Anker auf vier Meter Wassertiefe. Erich schreibt ins Logbuch: „Dem Mond ein herzliches Dankeschön, daß er uns den Ankerplatz hat finden lassen." Die kleine Bucht, in der wir liegen, heißt Bahia Gardener. Die Sandbucht ist nur eine Nische im zerklüfteten, schwarzen Vulkangestein, das sich am Ufer entlangzieht. Dahinter dichtes, sonnenverbranntes Gestrüpp. Im kristallklaren Wasser können unsere Augen der Ankerkette bis auf den Grund folgen. Das ist nicht mehr die trübe Brühe des Humboldt-Stroms, der hier von Juni bis November die Inseln umspült. Das ist das reine Wasser des Niño, der sich jetzt, bei Nachlassen des Südostpassats, bis hierher vorschiebt.

Eine Robbe spielt am Ufer mit ihren Flossen und läßt sich von der ankommenden leichten Brandung hin- und herrollen. Braune Pelikane huschen über die Bucht. Ihre großen Schwingen berühren fast das Wasser. Wir sind äußerst gespannt auf diese berühmten Inseln. Gleich nach dem Frühstück pullen wir an Land. Das Gummiboot hat ein Leck und wird für uns zur Badewanne.

Zur Begrüßung kommen zwei Spottdrosseln aus dem Gebüsch angerannt, bleiben vor unseren Füßen stehen und mustern uns ganz aus der Nähe, als wären sie kurzsichtig. Sie scheinen sich über unsere nassen Hosen zu wundern und folgen uns am Ufer entlang. Das Gestrüpp hindert uns am Eindringen in das Innere der Insel. Auf den schwarzen Lavabrocken sitzen rotgesprenkelte Echsen, die mit geschlossenen Lidern vor sich hindösen und die Sonne genießen. Als ich mich neben eine von ihnen setze, zeigt sie keinerlei Reaktion. Um so geschäftiger kommen die beiden Drosseln angelaufen. Sie machen sich eifrig an der Echse zu schaffen, als wären sie bemüht, diese für mich ein wenig ansehnlicher herzurichten. Die faltige Haut der Echse wird nach alten Hautfetzen und Schmarotzern abgesucht. Das Reptil läßt sich die Schönheitskosmetik offenbar gern gefallen. Wir laufen drei Kilometer bei knalliger Sonne über schwarzes Gestein. Siegellackrote Lavakrebse huschen erschreckt vor uns in die Spalten. Ich freue mich über den gut erhaltenen Panzer einer Käferschnecke für meine Sammlung.

Die Insel Española ist heute unbewohnt, anscheinend war das aber nicht immer so. Herman Melville, Abenteurer, Seefahrer, Weltumsegler und Schriftsteller, der im Jahre 1842 auf einem Walfangboot den Galapagos-Archipel besuchte, berichtet in seinen „Verzauberten Inseln" von einem sonderbaren Eremiten, der dort um 1800 sein Unwesen getrieben haben soll. Er war nach Española desertiert und hatte sich dort aus Lava und Steinen eine Behausung gebaut. Es gelang ihm, in einer Talsenke auf kargem Boden eine Art degenerierter Kartoffeln und Kürbisse zu ziehen, die er bei Walfängern, welche von Zeit zu Zeit die Insel besuchten, gegen Branntwein und Dollars eintauschte. Auf eine recht ausgefallene Art und Weise soll er sich Gesellschaft und Arbeitskräfte verschafft haben. Seeleute, die an Land kamen, wurden von ihm zunächst betrunken gemacht, dann gefesselt in eine Steinwüste gebracht und verborgen gehalten, bis ihr Schiff abgesegelt war. Mit einer Donnerbüchse hielt er seine „Sklaven" in Schach und fleißig bei der Arbeit. Einige gingen bei der schlechten Behandlung und der kargen Kost elend zugrunde. Mit Hilfe der anderen, die er sich gefügig gemacht hatte, gelang es ihm, von einem Schiff, das hier zur Verproviantierung angelegt hatte, ein Boot zu stehlen, mit dem er sich nach Guayaquil absetzte, wo er allerdings schon bald festgenommen wurde und im Gefängnis verschwand.

Vielleicht drohen bei unserem Inselbesuch ähnliche, wenn wohl auch nicht ganz so lebensbedrohende Überraschungen, denn plötzlich entdecken wir in der Ferne ein Motorboot neben unserem Schiff. Ist es Polizei? Wild ankern in den Galapagosinseln ist verboten. Wir hatten bereits von Yachten gehört, die dabei erwischt und abgeschleppt wurden. Das Ganze kann ein teurer Spaß werden.

Wir hasten zurück. Zu unserer Erleichterung ist es nur das Boot eines Langustenfischers. Im klaren Wasser können wir jetzt deutlich sehen, wie dicht das Unterwasserschiff bewachsen ist mit Entenmuscheln und einem langhaarigen grünen Algenteppich. Das wirkt wie eine Bremse und hat sicher unsere Fahrtgeschwindigkeit erheblich beeinträchtigt. Erich befreit wenigstens die Einlaßöffnung für die Seewasserkühlung des Auspuffs der Hauptmaschine von Bewuchs. Das Abkratzen und Bestreichen mit Giftfarbe müssen wir uns aufheben, bis wir einen Platz finden, an dem wir uns trockenfallen lassen können.

Sobald es hell wird, holen wir den Anker ein. Als wir versuchen, bei Hochwasser zwischen den Inseln Hood – so heißt die Insel Española auch – und Gardena hindurchsegeln, setzt die Dünung uns mehrmals hart auf Felsen. Wir drehen schleunigst ab und laufen außen entlang. Es ist heiß, das Thermometer zeigt im Cockpit 30° C, der Wind ist zum Segeln viel zu flau. Dunst verschleiert die Sicht. Wir scheinen uns in einem Aquarium zu befinden. Allenthalben ragen Schildkrötenpanzer, Dreiecksflossen, Delphinrücken und Robbenköpfe aus der spiegelnden Wasseroberfläche.

Um 14.00 Uhr kommt einige Seemeilen entfernt die kleine Insel Santa Fé in Sicht, die fast auf unserem Wege liegt. Endlich um 19.00 Uhr gehen wir in der Academy-Bay von Santa Cruz vor Bug- und Heckanker. Wir liegen an der Westseite der Bucht vor einer 10 Meter hohen Lava-Gesteinsbruchkante. Kleine urige Steinhäuschen zwischen Opuntienkakteen stehen darauf. Davor reger Kleinbootverkehr. Auf der Nordseite, im Innern der Bucht, liegt das Dorf Puerto Ayora mit 1000 Einwohnern und der Capitania. Auf der Ostseite schimmern die Gebäude der Darwin-Station durch den Kakteenwald. Die Charles-Darwin-Stiftung für die Galapagos unter der Schirmherrschaft der Unesco wurde 1959 gegründet. Zur gleichen Zeit wurde der Archipel zum Nationalpark erklärt und Gesetze zum Schutze der Natur erlassen. Gerade noch rechtzeitig, wie manche Forscher meinen, – oder schon zu spät?

Die Zeit vergeht. Der Hafenkapitän läßt sich nicht sehen und ohne seine Erlaubnis dürfen wir nicht von Bord. Pelikane schwimmen in der Abendsonne um unser Schiff und versuchen noch einen letzten Fisch zu fangen. Wir sind müde. Morgen früh werden wir weitersehen.

Am nächsten Morgen warten wir wieder bis 10.00 Uhr vergeblich auf den Hafenkapitän. Er scheint uns übersehen zu haben. Ein kleines Boot nimmt mich schließlich mit und setzt mich an der Pier vor der

Capitania ab. Dort treffe ich niemanden an. Der UKW-Hörer baumelt abgehängt an der Strippe. Kein Wunder, daß ich über Funk keine Verbindung bekam. Ich erreiche schließlich einen Vertreter des Hafenkapitäns. Er will uns loswerden. Einklarieren könne man nur in San Cristobal, das seien die neuesten Bestimmungen. Gerade den Umweg über diese Insel, auf der die meisten Menschen leben und die Natur bereits gelitten hat, hatten wir uns ersparen wollen. Ich setze meine gesamten Spanisch-Überredungskünste ein, um ihn an der menschlichen Seite zu packen. Schließlich fragt er, ob wir vielleicht einen Schaden am Schiff hätten. Ich wittere eine Chance und berichte wieder einmal vom Defekt in der Bordelektrik. Das stimmt wirklich, denn auch jetzt war das Topplicht ausgefallen. Er geht, um sich mit dem Hafenkapitän, der mit einem Male doch erreichbar ist, zu besprechen.

Schließlich dürfen wir 78 Stunden bleiben. Erleichtert beraten wir, wie wir die Tage möglichst gut ausnützen. Zuerst einmal suchen wir Familie Schreyer auf. Die Tochter ist Verbindungs„mann" des Trans-Ocean-Vereins, eines Vereins zur Förderung des deutschen Hochseesegelns. Hier wollen wir unsere Post abholen. Familie Schreyer ist erstaunt über unsere relativ lange Aufenthaltsgenehmigung. In der letzten Zeit mußten viele Yachten die Insel nach höchstens 24 Stunden wieder verlassen.

Sie wollen uns Karl und Marga Angermeyer vorstellen, Pionieren, die bereits vor 50 Jahren Deutschland verlassen hatten, um auf Santa Cruz eine neue Existenz zu gründen. Nun lebt die Familie hier bereits in der dritten Generation. Bei Angermeyers angekommen, glauben wir uns zuerst in die Urzeit versetzt. Von allen Seiten strömen immer mehr schwarze Echsen herbei, die auf etwas Freßbares scharf sind. Schließlich stehen wir vor dem kleinen, dicht über dem Wasser gelegenen, von Heckenrosen umwucherten Steinhaus. Frau Margarita Angermeyer, eine zierliche alte Dame, begrüßt uns freundlich. Die gestandene Pioniersfrau sieht man ihr wirklich nicht an.

Die domestizierten Meerechsen – meist über einen Meter lang – folgen auf die Veranda und schmatzen behaglich das Brot, das Marga ihnen reicht. Einige Sonnenanbeter auf dem Dach überlegen, ob es sich lohnt, ihren Platz zu verlassen. Andere hasten senkrecht die

Hauswände herunter. „Reis und Brot nehmen sie gerne", klärt uns Marga auf, „obwohl sie eigentlich Algenfresser sind. Mein Mann versteht es besonders gut mit ihnen, von ihm lassen sie sich sogar auf den Arm nehmen und kommen angelaufen, wenn er sie ruft. Es ist aber gut", meint sie dann, „daß Sie geschlossene Schuhe anhaben. Die Tiere sind zwar Vegetarier, das hindert sie aber nicht daran, gelegentlich in einen großen oder kleinen Zeh zu beißen." Mr. Schulz, eine Art Terrier, kommt mit den Echsen bestens aus. Er ist mit ihnen aufgewachsen. „Warum halten Sie die Echsen als Haustiere?" fragen wir. „Wir halten sie uns nicht, sie sind die ursprünglichen Grundstückseigentümer. Wir haben sie nur nicht vertrieben", antwortet Marga, als sei dies das Selbstverständlichste von der Welt.

Wir verabschieden uns und versprechen, noch einmal wiederzukommen, wenn Margaritas Mann Karl zu Hause ist. Anschließend suchen wir in glühender Mittagshitze die 30 Minuten entfernte Darwin-Station auf. In der überdachten Halle der Schildkröten-Aufzuchtstation ist es ein wenig kühler, und wir lassen uns Zeit beim Betrachten der verschiedenen Schildkrötenkinder. Einer der Pfleger gibt uns bereitwillig Auskunft über die Aufzucht und Haltung dieser Tiere, die dem Archipel seinen Namen gaben. Jede Insel hat ihre eigene Rasse. Auf manchen entwickelten sich zum Beispiel Arten mit einem vorne nach oben aufgebogenen Panzer und langen Beinen, der es ihnen dann auch ermöglichte, die höher gelegenen süßen Früchte und Blätter der Kakteen zu holen. Die Kakteen ihrerseits sahen ihrer Vernichtung durchaus nicht tatenlos zu. Sie entwickelten einen baumförmigen Wuchs – bis zu zehn Meter hoch – mit langen borkigen Stämmen und bewehrten ihre jungen Triebe mit dichtstehenden Stacheln.

Mehrere Rassen der Riesenschildkröten sind durch Raubbau und Fehlverhalten des Menschen auch auf den Galapagos bereits ausgestorben. Nur ihre Panzer zeugen noch von ihnen. So blieb auf der Insel Pinta nur noch ein Männchen übrig. 1971 brachte man es zur Darwin-Station. Ein Weibchen konnte für es nicht mehr gefunden werden. Kreuzungsversuche mit Weibchen anderer Rasse schlugen fehl. Aber die Darwin-Station hat auch Erfolge aufzuweisen. Hunderte von Schildkröteneiern gefährdeter Rassen wurden ausgebrütet und die Kleinen großgezogen. Im Alter von drei Jahren haben sie von ihren

Feinden, vor allem Ratten und verwilderten Haustieren, nichts mehr zu befürchten. Dann werden sie auf ihren angestammten Inseln wieder ausgesetzt.

In den Gehegen der erwachsenen Tiere ruft der Wärter einige beim Namen und lockt sie mit Bananen und anderen Leckerbissen aus ihrem schattigen Versteck. Polternd und rutschend schleppen sie ihre schweren Hornpanzer bis zu uns und lassen sich genüßlich ihren lang hervorgestreckten Hals kraulen. Ein besonderes Prachtexemplar wiegt 180 Kilogramm und soll, nach den Angaben der Wissenschaftler, an die 300 Jahre alt sein. Diese Schildkröte könnte uns sicher viele interessante Histörchen von Piraten und anderen Häschern erzählen, denen sie immer wieder entkommen sein muß, im Gegensatz zu ihren Brüdern und Schwestern, die als lebender Schiffsproviant abgeschleppt wurden.

Bei Darwins Besuch des Colón-Archipels bot sich ihm folgendes Bild: „In den Wäldern finden sich viele wilde Schweine und Ziegen; der hauptsächlichste animale Nahrungsartikel wird aber von den Schildkröten dargeboten. Ihre Zahl ist natürlich beträchtlich reduziert worden; die Leute rechnen doch aber noch immer darauf, daß eine zweitägige Jagd ihnen für den Rest der Woche hinreichende Nahrung gibt. Es wird erzählt, daß früher einzelne Schiffe bis zu siebenhundert Schildkröten fortgeschafft haben, und daß vor einigen Jahren die Schiffsmannschaft einer Fregatte an einem Tag 200 Schildkröten zum Strand hinabgebracht habe." Und Melville beschreibt den Fang der Schildkröten auf den Galapagos und seine Eindrücke dabei so, wie man es von ihm erwartet: „Ich schaute hinab über die hohe Bordwand des Schiffes und dort sah ich undeutlich tief unten auf dem Meer das nasse Boot mit einer ungewöhnlichen Ladung. Taue wurden hinabgeworfen, und bald waren mit vieler Mühe drei riesige Schildkröten an Deck gehievt. Sie schienen kaum von dieser Welt zu stammen. Das tiefe Gefühl, das diese Tiere vermittelten, war das des Alters – einer unbestimmten, endlosen Dauer. Und ich bin nicht bereit zu glauben, daß irgendeine andere Kreatur so lange lebt und atmet wie die Schildkröte auf den Encantadas. Ohne auf ihre bekannte Fähigkeit hinzuweisen, ein ganzes Jahr ohne Nahrung am Leben zu bleiben, bitte ich, die undurchdringliche Festung ihres lebenden Panzers zu beachten. Welches andere körperhafte Wesen besitzt eine derartige Zitadelle, in der es den Angriffen der Zeit zu trotzen vermag?"

„Als ich, die Laterne in der Hand, an dem Moos schabte und die alten Narben der Schrammen sah, die sie bei manchem stupiden Sturz in den Mergelbergen der Insel davongetragen hatten – seltsam verbreiterte und geschwollene Narben, und doch wieder halb verwischt und verzogen wie solche, die man bisweilen in der Rinde uralter Bäume findet –, kam ich mir vor wie ein Altertumsforscher oder ein Geologe, der die Vogelfährten und Zeichen studiert, die unglaubhafte Kreaturen, deren Geister dahingegangen sind, auf ausgegrabenen Schiefertafeln eingegraben haben."

„Aber am nächsten Abend setzte ich mich – seltsam genug ist es davon zu reden – mit meinen Schiffskameraden zu einer vergnügten Mahlzeit von Schildkrötensteak und Schildkrötenragout nieder, und nach dem Essen zog ich mein Messer hervor und half, die drei mächtigen ausgehöhlten Panzer in drei hübsche Suppenschüsseln und die drei flachen gelblichen Calipees in drei glänzende Serviettenteller zu verwandeln."

Es ist ein beruhigendes Gefühl, die Inseln nun unter Naturschutz zu wissen. Suppenschüsseln, Serviettenteller und ein paar exklusive Brillenfassungen wären sonst sicher bald die letzten Andenken an die Schildkröten der Encantadas.

Das Museum der Station liefert umfangreiche Informationen, die zum Verständnis dieser einzigartigen Welt in unserer Welt beitragen. Wann der Archipel allerdings aus dem Boden des Pazifik aufgestiegen ist, weiß man immer noch nicht genau. Auch über das Wie gibt es mehrere Theorien. Tatsache ist, daß die ältesten Gesteine auf Galapagos etwa 1,5 Millionen Jahre alt und alle Inseln vulkanischen Ursprungs sind. Einige dieser Vulkane im Nordwesten des Archipels sind gegenwärtig noch aktiv. Außerdem ist es sehr wahrscheinlich, daß es niemals eine Landbrücke zum Festland gegeben hat, denn nur so lassen sich Eigenart und Verteilung von Pflanzen und Tierarten auf Galapagos erklären.

Mit unserer FREYDIS dürfen wir keine unbewohnten Inseln besuchen. Das ist nur mit gecharterten Booten unter entsprechender Führung erlaubt. Um 08.00 Uhr morgens soll uns eines zu den Plaza-

Inseln bringen. Bestellt und nicht abgeholt, sitzen wir bis 09.00 Uhr wartend im Cockpit und ändern dann unser Tagesprogramm, als wir merken, daß man uns versetzt hat.

Es ist bereits drückend heiß, als wir uns auf den acht Kilometer langen, beschwerlichen Weg zur Tortuga-Bay machen. Kakteen und Sträucherdickicht spenden nirgends erholsamen Schatten. Wir stolpern, klettern und schleppen uns zwei Stunden lang über einen Trampelpfad von Lavabrocken und rostroter, rissiger Erde. Der Boden wirkt wie ausgedurstet, uns ergeht es nicht viel anders. Unvorsichtigerweise haben wir viel zu wenig Trinkbares mitgenommen. Als sich das Dickicht endlich vor uns öffnet, stürzen wir uns verschwitzt und verstaubt in das klare, unendlich erfrischende Wasser der Lagune, das allerdings unseren quälenden Durst auch nicht löschen kann. Besser haben es da schon die Meerechsen, die das Salz, das sie mit dem Meerwasser aufnehmen, ab und zu einfach ausniesen.

Nach dem Baden legen wir uns unter einen der wenigen, schattenspendenden knorrigen Bäume, auf denen die Pelikane vom Fischen ausruhen. Aber auch in diesem Paradies gibt es Störenfriede: Große Pferdebremsen. Vergeblich versuchen wir, uns zur Wehr zu setzen – schließlich müssen wir zum offenen Meeresstrand umziehen. Wir laufen dicht am Ufer entlang, um die Brut der Wasserschildkröten, die im höhergelegenen weichen Sand ihre Gelege haben, nicht zu stören. Lavamöwen dösen in der Sonne, und Fregattvögel ziehen über uns ihre Kreise. Ein Mangrovenwäldchen, auf dessen dünnem Geäst viel zu große Pelikane sitzen, spendet nur wenig Schatten.

Was Melville vor vielen Jahren beobachtete und so beeindruckend realistisch niederschrieb, stimmt mit unseren heute gemachten Erfahrungen überein. „Auf den meisten Inseln, auf denen sich überhaupt eine Vegetation findet, ist diese unfreundlicher als in der Öde von Aramanca. Aus tiefen Spalten ausgeglühter Felsen sprießt wirres Dickicht zähen Buschwerks ohne Früchte und ohne Namen und verbirgt sie trügerisch, oder es zeigt sich ein vertrockneter Wuchs verkrüppelter Kaktusbäume. Keine Stimme, kein Blöken, kein Heulen ist zu hören. Der hauptsächlichste Laut ist ein Zischen. An vielen Stellen ist die Küste von Felsen oder, richtiger gesagt, von Brocken umsäumt, herabgestürzten Massen schwärzlichen oder grünlichen

Gesteins, Schlacken aus einem Hochofen gleich, die hier und da dunkle Klippen und Höhlen bilden."

Nach der Rückkehr bedarf es schon vieler Gläser kühler Kokosmilch, um unseren gierigen Durst wenigstens einigermaßen zu löschen und unsere Lebensgeister wieder zu wecken. Wie uns Einheimische erzählen, ist es anderen Touristen ähnlich oder noch viel schlimmer ergangen. Sie hatten sich im Kakteendickicht verirrt und sogar Nächte darin verbringen müssen. Als sie versuchten, ihren Durst mit Kaktusfrüchten zu stillen, blieben ihnen die feinen Stacheln in Fingern und Mund stecken. Anschließend waren sie reif fürs Inselkrankenhaus.

Eine andere üble Geschichte hatte sich vor einem Jahr am Rande der Tortuga-Bay abgespielt: Ein Amerikaner und seine Freundin hatten es in der Dunkelheit nicht gewagt, mit ihrem Trimaran in die Academy-Bay einzulaufen, und sich entschlossen, an der Küste ankernd die Nacht abzuwarten. Die Brandung war so stark, daß der Trimaran glatt auseinanderbrach. Unglücklicherweise befand der Skipper sich auf dem einen Teil des Schiffes und seine Freundin auf dem anderen. Er selbst konnte sich irgendwie durch die hohen Brecher retten, während seine Freundin ertrank.

Völlig erschöpft liegen wir gerade in unseren Kojen, als uns Karl Angermeyer zum Kaffee abholen will. Sein lakonischer Kommentar zu unserem Ausflug: „Sowas kann ja nur Verrückten passieren. Wenn ihr etwas gesagt hättet, hätte ich euch in einem kleinen Boot an der Tortuga-Bay abgesetzt." Die Aussicht auf eine gute Tasse Kaffee und einen Plausch mit Marga und Karl bringt uns wieder auf die Beine.

In der roten Abendsonne erscheinen uns Mister Schulz, der Terrier, und die hundertköpfige Echsenmeute, die lauernd hinter ihm steht und vom Dach herunterglotzt, wie ein Höllenhund mit seinem satanischen Gefolge. Trotz des etwas surrealistischen Rahmens findet hier jedoch eine ganz normale gemütliche Kaffeestunde statt. Das Echsenvolk wird mit Reis und Brot abgefüttert.

Karl und Marga erzählen ein wenig über die ersten Jahre, die sie hier verbracht haben: „Zu essen hatten wir immer genug. Es gab viele Wildschweine, Fische und Langusten, gebraten wurde in Schildkrötenöl. Wir hatten bloß kein Mehl und keinen Zucker. Unser Brot haben wir aus durchgedrehten Bananen gebacken, das gab dann

Schnitten, auf die wir den Schweinebraten legen konnten, und schmeckte uns recht gut." Ich frage nach dem Bild an der Wand, das Wasser und Mangrovenwurzeln zeigt, und erkundige mich nach dem Maler. Karl selbst ist der Künstler. Er hat ein Atelier neben seinem Haus und zeigt uns seine Bilder, von denen jetzt ein Teil zu einer Ausstellung nach Quito gebracht werden soll. Ein kleines Gemälde, das Wasser, Kakteen und stimmungsvollen Himmel zeigt, schenkt er uns als Andenken. Es wird zu Hause einen Ehrenplatz erhalten.

Morgens weckt mich lautes Knacken, Schaben und Kratzen an der Bordwand. Ich entdecke die Störenfriede. Kugelfische nagen am Bewuchs. Wenn die sich anstrengen, denke ich mir, sparen wir vielleicht das Aufslippen. Heute ist unser dritter Tag, wir müssen uns auf der Capitania unsere Ausklarierungspapiere abholen und die Gebühren bezahlen. Aber wir wollen wenigstens versuchen, die Genehmigung für einen weiteren Tag zu bekommen. Ich packe eine Flasche Sherry ein und die chilenischen Zeitungen mit den Berichten und Bildern von unserer Reise, von denen ich mir einiges verspreche. Wir erhalten die Erlaubnis. Ob nun die Flasche Sherry, die Zeitungen oder einfach unsere traurigen Mienen den Ausschlag gaben, ich weiß es nicht. Jedenfalls können wir noch einen Tag bleiben, und den wollen wir auf den Plaza-Inseln verbringen. Diesmal werden wir uns nicht wieder versetzen lassen.

Abendessen bei Familie Schreyer. Gundi, die Trans-Ocean-Stützpunktleiterin, und ihr Mann sind gerade zurückgekehrt von einem Segeltörn als Inselführer auf der Swan eines chilenischen Ölmagnaten. Dieser hatte eine Sondergenehmigung erhalten, um sämtliche Inseln zu besuchen. Mit Geld ist eben doch vieles „möglicher".

Am nächsten Morgen dauert unsere Fahrt zu einer der kleinen Plaza-Inseln rund zweieinhalb Stunden. Am Strand wimmelt es von schlafenden und spielenden kleinen und großen Seelöwen, die uns – die Temperamente sind verschieden – mit lautem Grölen, Heulen oder Pusten empfangen. Im Wasser drängen sie sich so dicht wie Menschen in einem überfüllten Schwimmbad an einem heißen Sonntagnachmittag. Sie belagern ungeniert sofort unser Schiff, zerren an der Leine des Beibootes, lümmeln sich frech darauf und bringen es fast zum Kentern, bis es einer schließlich voll in Besitz nimmt. Als wir glauben, besonders schlau zu sein, und versuchen, das Dingi mit der Leine ans Schiff heranzuziehen, um ihn zu fassen, läßt er sich einfach ins Wasser plumpsen und spritzt uns dabei gründlich naß. Ein anderer dieser halbstarken Schwimmakrobaten klaut blitzschnell einen Turnschuh, der dicht bei der Reling steht, worauf die ganze Horde vergnügt damit Wasserball spielt.

Wir steigen ins Beiboot und jagen mit voller Geschwindigkeit zum kleinen, gemauerten Anleger. Unverdrossen hetzt die Seelöwenmeute in großen Sprüngen hinter uns her, laut bellend schwimmen sie mit dem Außenborder um die Wette.

Auf der Insel begehen wir nur die markierten Wege. Zum Schutze der Vegetation und der Brutplätze darf und sollte man sie auch nicht verlassen. Kleine schwarze Vögel – Darwin-Finken – die auf den fleischigen Blättern der Opuntien sitzen, scheinen sich zwischen deren Stacheln durchaus wohlzufühlen. Am Fuß der Kakteen präsentieren sich grüngelbe Landiguanas in fotogener Pose.

Zum Schiff zurückgekehrt, springen wir zu den Seelöwen ins Wasser und beteiligen uns an ihren Spielen. Einem, der am Ruder lehnt und anscheinend gelangweilt seine Kameraden beobachtet, gebe ich mit dem Fuß einen Klaps. Er faßt das als willkommene Aufforderung zum Spielen auf, schwimmt um mich herum und schubst mich seinerseits mehrmals mit seiner weichen Schnauze. Als er merkt, daß ich viel zu langsam für ihn bin, verliert er sichtlich das Interesse an mir – doch kein angemessener Spielkamerad!

Es waren erfreuliche, wenn auch viel zu kurze Stunden auf dieser Plaza-Insel: Stunden in einer kleinen Welt, auf der die Tiere noch gleichberechtigte Mitbewohner unserer Erde sind und ihr Leben vom Menschen unbeschädigt und ungejagt verbringen können.

Noch ein paar Karten und Briefe sind zu schreiben. Danach rudern wir zur Pier, um letzte Einkäufe zu machen. Wir sollen den Hafen um 10.00 Uhr verlassen. Die Post hat jedoch noch nicht geöffnet, und Brot gibt es erst um 14.00 Uhr. Also pilgern wir nochmals zur Capitania und erhalten einen letzten Aufschub bis 14.00 Uhr. Wieder an Bord, klettert Erich in den Mast, um die Topplichtbirne auszuwechseln, die jedoch nur sehr wenig leistet. Dann geben wir die Post ab und kaufen mehrere Laibe Brot, die allerdings schwer wie Zement sind und auch so ähnlich schmecken. Anker auf! Nicht ohne Wehmut verlassen wir den Hafen der Academy-Bay. Es ist der 6. April; etwa 1000 Seemeilen bis Panama...

Ein Massaker auf der sonst friedlichen See. Voraus ein riesiger Fischschwarm, der von allen möglichen freßgierigen Feinden attakkiert wird. Ohrenbetäubender Lärm unzähliger hungriger Seevögel über kochendem Wasser. Vogelleiber stürzen fast senkrecht in die Tiefe und steigen mit zappelnder Beute wieder auf. Von allen Seiten eintreffende Tümmlergruppen stoßen in den Schwarm, als wären sie telefonisch zur Freßorgie eingeladen worden. Die jagenden Raubfische schnellen oft meterhoch aus dem Wasser und verbreiten Terror. Der Strom fliehender Fische mit seinem gesamten feindlichen Gefolge zieht dicht an uns vorbei. Das hysterische Kreischen aufgeregter Vögel ist noch lange zu hören.

Zunächst bringt uns noch eine leichte Passatbrise um Südsüdost, die sogar kurzzeitig auffrischt, etwas Fahrt. Dann sind wir endgültig in den Mallungen. Das heißt – warten, Segel setzen bei leisem Windhauch, enttäuschtes Wiedereinholen, wenn sie doch nur schlapp von einer Seite zur anderen schlagen und in sich zusammenschrumpeln. Ab und zu verdunkelt sich der Himmel, Gewitterböen ziehen über uns hinweg und bringen für einige Minuten etwas Regen. Es ist drückend heiß. Lufttemperaturen 35–40° C im Schatten. Wassertemperatur 28° C.

Über Funk erfahren wir, daß sich insgesamt zwölf Leute für die Atlantiküberquerung auf unser Inserat hin gemeldet haben. Ob schon definitive Zusagen vorliegen, ist noch unklar. Diese Sorge bleibt uns also weiterhin.

PUSTEBLUME kommt in unsere Nähe. Sie ist die erste deutsche Segelyacht, mit der wir seit Gran Canaria – also seit rund sieben Monaten – Kontakt haben. Wir liegen schon in Santa Cruz, als sie sich dazuschaltet, während wir über Funk unser nachmittägliches Plauderstündchen mit Heinz aus Chile und den beiden Ostfriesen Otto und Tönjes pflegen.

Sie hat gerade den Panamakanal passiert, und ihr nächstes Ziel sollten die Galapagos sein. Also unsere Route, aber umgekehrt. Wir tauschen Informationen aus und geben uns gegenseitig Tips. Die Funkgespräche werden immer ausgedehnter, bei schier unerschöpflichen Themen. Es geht um ihre und unsere Routen und Aufenthalte, um die Vorteile der Satellitnavigation, öfter jedoch um Widrigkeiten technischer Ausrüstungsgegenstände wie Lichtmaschinen, Wellengeneratoren und Selbststeueranlagen, und, last not least, um das Essen.

Die Crew der PUSTEBLUME, die wie auf der FREYDIS aus nur einer Frau besteht, hat heute ein großes Programm. Günther, der Skipper, und Heide haben ein Doraden-Prachtexemplar von 1,40 Meter Länge geangelt. Diese große Fleischportion muß nun so verarbeitet werden, daß sie sich einige Tage hält. „Wir würden euch ja gerne ein Stück abgeben", meint Günther.

Das ist gar nicht so abwegig, da sich unsere Kurse bereits soweit einander genähert haben, daß ein Treffen der beiden Yachten möglich erscheint. Stündlich werden die Positionen verglichen und Sonne und Mond zur mehrmaligen Standortbestimmung herangezogen. Das Treffen könnte gegen 22.00 Uhr erfolgen. Die Dunkelheit kommt dann zwar als erschwerender Faktor hinzu, zumal unsere Topplampe ja zur Zeit nur eine ganz schwache Birne trägt. Dafür hat aber PUSTEBLUME eine 25-Watt-Birne im Topp, und wir besitzen beide weithin sichtbare Halogenscheinwerfer.

Um 19.00 Uhr sind wir uns so nahe, daß wir UKW-Verbindung aufnehmen können. Wir stehen nun in dauerndem Sprechkontakt. Ein großer Frachter, der uns passiert und weiter in Richtung Nord fährt, kommt eine halbe Stunde später bei PUSTEBLUME in Sicht. Wir laufen im Kielwasser des Frachters ebenfalls nach Norden, während PUSTEBLUME uns auf Südkurs entgegenkommt. Wir stehen abwechselnd an Deck und versuchen, die Dunkelheit mit den Augen zu durchdringen. Die abendliche Abkühlung hat einen leichten Dunstschleier über das Wasser gelegt. Die Sicht ist recht mäßig.

In der nächsten halben Stunde würde es sich entscheiden, ob wir uns auf eine so ungewöhnliche Art an diesem einsamen Ort mitten im Nirgendwo persönlich kennenlernen würden. Lichtsignale werden verabredet. Günther will mit dem Scheinwerfer mehrmals über den Horizont streichen. Wir stehen am Bugkorb und sehen zunächst nichts als das auffällige Wetterleuchten in nördlicher Richtung, das uns gerade jetzt stört. Erich legt für alle Fälle seine Signalpistole bereit.

Da, plötzlich ein schwacher, weißer Schein am Horizont, eben noch wahrnehmbar, das mußten sie sein. „Hurra! Die PUSTEBLUME ist da!" brüllt Erich vor Freude ins Radio. Der Kurs wird noch ein wenig geändert, so daß wir nun genau aufeinander zuhalten. Nach einer weiteren Viertelstunde kommt das Topplicht schwach funkelnd über die Kimm, und nun gibt es keinen Zweifel mehr, daß das Treffen klappt. Günther und Erich besprechen das Manöver. Günther will eine Leine von uns übernehmen und uns ganz langsam in Schlepp nehmen. Wir machen unser Beiboot klar, um hinüberzurudern.

So wird es dann auch gemacht. Wie berechnet schütteln wir uns um 22.00 Uhr auf Position 05° 36′ Nord 80° 01,5′ West die Hände und freuen uns, daß es mit dem Treffen so gut geklappt hat.

Heide hat eine herrliche Fischmahlzeit vorbereitet, und wir liefern unseren badischen Wein dazu. Es wird ein gemütlicher Abend und ein gelungenes Zusammensein zweier Paare, die sich normalerweise nie im Leben getroffen hätten und nun glücklich die Einmaligkeit des Augenblickes genießen. Um 02.00 Uhr nachts rudern wir schließlich zurück zu unserer guten FREYDIS, die hinter der PUSTEBLUME herschwankt. Wir gehen auf Gegenkurs, die Distanz zur anderen Yacht vergrößert sich schnell. Ihr Topplicht ist noch lange zu erkennen. Dann wird es weggeblasen, wie eine Pusteblume – wir sind wieder allein unter unendlich vielen Sternen.

Am nächsten Tag passiert es: Die Elektronik unseres astronomischen Reserverechners hat ihren Geist aufgegeben, irreparabel, zumindest für uns. Grausam klar merken wir, wie abhängig wir doch schon von den neuesten Technologien sind. Gleichzeitig entdecken wir in uns aber auch ungeahnte Reserven. Zwar werden die HO-249-Tafeln mißmutig aus der hintersten Ecke meines Schrankes hervorgekramt, ich schaffe aber heute in einer Stunde, wozu wir uns zwei Jahre lang nicht hatten aufraffen können, nämlich Erich, der früher stets nur nach dem aufwendigeren Sem-Sem-Verfahren gerechnet hatte, das HO-Verfahren beizubringen. Und dann stimmt unsere errechnete Position sogar genau überein mit der, die wir uns von Günther auf der PUSTEBLUME durchgeben lassen. Er hat sie dort nach angegebenen Daten mit seinem Naviprog errechnet. Wir wollen trotzdem versuchen, in Panama einen Ersatzrechner zu kaufen, einfacher geht es damit halt doch.

Wir sind bereits im Golf von Panama. Hier folgen – wie in anderen viel befahrenen Schiffahrtstraßen – öfter Haie aller Größenordnungen dem Schiff. Viel stärker beindrucken uns aber die furchterregenden Teufelsrochen, wenn sie mit ihren massigen Leibern, die eine Spannweite von sechs Metern erreichen, gewaltige Saltos in der Luft schlagen. Sie springen dabei bis zu fünf Meter aus dem Wasser und landen mit lautem Knall wieder in ihrem Element. Ich habe gehört, daß Weibchen ihre Jungen während derartiger Sprünge zur Welt bringen.

Bergwelt in Patagonien
immer wieder Stürme vor der chilenischen Küste

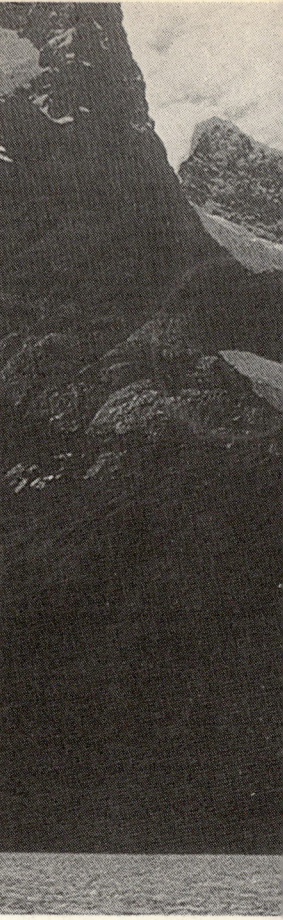

Thermokleidung
macht's möglich:
Bad im Gletschersee

Zünftiger Abschiedstrunk:
Whisky „on the rocks"
(unten links)

Ein wertvoller Fund:
Versteinertes Holz auf der
Insel Chiloé *(unten Mitte)*

Im „Fjord der letzten Hoffnung":
Gletscher Serrano *(oben)*

Interview mit dem chilenischen
Rundfunk in Talcahuano
(unten)

Rote Meerechsen kommen nur noch
auf der Insel Española vor *(oben links)*

Ich bin der König der Plaza-Inseln *(unten links)*

Junger Fregattvogel: Diese Vögel trifft man
überall an der West- und Ostküste Südamerikas
(oben rechts)

Als Haustier für uns ungewohnt:
Bei Angermeiers auf den Galapagos-Inseln
tummeln sich etwa 150 solcher Echsen

IM GESCHWADER DURCH DIE KARIBIK

*„Happy hours" auf vier Yachten — Nächtlicher
Überfall — „Trockene" Schildkröten — Harte Kreuz
im Golfstrom — Mach's gut, FREYDIS*

Wir passieren Taboga und einige unbewohnte Inseln an Steuerbord. Tausende kleiner, brauner Pelikane sitzen in den Bäumen und auf den Felsvorsprüngen. Dann nähern wir uns Balboa. Wir haben uns entschlossen, nicht in den Yachtclub zu gehen, sondern nahe der Insel Naos zu ankern. Über UKW melden wir uns bei der Flamenco-Station. Der Bordoffizier klariert uns ein und gibt Anweisungen, welche Büros wir aufzusuchen haben, um die Formalitäten für die Passage des Kanals zu erledigen. Sie liegen so weit auseinander, daß man ein Taxi braucht, um sie alle an einem Tag aufsuchen zu können.

Unsere amerikanischen Yachtnachbarn, Mr. und Mrs. Heckel, legen mit dem Dingi bei uns an und laden uns zum Begrüßungscocktail auf ihrem zwölf Meter langen Spitzgatter IDLE QUEEN ein. Harry Heckel ist ein 68 Jahre alter Chemiker im Ruhestand. Seine Frau Faith, eine 62jährige liebenswürdige, korpulente und energische Dame, rudert das Dingi selbst.

Auf ihrem Boot treffen wir die amerikanische Mannschaft einer weiteren Nachbaryacht. Juan Morales, ein 60jähriger in Mexiko geborener Amerikaner, ist wie Harry Chemiker im Ruhestand. Seine 55jährige Frau Marilyn stammt aus Oklahoma. Linda, eine Freundin ihrer Tochter, begleitet die Morales auf ihrer Fahrt von der Westseite Kaliforniens nach Florida. Sie hat bereits viele ausgedehnte Segeltörns auf verschiedenen Yachten mitgemacht, vor allem in die Südsee, und kann sehr anschaulich darüber erzählen. Die Heckels haben die gleiche Route wie die Morales; unterwegs haben sie sich kennengelernt.

Marilyn und Juan haben Motorschaden und versuchen schon seit einer Woche, ein Schiff zu finden, das sie durch den Kanal schleppen kann. Die Kanalvorschriften verlangen, daß das schleppende und das abgeschleppte Schiff zusammen mindestens fünf Knoten laufen können. Die IDLE QUEEN mit ihren 10 PS ist dazu nicht in der Lage. Die Freude ist groß, als wir uns bereit erklären, ihnen in dieser mißlichen Lage zu helfen. Wir haben einen 80-PS-Motor und können die MARYLYN II sicherlich ohne Schwierigkeiten ziehen.

Wir erzählen, daß wir vorhaben, morgen an einem kleinen Sandstrand gegenüber dem Ankerplatz unser Unterwasserschiff zu reinigen. Sofort erklären sich Linda, Juan und Marilyn bereit, uns zu helfen. Nach dieser „Happy Hour" kehren wir alle froh und erleichtert auf unsere Yachten zurück.

FREYDIS, in ihrem etwas verblaßten roten Kleid, schwojt um ihre Ankerkette wie ein angebundenes Pferd, das auf seinen Herrn wartet. Mit Wohlwollen betrachtet, kann man sie sogar schnittig und elegant nennen und nicht nur solide gebaut und hochseetüchtig. Welches Vertrauen haben wir doch im Laufe der Fahrt zu unserer schaukelnden Gefährtin gewonnen! Fallböen, Eisschollen und Brecher haben ihr nur kleine Wunden beibringen können. In ihren stählernen Wänden haben wir uns sicher und geschützt gefühlt, auch wenn es draußen alles andere als gemütlich war. Morgen würden wir sie säubern und ihr ein neues Make-up auftragen.

Wie verabredet, übernehmen wir anderntags unsere drei Helfer und lassen uns auf einem kleinen und – es ist Sonntag – sehr belebten Strand trockenfallen.

Während das Wasser abläuft, kratzen und schrubben wir alle, mit Bürste und Spatel bewaffnet, am Unterwasserschiff um die Wette. Auch zwei kleine Negerjungen helfen fleißig mit. Schließlich liegen wir, teils mit akrobatischen Verrenkungen, im groben Muschelsand, um auch noch die Bodenplatte frei von Tausenden von Entenmuscheln und Seepocken zu bekommen. Die Bürsten sind zuguter Letzt grün vom glitschigen Seetang, und der Rücken schmerzt. Trotzdem können wir uns keine Pause leisten. Schließlich muß das saubere Unterwasserschiff noch während des Niedrigwassers mit Anti-Fouling-Farbe gestrichen werden. Nach einer Stunde schon liegt mir mein Pinsel mit der giftgrünen Farbe wie bleiern in der Hand, und nur die sichtbaren Fortschritte, die wir machen, und die uns davonlaufende Zeit wecken letzte Kraftreserven.

Während unserer Schufterei werden wir zur Attraktion des gesamten Strandes. Schaulustige und Wißbegierige wollen alles mögliche über die Reise wissen und uns vor dem Schiff fotografieren. Mindestens zwanzig Babys werden von ihren stolzen Vätern mit unserem Schiff als Kulisse lachend oder weinend vor grünrotem Hintergrund abgelichtet. Die Polaroidfotos werden von uns natürlich gebührend bewundert, und wir amüsieren uns, wenn wir zusätzlich in unmöglichen Haltungen mit Arbeitsgrimassen abgebildet sind. Aus Dankbarkeit für seine gelungenen Fotos stiftet uns ein glücklicher schwarzer Vater eine große Tüte herrliches Obst. In dieses Arbeits- und Freizeitvergnügen hinein dröhnen heiße Rhythmen aus der Musikbox der Strandkneipe – in jeder Beziehung ein heißer Tag.

Schließlich stehen wir zufrieden, glücklich, müde, vor allem aber durstig vor unserem Malerwerk. Wir selbst sind so sehr mit Farbe bekleckert, daß wir aussehen wie die berühmten kleinen grünen Männchen, uns fehlen nur noch die Fühler. Die beiden Jungens, die uns geholfen haben, ziehen mit ein paar Dollars und einer Tüte Bonbons fröhlich ab, und wir gehen nach einer gründlichen Reinigung zum gemütlichen Teil über. Nichts könnte erfrischender schmecken und den Durst besser löschen als die großen Gläser voll Pisco-Sauer.

Während wir auf das Wasser warten, ist es Abend geworden; ich mache für uns Schwerarbeiter etwas Warmes zu essen. Es wird dunkel, und wir können das Wasser nur noch spüren, wie es unter uns arbeitet und uns langsam anhebt. Um 23.00 Uhr kommen wir frei und laufen zurück zum Ankerplatz. Mit dem Gefühl, endlich wieder in einem sauberen Heim zu wohnen, schlafen wir ein.

Für die Erledigung der notwendigen Formalitäten für die Panamakanal-Passage benötigen Juan und ich nur einen halben Tag, einschließlich der Schleppgenehmigung.

Ich fahre noch schnell zur Botschaft, um unsere Post abzuholen, und in ein Elektrogeschäft in Panama City, wo ich einen Rechner kaufe, da wir schon zwei defekte Exemplare an Bord haben.

Als ich zurückkehre, ist bereits der Vermesser, ein freundlicher Amerikaner, an Bord. Trotz unseres Schiffszertifikates, in dem alle Daten eingetragen sind, wird alles neu vermessen und daraus der Preis für die Passage des Kanals berechnet. Für unser 50-Fuß-Schiff zahlen wir 90 Dollar.

Zu seinem Geburtstag am 20. April – seit Gran Canaria sind sieben Monate vergangen – wird Erich von mir mit einem besonders schmackhaften Frühstück geweckt. Der größere Teil des Tags ist ausgefüllt mit Besorgungen und routinemäßigen Arbeiten eines Seglers an Land, doch am Nachmittag erwarten wir Geburtstagsgäste. Ich bin gerade damit fertig, einen kalten Imbiß herzurichten, und Erichs Bordbar ist auch schon geöffnet, als Juan, Marilyn und etwas später der 27jährige Jürgen, ein Däne, mit seiner kanadischen Freundin Judy in ihren Dingis zu uns übersetzen. Jürgen und Judy ankern seit gestern nacht in unserer Nähe. Sie wollen, bevor sie ihr eigenes Schiff durch den Kanal bringen, erst einmal mit uns fahren, um das Unternehmen Panamakanal kennenzulernen. Linda und die Heckels sind ihrerseits auf der Yacht CHINNOOK als sogenannte „helfende Hände" mitgefahren.

Wir erwarteten sie heute mittag mit der Bahn zurück, aber sie sind nicht gekommen. Vielleicht hat es die CHINNOOK nicht geschafft, bei dem starken Gegenwind den Kanal an einem Tag zu passieren, so daß Harry, Faith und Linda erst morgen zurückkommen können. Gleichzeitig mit ihrer IDLE QUEEN zu schleusen, wie wir zunächst beabsichtigt hatten, ist dann allerdings nicht möglich.

Marilyn und Juan machen sich Sorgen über das morgige Abschleppen. Erich und ich versuchen, sie zu beruhigen. Wir sind in Deutschland und Holland durch viele Schleusen gegangen und haben auch schon Yachten mit Motorschaden geschleppt, so daß wir keine Probleme sehen. Wir verabreden, alle früh um 05.00 Uhr aufzustehen und die Boote bereitzuhalten, wenn der Pilot – so nennt sich der Lotse durch den Kanal – um 06.00 Uhr erscheint.

Auf die Geschichte des Panamakanals hier näher einzugehen, hieße wohl Eulen nach Athen tragen und würde außerdem den Rahmen dieses Berichtes sprengen. Für die Schiffahrt, also auch für uns, ist allein wichtig, daß es diese Verbindung zwischen Atlantik und Pazifik überhaupt gibt, und daß dieses Bauwerk nach wie vor seine ihm zugedachten Funktionen genauso wie zur Zeit seiner Fertigstellung uneingeschränkt erfüllt.

Trotzdem einige Daten: Franzosen erwerben 1879 die Kanalbaukonzession, Suezkanal-Erbauer Ferdinand Lesseps scheitert aus unterschiedlichsten Gründen. Seit 1901 liegen die offiziellen Baurechte bei den USA; 1903 von den USA betriebene Abspaltung Panamas von Kolumbien, zum Dank erhalten die USA vom neugegründeten Staat Panama die Souveränität über die Kanalzone; 1920 offizielle Freigabe für die Weltschiffahrt; 1980 übergeben die USA den Kanal unter bestimmten Bedingungen an Panama, diese „Schenkung" soll abgeschlossen werden am 31. Dezember 1999.

Der Pilot erscheint pünktlich. Er gibt Anweisung, die MAR-Y-LYN II zunächst bis vor die Schleuse achteraus zu schleppen, da erheblicher Seegang durch vorbeifahrende große Schiffe herrscht. In der Schleuse schleppen wir sie dann längsseits.

Hinter einem Frachterungetüm fahren wir in die erste der Miraflores-Schleusen ein. Der Pilot dirigiert uns zu einer der Kanalbarkassen, an der wir mit unserer noch freien Seite anlegen. Das mindert die Probleme für unsere beiden Yachten. In wenigen Sekunden strömen hunderttausend Tonnen Süßwasser in gewaltigem Strudel in die Schleuse ein. Die Tampen ächzen, die Fender zwischen den Booten quietschen, und die Gummireifen an der Barkasse scheuern unsere frisch bemalte Bordwand. Beängstigend nahe ist der riesige Propeller vor uns, der zum Verlassen der Kammer durchdreht und für weitere erhebliche Turbulenzen sorgt. Arm in Arm mit MAR-Y-LYN II brummt unsere FREYDIS auch tapfer aus der dritten, der Pedro-Miguel-Schleuse. MAR-Y-LYN II bleibt blütenweiß, wir dagegen sehen aus wie ein gerupfter Papagei. An der Barkassenseite hängen große, abgelederte Farbfetzen herunter und lassen frühere Anstriche und weiße Spachtelmasse wieder in voller Pracht zur Geltung kommen.

„Jetzt haben wir die richtige Tarnfarbe für den Dschungel des Gatun-Sees", meint Erich. MAR-Y-LYN II wird nun wieder an die Hand genommen, d. h. achteraus geschleppt. Fünf Knoten Mindestgeschwindigkeit durch den Gatun-See müssen wir laufen, um bei Tage noch an den Schleusen anzukommen. Juan wird die Fahrtgeschwindigkeit angeben, denn unser Log ist ausgefallen. Bei drückender Hitze geht es zirka 30 Seemeilen durch das Wasserreservoir des Gatun-Sees, der durch die Stauung des Rio Chagres entstand. Dichter Dschungel zieht sich an den Ufern des Sees entlang. Affen springen durchs Geäst, ab und zu liegt ein Alligator am Sandstrand träge in der Sonne.

Vor den Gatun-Schleusen haken wir MAR-Y-LYN II wieder unter und zockeln erwartungsvoll in die Schleuse hinein. Peng! Bleibeschwerte kleine Bälle mit Wurfleinen knallen ohne Warnung – jedenfalls habe ich nichts mitbekommen – wie Steine an Deck. Eilig stecken der Lotse, Erich und Juan unsere neuen 120-Meter-Panama-Leinen mit Palstek daran. Die Männer oben auf der Schleusenmauer holen sie langsam ein, die beiden Boote kommen dicht vor dem Schleusentor zum Stehen.

Wir fühlen uns wie auf einem Sprungbrett in den Atlantik. Von hier oben haben wir einen herrlichen Blick auf unser neues altes, 26 Meter tiefer liegendes Segelrevier und die nächsten zwei Schleusenkammern. Das Wasser fällt, brodelt in die nächste Schleuse und reißt uns zunächst 10 Meter tiefer. Wir achten ständig auf die Spannung der vier Leinen, um die beiden Yachten in Schleusenmitte zu halten. Das Sprungbrett von vorhin liegt plötzlich in einem Keller, bevor sich die riesigen Stahltüren öffnen. Das Ganze wiederholt sich zweimal. Probleme gibt es für uns keine, und doch atmen wir alle erleichtert auf, als wir die letzte Kammer verlassen.

Der Atlantik empfängt uns nicht eben einladend mit Regen und Starkwind, und ich denke ein wenig wehmütig an die angenehm laue Brise auf der pazifischen Seite.

Nach der doch anstrengenden Kanalpassage gönnen wir uns einen Ruhetag. Wir hatten die Verantwortung für zwei Yachten zu tragen, und die Manöver gestalteten sich entsprechend schwieriger. Nun bereiten wir das Schiff auf eine harte Kreuz vor, denn es weht recht stürmisch aus Richtung Nordwest. Taue, Fender und Segellast müssen neu gestaut, kleinere Reparaturen erledigt und eine Inspektion der Hauptmaschine durchgeführt werden.

Am späten Nachmittag bitten wir Juan und Marilyn zu einem

Abschiedscocktail an Bord. Wir wollen zusammen auf die IDLE QUEEN warten, die heute durch den Kanal kommen soll. Es werden sehr gemütliche Stunden, und nach einigen Gläsern Wein beschließen wir, noch einen weiteren Ruhetag mit unseren amerikanischen Freunden zu verleben, und verschieben unseren Aufbruch. Dann das große Hallo, als die IDLE QUEEN mit Faith, Harry und Linda sowie Ardes und Sally mit der CHINNOOK endlich einlaufen.

An diesem zweiten Ruhetag holen uns Juan, Marilyn und Linda mit dem Dingi zu einem Einkaufsbummel in Colón ab. Die Stadt ist berüchtigt wegen ihrer Kriminalität. Es gibt kaum einen Segler, der keine schlechten Erfahrungen dort gemacht hat. Man hat es hauptsächlich auf die Reisenden abgesehen, die reichlich in den Duty-Free-Läden einkaufen. Nicht einmal in den Geschäften selbst sind sie sicher vor eindringenden Räuberbanden. Wir nehmen deshalb nur soviel Dollars mit, um gerade unseren Vorrat an Frischwaren aufzufüllen, und außerdem sind wir zu viert.

Die Stadt hat nicht nur einen schlechten Ruf; sie wirkt auch unansehnlich, schmutzig und dem Verfall nahe. Bei der Vorstellung, wir müßten hier nachts alleine durch die Straßen gehen, bekommen wir eine Gänsehaut. Wir kaufen Frischproviant in einem Supermarkt mit guter Auswahl und nehmen sofort ein Taxi zum Yachtclub zurück. Auch dort ist alles recht ungepflegt. Abfall liegt vor den Türen. Das Personal verhält sich äußerst unfreundlich und ist zudem schlecht ausgebildet. Insgesamt fällt der Club, was sein Äußeres und den Service anbetrifft, im Vergleich zu allen übrigen Clubs, die wir besucht haben, deutlich im Niveau ab. Nur der chinesische Koch versteht sein Handwerk.

Juan setzt uns an Bord ab und lädt uns zum Nachmittagscocktail auf die MAR-Y-LYN II ein. Faith und Harry finden sich ebenfalls ein. Sie erzählen uns ihre Erlebnisse. Genau wie wir angenommen hatten, war die CHINNOOK zu spät gewesen, um noch geschleust zu werden. Die Nacht hatten sie im Gatun-See geankert und am nächsten Tag vergebens auf einen neuen Lotsen gewartet. Als sie sich schließlich am Nachmittag meldeten, erfuhren sie, daß man sie vollkommen vergessen hatte. Also blieb der CHINNOOK nichts anderes übrig, als unter Affen und Papageien eine weitere Nacht zu verbringen. Am nächsten

Tag kamen sie endlich nach Colón. Mit der Bahn fuhr die ganze Mannschaft zurück, um danach auch die IDLE QUEEN durchzuschleusen. Das gesamte Unternehmen hatte immerhin vier Tage gedauert. Natürlich brauchen Harry, Faith, Sally und Ardes nun einen weiteren Tag zum Erholen.

Der Wind bläst mit konstanter Bosheit kräftig aus Norden. Nach eingehenden Beratungen mit Harry – er kennt die Karibik wie seine Westentasche – verzichten wir auf eine Kreuz nach Jamaika und durch die Windward-Passage. Statt dessen entscheiden wir uns für den etwas längeren, aber wahrscheinlich nicht so beschwerlichen Weg: Es soll rund um die Westspitze Kubas und durch die Straße von Florida gehen. Zwar werden wir auch bei diesem Kurs einige hundert Meilen aufkreuzen müssen, aber wir können damit rechnen, daß uns der Golfstrom in der Floridastraße mit 2 bis 3 Knoten kräftig schieben würde.

Was liegt also näher, als ebenfalls noch einen weiteren Tag zu bleiben und dann mit den zwei amerikanischen Yachten gemeinsam zu segeln? Die Erholungstage häufen sich!

Unser stattlicher Yachtenverband geht am 25. April in See. Das Geschwader ist inzwischen auf vier Yachten angeschwollen, da sich auch die CHINNOOK, deren ursprüngliches Ziel ebenfalls Jamaika war, angesichts des starken Nordwindes uns angeschlossen hatte und den Weg des geringsten Widerstandes geht.

Von den vier Yachten hat die sehr leicht gebaute MAR-Y-LYN II die größten Schwierigkeiten, an der Kreuz mit der rauhen See fertig zu werden. Die übrigen drei passen sich ihrer Geschwindigkeit an. Bei uns wird das Groß zweifach gerefft, im Abstand von ein paar Stunden drehen wir für kurze Zeit bei. Die Nächte sind anstrengend, wir dürfen das Topplicht der IDLE QUEEN – die einzige, die außer uns ein Licht führt – nicht aus den Augen verlieren. Konsequent müssen wir alle zehn Minuten Ausguck halten und, wenn erforderlich, beidrehen. Eine große Hilfe ist dabei der Sprechfunkverkehr zwischen den Yachten, der auch in der Nacht hervorragend klappt.

Linda ist schwer seekrank. Ich fühle mit ihr. Wie oft habe ich diese Krankheit in ihrer ganzen Vielfalt an körperlichen und seelischen Qualen selbst durchlitten. Nicht nur auf ausgedehnten Segelreisen nach Skandinavien und Island hatte sie mich fest im Griff, nein, auch auf Spritztouren nach Borkum oder Norderney überfiel sie mich, als wolle sie mir erbarmungslos zeigen, daß ich nicht zur Bordfrau geboren sei.

In den letzten beiden Jahren vor unserer großen Reise war ich oft in Zweifel, ob es für mich überhaupt einen Sinn habe, eine solche Reise zu planen. Wie sollte ich jemals Kap Hoorn und vielleicht sogar die Antarktis überstehen? Wie fünf hungrige Seeleute als Smut verköstigen? Küchendünste allein schon waren für mich oft unerträglich. Blanke Angst führte bei mir zu einer wahren Sammelleidenschaft für Präparate wie Stutgeron oder Sibelium, die bei mir, bis jetzt wenigstens, bei konsequenter und hochdosierter Einnahme geholfen hatten. Ich verstaute sie kartonweise im Boot. Sollten Tabletten nicht mehr helfen, so lagen Vomex-Zäpfchen griffbereit im Schwalbennest über meiner Koje.

Aber es kam anders als erwartet. Es war wie ein Wunder, daß ich auf dem Atlantik überhaupt nicht mehr an Seekrankheit dachte und schließlich die Pillen einfach vergaß. Im Gegensatz zu früheren Segeltouren, die ich aus der vollen beruflichen Belastung heraus begann, hatte ich die jetzige Reise ausgeruht angetreten. Außerdem hatte mir in den ersten Tagen eine milde See die Gewöhnung an die Schiffsbewegungen erleichtert. Schokolade und Kekse nahmen schließlich den Platz der Zäpfchen im Schwalbennest ein, und die Pillen wurden nur noch beim Auslaufen für einige Tage eingenommen. Diese Krankheit hatte für mich ihre Schrecken verloren.

Die Verbindung über Funk nach Deutschland zu Otto wird immer besser. Wir hören uns jetzt gegenseitig meist klar und deutlich. Heute gibt es erfreuliche Nachrichten. Die Crew, die mit Erich die zweite Atlantiküberquerung machen wird, steht nun fest. Es sollen sieben Segler sein, die bereits Hochsee-Erfahrung haben, darunter zwei Frauen. Wir sind sehr gespannt auf diese uns völlig unbekannten Mitsegler.

Gestern hat sich ein kleiner Fink bei uns einquartiert. Am frühen Morgen sitzt er noch immer zwischen Beißzange und Hammer im offenstehenden Werkzeugschapp. Diese Stelle hatte er sich seltsamerweise als Schlafplatz ausgewählt. Als ich Frühstück mache, steht er auf der Seekarte in der Navigation. Er überlegt den Kurs, den er einschlagen muß. Kurz darauf fliegt er los. Hoffentlich hat er den richtigen Kurs gewählt, dann wird er, wie wir, heute noch die kolumbianische Insel Providencia erreichen. Sie kommt um 14.30 Uhr in Sicht. Da sie umgeben ist von gefährlichen Riffen, sind wir froh, als die IDLE QUEEN um 19.00 Uhr einen Lotsen von einem Fischerboot übernehmen kann. Mit MAR-Y-LYN II im Schlepp folgen wir ihr, danach kommt die CHINNOOK.

Es ist bereits vollkommen dunkel, als sich ein kleines, schnelles Motorboot der CHINNOOK nähert. Plötzlich hören wir die aufgeregte Stimme Sallys über UKW: „Was sollen wir tun, zwei Männer bedrohen uns mit Pistolen!" Piraten! Das hat uns noch gefehlt. Wir legen unser Gewehr im Cockpit griffbereit. Die Gangster verschwinden aber von der CHINNOOK, als sie bemerken, daß sich Sally mit den übrigen Yachten unterhält. Mit Vollgas rasen sie dann auf MAR-Y-LYN II zu, die bei der Karambolage eine tiefe Schramme abbekommt. Die Kerle verschwinden in der Nacht.

Als wir in die Bucht fahren, an der das Dorf liegt, werden vom Stand aus pötzlich Schweinwerfer auf uns gerichtet, Stimmen rufen sich etwas zu, dann gehen alle Lichter wieder aus, und es herrscht eine seltsame, unnatürliche Stille. Sollen wir in eine Falle gelockt werden? Ich denke an die vielen Berichte, die wir bereits über die Piraterie in der Karibik und speziell vor Kolumbien gehört hatten. Kein angenehmes Gefühl! Wir ankern schließlich dicht beisammen auf drei Meter Wassertiefe in der Bucht, ohne daß etwas passiert.

Nach dem Essen lege ich mich zum Schlafen vorsichtshalber auf die Bank im Cockpit. Im Falle unerwünschter nächtlicher Besuche kann ich von hier aus den Niedergang besser bewachen. Ich bin gerade am Einschlafen, als plötzlich zwei mit etwa zwanzig Mann besetzte Boote an der Bordwand anlegen. Die Männer, teils in Militär-, teils in Zivilkleidung und bis an die Zähne bewaffnet, entern die FREYDIS, ohne erst groß um Erlaubnis zu fragen.

Sie leuchten in die Luken. Ich ziehe mir hastig ein paar Kleidungsstücke über und frage nach dem Grund des Überfalls. Einer der Männer gibt mir schließlich Auskunft: Fischerboote, die uns kommen sahen, hatten gemeldet, daß ein feindliches Geschwader von Kanonenbooten aus Nicaragua unterwegs zur Insel Providencia sei, um sie anzugreifen. Daraufhin hatten zwanzig Männer zu ihren Waffen gegriffen, um die Insel zu verteidigen. Juan, Harry und Ardes stehen mit Scheinwerfern auf ihren Schiffen und leuchten das Überfallkommando auf der FREYDIS an. „Was macht ihr da auf dem Schiff, was ist da drüben los?" fragen sie. Ich kann sie beruhigen: „Sie haben uns nur für Kriegsschiffe aus Nicaragua gehalten, sonst nichts." Die Männer klettern etwas kleinlaut von Bord und rudern mit ihren Booten zurück zum Ufer. Das war ein Empfang, wie man ihn auf einer kleinen verwunschenen Insel mitten in der Karibik nicht erwartet. Der Schreck läßt mich lange nicht einschlafen.

Erfrischendes Morgenbad im glasklaren Wasser der Bucht. Wir schwimmen zu den Yachten unserer Freunde und diskutieren die Ereignisse der vergangenen Nacht. Gemeinsam wundern wir uns über diese seltsame Verwechslung. Ardes, dem der erste Überfall noch in den Knochen steckt, meint, es sei gut, daß die Leute nicht zuerst auf sein Boot gekommen waren, denn diesmal hätte er sofort geschossen.

Am Nachmittag fahren wir zum kleinen Sandstrand vor dem Dorf Isabel. Um die Stunden auszunutzen, die wir auf die zuständigen Behörden warten, besuche ich das kleine Dorfkrankenhaus. Alles macht einen recht sauberen Eindruck. Ich begrüße meinen jungen Kollegen, der mir die häufigsten Erkrankungen aufzählt, die er hier behandelt, darunter vor allem die Amöbenruhr und andere Parasitosen. Als die zuständigen Beamten schließlich erscheinen, werden uns aus unerfindlichen Gründen die Papiere nicht ausgehändigt, obwohl wir angeben, daß wir die Insel bereits am nächsten Morgen verlassen wollen. Wir sind alle verärgert.

Zusammen mit Juan, Marilyn und Linda geht's im Dingi an eine kleine Sandstrandbucht, die bis dicht ans Wasser mit Kokospalmen bewachsen ist. Wir schwimmen und tauchen durch die fisch- und muschelreichen Korallenriffe und vergessen dabei schnell den Ärger mit den Behörden. Wir verabreden, planmäßig um 08.00 Uhr ohne Ausklarierungspapiere auszulaufen.

Das tun wir denn auch, besser gesagt, wir versuchen es. Um 08.00 Uhr nehmen wir MAR-Y-LYN II in Schlepp und folgen der IDLE QUEEN, die einen Weg durch die Riffe sucht. Hinter uns fährt die CHINNOOK.

Kaum haben wir die Bucht verlassen, als uns ein Motorboot mit bewaffneter Polizei an Bord zum Halten und Ankern zwingt. Die Yachten werden von Polizisten besetzt. Mit Juan, Harry und Ardes werden wir zur Hafenbehörde gebracht, wo wir nach zweistündiger unerfreulicher Diskussion endlich die Ausklarierungspapiere erhalten und pro Schiff für einen Tag 25 Dollar bezahlen müssen. Schließlich sind wir froh, als wir diese ungastliche Insel verlassen können.

Schade – ich hatte mir mein Wiedersehen mit Kolumbien nach 28 Jahren etwas anders vorgestellt. Damals lebte ich vier Jahre mit meinen Eltern in Bucaramanga und in der Hauptstadt Bogotá.

Am Mittag des nächsten Tages kulminiert die Sonne das erste Mal seit November letzten Jahres wieder im Süden. Erich schreibt ins Logbuch: „Hoffentlich dauert es nicht zu lange, bis wir die Sonne wieder im Norden kulminieren sehen." Die Naviprogbenutzung fällt flach, weil der Schnittwinkel beider Standlinien zu klein ist. Ardes hat mit seinem Loran unseren Standort berechnet. Er gibt ihn uns durch.

Die PUSTEBLUME ist heute wieder mit in der Funkerrunde. Sie befindet sich 150 Seemeilen westlich der Galapagos. Ihr Ziel sind die Marquesas. Sie hatten unseren Rat für die Galapagos befolgt und waren zunächst nach San Cristobal zur Einklarierung gefahren. Dort bekamen sie eine Genehmigung, Santa Cruz und zwei weitere Inseln des Archipels anzulaufen. Sie bestellen uns Grüße von Karl und Marga Angermeyer.

Erich ist wieder mal nach Seemannsgarn zumute. Wir hätten unsere Bordechse, ein Geschenk der Angermeyers, notschlachten müssen, erzählt er. Heide fragt, ob wir sie gegessen hätten, und Erich, in Erinnerung an Heides delikat eingelegten Fisch, antwortet, ich hätte sie zuerst süßsauer eingelegt. Das ist doch etwas dick aufgetragen, und Heide wird skeptisch. Auf PUSTEBLUME gibt es zur Zeit ein Überangebot reifer Bananen, und Heide ist mit ihren Bananenkochkünsten am Ende. Wir nennen ihr alle unsere erprobten Rezepte, denn wir kennen das Problem ja zur Genüge. Als letztes empfehlen wir ihr noch „Bananen-Stecker". Heide wird wieder skeptisch.

Am nächsten Morgen sind wir umgeben von Gewitterfronten. Bevor uns eine erreicht, haben wir Besuch von einem Dutzend Schwalben, die unser ganzes Boot mit Beschlag belegen. Als ein heftiger Regenschauer niedergeht, sitzen sie dicht gedrängt in einer Ecke des Cockpits.

Trotz der flauen Winde haben wir ein gutes Etmal von 120 Seemeilen gemacht. Der Golfstrom scheint uns gewaltig zu schieben. Wir bergen das Vorsegel und warten, bis unsere Freunde langsam von achtern wieder aufkommen.

Unsere unglaublich zahmen Schwalben sind immer noch da, schon drei Tage, und sitzen inzwischen mit uns am Frühstückstisch. Sie sind müde und schlafen ständig ein. Ich biete ihnen Süßwasser an und versuche ein Stück gekochtes Ei in einen der Schnäbel zu schieben, vergeblich. Vielleicht mögen sie Kakerlaken? Auch nicht! Die mag keiner! Zur Zeit flitzen diese Biester aus allen Ecken und scheinen sich selbst in der Kühltruhe wohlzufühlen. Trotz meines Jagdeifers und des Einsatzes verschiedener Ungezieferverlitlgungsmittel kann ich die Schlacht nicht gewinnen. Wie Ratten sind sie ein zähes und überaus fruchtbares Volk. Gestern beim Mittagsschlaf sah ich sogar eine über Erichs Gesicht laufen. Sie hatte sich mit den im Schwalbennest deponierten Muschelschalen beschäftigt. Es wird uns nichts anderes übrigbleiben, als sie mit nach Hause zu nehmen.

Die mäßigen Winde kommen seit heute nacht vorlicher, so daß wir unser Etappenziel, San Antonio an der Westecke Kubas, nicht mehr direkt ansteuern können. Am Nachmittag überfliegt uns mehrmals die American-Coast-Guard, und unsere amerikanischen Freunde winken ihnen von ihren Schiffen aus begeistert zu. In der folgenden Nacht schlafen wir wenig. Wärmegewitter rollen von Kuba her an und bringen Windböen und Regenschauer. Wir sind die halbe Nacht mit Segelwechsel beschäftigt. Die PUSTEBLUME hat's besser. Über Funk hören wir, daß sie sehr günstige achterliche Winde um 5 Beaufort hat und gute Etmale um 140 Seemeilen macht.

In der Frühe passieren wir Cabo San Antonio. Der Wind kommt aus Nordnordost, also fast von vorn. Wir laufen unter doppelt gerefftem Großsegel und der Fock. Unser Schiff hackt und bolzt durch die kurzen, hohen Seen. Oft kommen Brecher über Deck und sogar über das Deckshaus und machen das Segeln sehr ungemütlich.

Vergeblich suche ich nach unseren Schwalben. Alle windgeschützten Ecken im Cockpit sind heute leer. Drei Tage haben sie bei uns ausgehalten – ohne Nahrung. Ob sie überleben? Wir haben jetzt einen Reiher als blinden Passagier. Erschöpft klammerte er sich heute nacht am Gestänge der Windsteueranlage fest.

Als wir zur Probe einmal den Motor starten, fällt die Kühlwasserpumpe aus. Der Impeller ist defekt und muß ausgewechselt werden, eine mühevolle Arbeit bei der unruhigen See. Wir atmen auf, als schließlich wie gewohnt das Wasser wieder aus dem Auspuff sprudelt. Gut, daß wir den Schaden rechtzeitig entdeckt haben, denn ohne Motor hätte es später auf der Bahamabank für uns gefährlich werden können.

Unser Reiher fliegt mehrmals ängstlich auf, als wir das Kühlwasser am Auspuff kontrollieren. Durch Abwinde in Lee wird er bei erneutem Anflug auf die schwere See gedrückt und kann sich nur mit Mühe wieder erheben. Nun hat er sich aufs windige Achterdeck gewagt. Die langen wackeligen Beine knicken vor Schwäche ein. Leider kann ich ihn nicht füttern. Anglerglück haben wir nicht, und auch Fliegende Fische lassen sich nicht mehr an Deck sehen.

Es ist der 6. Mai. Florida, seine Vorposten und bald auch das Ende meiner Reise rücken von Tag zu Tag näher. Der Kanal von Yucatan liegt hinter uns. Wir sind in der Straße von Florida. Der Wind kommt genau von vorn. Wir kreuzen mühsam dagegen an. Die Nächte werden zur Qual. Bei der hochaufgetürmten See ist das Topplicht der IDLE QUEEN nur sehr schwer auszumachen; außerdem sind wir an der Kreuz trotz unserer Reffs bedeutend schneller als die kleineren Yachten und müssen nun sogar alle Stunden beidrehen, um auf sie zu warten.

Am Tage verlieren wir die anderen nicht so schnell aus den Augen. Nur alle zwei bis drei Stunden wird beigedreht. Wir lassen sie dann meist an uns vorbeiziehen. Oft kommen sie so dicht, daß wir uns begrüßen können. Auf der CHINNOOK ist es sehr naß. Ardes und Sally sitzen im Ölzeug im Cockpit, während ständig Brecher überkommen. Ardes, der nie seinen Humor verliert, meint über Funk, er könne es kaum noch erwarten, bis zu den Dry Tortugas, unserem nächsten Ziel, und dabei dehnt er das „Dry" genießerisch in die Länge.

Gegen Mittag flaut der Wind ab, wir nehmen ein Reff heraus. Nun sind wir etwa so schnell wie unsere Begleiter. So macht das Segeln im Verband wieder Spaß.

Heute scheint überhaupt ein besonderer Tag zu sein. Wir erhalten über Funk erfreuliche Nachrichten: Von Georg erfahren wir, daß es Robi sehr gut geht. Sie spielt auf der Kaffeefarm die erste Geige und hat bereits unter den Mäusen tüchtig aufgeräumt. Es scheint uns, daß man dort sehr zufrieden miteinander ist. Folkmar, der heute am Funkgerät bei Otto in Leer sitzt, gibt uns die Namen der neuen Crew und ihre Ankunftszeiten in Nassau durch.

Am Nachmittag haben wir Flaute, und dabei sind es nur noch 30 Seemeilen bis zu den Dry Tortugas, den Inseln an der Südspitze Floridas. Kurzentschlossen starten wir den Motor und nehmen außer MAR-Y-LYN II auch noch die CHINNOOK in Schlepp. Ihre Batterien haben sich so stark entladen, daß Ardes die Maschine nicht mehr starten kann. Es ist schon dunkel, als wir beide freigeben. Unser vorläufiger Ankerplatz ist Loggerhead Key, die westlichste Mini-Insel der Dry Tortugas und der südlichste Punkt der USA. Morgen, bei Tageslicht, werden wir durch die Korallenriffe fahren und uns im Inneren des Archipels bei Garden Key vor Anker legen.

Aufbruch der drei Yachten nach Garden Key punkt 10.00 Uhr. Wir nehmen MAR-Y-LYN II in Schlepp. Ardes hat seine Batterien mit dem Hilfsdiesel der IDLE QUEEN aufgeladen und kann seinen Motor wieder starten. Hintereinander ziehen wir durch die engen Passagen der Korallenriffe, sehr langsam, und beachten jeden Wechsel der Wasserfärbung, der auf eine Änderung der Tiefe schließen läßt. Gegen 11.30 Uhr erreichen wir einen Ankerplatz in smaragdgrünschimmerndem Wasser. Hinter dem kleinen Sandstrand erhebt sich die Superfestung Fort Jefferson.

Die Crews der vier Yachten versammeln sich bei uns an Bord zur ersten „Happy Hour" – diesmal auf den Morgen verlegt – nach neun rauhen Segeltagen. Danach setzen wir mit dem Dingi an Land über, um Insel und Fort zu besichtigen.

Juan Ponce de Leon, ein Spanier, der bereits bei der zweiten Expedition des Columbus dabei war, entdeckte Florida. Er hielt das Land für eine große Insel und nannte es „Pascua Florida" – Ostersonntag, nach dem Tag, an dem er es zum ersten Mal sah. 1513 kam er zu einem Archipel aus sieben flachen Korallenriffen. Nach den unzähligen Schildkröten, die hier ihre Heimat hatten, gab er ihm den Namen

Las Tortugas. Danach waren die Inseln für viele Jahrhunderte ein Piratennest. Seit 1821 gehören sie als Teil Floridas zu den Vereinigten Staaten und heißen Dry Tortugas, „Trockene" Schildkröten. 1846 bauten die Amerikaner auf Garden Key eine mächtige Festung, die sich fast über die ganze Mini-Insel erstreckt. Mit ihr sollte der wichtige Schiffahrtsweg zwischen dem Golf von Mexiko und dem Osten der Vereinigten Staaten geschützt werden. Bis zur Emanzipationsproklamation 1863 schufteten hier hauptsächlich Sklaven aus Key-West. Die Erfindung neuer Schußwaffen zeigte jedoch bald, daß die teuren, dicken Mauern eine grandiose Fehlinvestition waren. Außerdem stellten Experten fest, daß das Gebäude nicht auf solidem Korallenriff, sondern lediglich auf Korallenstücken und Sand gebaut war. Die Wände des schweren Forts bekamen Risse.

Heute sind die Inseln ein einziger großer Naturpark. Die Nachbarinsel Bushkey zum Beispiel ist inzwischen ein Zufluchtsort für Seeschwalben geworden, die fast ausgerottet waren. Die Jagd auf die Schildkröten hatte diese für die Inseln ehemals so typischen Tiere ebenfalls fast ausgerottet. In den letzten Jahren brachte man deshalb Tausende von jungen Schildkröten hierher, um sie wieder heimisch zu machen. Das alles erinnert mich an die Galapagosinseln, die ja auch Schildkröteninseln heißen.

Die Bäume, die im Garten der Jefferson-Festung in voller Blüte stehen, dienen vielen tropischen Vögeln als Ruheplatz. Die Inseln befinden sich mitten auf einer der Hauptvogelfluglinien von den USA nach Kuba und Südamerika. Der Süßwasserbrunnen in der Mitte des Parks ist belagert von Vögeln, die gerade Zwischenstation einlegen. Amerikanische Vogelliebhaber mit gezückten Kameras hinter den Büschen vesuchen, sie wenigstens auf einem Bild einzufangen.

Nach dem Inselbummel hat Faith für uns alle auf der IDLE QUEEN ein Abendessen gerichtet. Ein letztes Mal genießen wir das Beisammensein mit unseren amerikanischen Freunden. Der Abschied fällt uns schwer. Fast vier Wochen sind wir mit ihnen „im Verband" gesegelt, haben Ausflüge auf Land unternommen, uns in Bedrängnis gegenseitig geholfen und gemeinsam viele Abenteuer bestanden. Die Erinnerung daran wird sicher immer bleiben. Aber werden wir unsere

Freunde jemals wiedersehen? Vielleicht. Eines nehmen wir uns jedenfalls fest vor – zu schreiben, damit der Kontakt nicht ganz abreißt.

Am 10. Mai um 06.00 Uhr muß Erich den Anker in mühseliger Arbeit über Hand an Deck holen. Die Ankerwinsch streikt. Eingedrungenes Seewasser hat Stahlfedern in ihrem Inneren korrodieren lassen. Als wir auslaufen, stehen unsere Freunde auf ihren Booten. Sie blasen auf Muscheln oder Nebelhörnern und winken so lange, bis wir hinter den Mauern von Fort Jefferson verschwinden.

Leichte Brise aus Norden den ganzen Tag. In der Nacht frischt der Wind auf und dreht auf Nordost. Er steht nun gegen den Strom. Schnell baut sich eine steile See auf. Wieder müssen wir kreuzen. FREYDIS stampft, als ob sie durch Schlaglöcher führe. Achtern neben dem Auspuffrohr dringt wieder viel Wasser ins Schiff. Tag und Nacht wird alle halbe Stunde der Wecker gestellt. Vergessen wir zu pumpen, schlägt der Monitor Alarm und weckt den gerade Schlafenden.

Obwohl wir alle Lichter führen, kommt uns ein Fischdampfer um 02.00 Uhr nachts bedenklich nahe, und wir müssen ein schnelles Ausweichmanöver fahren. Um 03.00 Uhr beruhigt sich die See schlagartig. Wir sind auf der großen Bahamabank. Das Echolot zeigt nur noch sieben Meter Wassertiefe. Nach Sonnen- und Mondhöhe ermitteln wir bereits in aller Frühe unseren Standort: 07.00 Uhr – 24° 53′ Nord und 78° 50′ West. Die Farbe des Wassers ist nicht mehr grau wie gestern. Sie wechselt zwischen hell- und dunkelgrün, je nach dem Untergrund von Sand oder Korallenriffen. Wir müssen sorgfältig navigieren, diese Bank hat ihre Tücken. Am Nachmittag flaut der Wind ab, und wir reffen aus. Endlich kommt der Leuchtturm North West Channel in Sicht. Um 17.45 Uhr passieren wir ihn und verlassen damit die große Bahamabank.

In der Morgendämmerung des 12. Mai segeln wir bei leichten Winden entlang der Küste von New Providence. Wir haben beide in der Nacht nur für ein bis zwei Stunden die Koje aufgesucht. Die schwierigen navigatorischen Verhältnisse hier, der zunehmende Schiffsverkehr – um 03.00 Uhr nachts hat uns beinahe wieder ein Fischdampfer gerammt – halten uns wach.

Spannung und Unruhe haben mich in den letzten Stunden befallen. New Providence ist das Ziel dieser Etappe. Hier würde ich Erich und unser Schiff endgültig verlassen müssen – seit unserem Aufbruch in Gran Canaria sind fast siebeneinhalb Monate vergangen.

Die Sonne geht auf, als wir uns Nassau, der Hauptstadt der Bahamas, nähern. Um 08.00 Uhr ankern wir östlich der Potter-Kay-Bridge. Der Hafen ist größer, als wir ihn uns vorgestellt haben, und wir fragen uns, ob die Mitsegler der neuen Crew uns ohne Schwierigkeiten finden werden. Unnötige Sorgen, wie sich bald herausstellt. Am nächsten Tag haben sich bereits alle sieben neuen Crewmitglieder eingefunden.

Es wird wieder eng an Bord. Alle packen aus. Ich packe ein. Vorbereitungen für die letzte Etappe werden getroffen: Provianteinkäufe, kleinere Reparaturen, Einweisungen in die Geheimnisse der Bordelektrik, der Rettungsmittel, des Maschinenraumes und der Toilettenbedienung.

Abschiedschmerz macht sich bei mir breit, das trennende Gefühl des plötzlichen Nicht-mehr-Dazugehörens, und Erich ist viel zu beschäftigt, um mich in diesen Stunden zu trösten. Wo ist die Zeit nur geblieben, die mir in Gran Canaria so unendlich lang erschien? Bilder unserer Fahrt ziehen wie schöne Träume an mir vorbei. Brasilien, die Falkland-Inseln, die Antarktis, Pinguine, Robben und Eisberge, unser Funkerfreund Heinz in Chile, und natürlich Robi, unsere gute Robi. Die Traumreise ist zu Ende – ob es für mich jemals wieder eine ähnliche geben wird?

Nur noch wenige Stunden, und ich werde wieder allein am Kai stehen, inmitten der zahlreichen amerikanischen Superyachten – unserer FREYDIS nachblickend, wie sie den Hafen verläßt und mit vollen Segeln den heimatlichen Meeren zustrebt, von denen einst auch ihre Namensschwester auszog, die Wikingerfrau Freydis.

ANHANG

Die Reise aus der Sicht des Skippers

Planung des Törns
Aufbau einer Crew
Wahl der Route
Vorbereitungen am Schiff
Ergänzung der Ausrüstung
Typische Wetterlagen

Seemannschaft auf Blauwasserfahrt

Ulis Schlimbach-Rede
Die Crew für die große Reise
Vorbereitungen auf Schwerwetter
Verhalten im Sturm
Navigation in Nebel und Eis
Medizinische Versorgung

Das Schiff

Allgemeine Ausrüstung
Einrichtungsplan
Segelriß

ANHANG

Von Erich Wilts

Planung des Törns und Aufbau einer Crew

Meiner Frau und mir standen aus beruflichen Gründen für eine Kap-Hoorn-Umrundung mit dem geplanten Vorstoß in die Antarktis maximal elf Monate zur Verfügung. Damit lag eine wichtige Bedingung für die Wahl der Route fest. Weitere Voraussetzung war eine Yacht, die den Anforderungen einer solchen Langfahrt genügen würde. Wir verkauften deshalb unsere 11,30 m lange Super-Secura, einen Selbstbau, und ließen von einem befreundeten Schiffsbauingenieur, dem Leiter eines Werft-Konstruktionsbüros, eine 25 Prozent größere Version der Super-Secura konstruieren. Nach diesen Plänen entstand der Rumpf aus Stahl auf einer hiesigen Werft. Der Ausbau erfolgte wieder in „Heimarbeit". Die Probefahrten gingen 1979 nach Finnland und auf der Rückreise rund Skagen, 1980 durch Kanal und Biskaya nach Nordwest-Spanien. Außerdem kam die FREYDIS in den beiden letzten Wintern nicht ins Winterlager, sondern wurde auf kleineren Törns in der Nordsee auf Wintertauglichkeit getestet.

Für meine Frau und mich war es wichtig, daß über die reine Segelzeit hinaus noch Gelegenheit bestand, Land und Leute kennenzulernen. Es lockte uns sehr, im Rahmen einer solchen Langfahrt von einem ganzen Kontinent – Südamerika – eine Vielzahl von Eindrücken zu gewinnen. Rund ein Drittel der Reisezeit – nämlich 100 Tage – waren Hafentage, sogar mehr, wenn man berücksichtigt, daß wir sehr oft am späten Nachmittag ausliefen und diese Tage nach den Richtlinien der Kreuzer-Abteilung dann statistisch voll zu den „Seetagen" rechnen.

Bestimmend für den Charakter der Reise war weiterhin, daß wir nicht nur zu zweit, sondern auf entscheidenden Etappen mit größerer Crew segeln wollten. Zu zweit wollten wir von Gran Canaria nach Salvador (Brasilien) und an der pazifischen Seite Südamerikas entlang über Panama bis Nassau, zu dritt an der südamerikanischen Ostküste von Salvador über Rio nach Montevideo. Sechs bis acht Leute waren vorgesehen für die schwierigsten Passagen, nämlich die Etappen Leer – Englischer Kanal – Gran Canaria; Montevideo – rund Kap Hoorn – Valparaiso; Nassau – Azoren – Leer.

Für eine Langfahrt, wie wir sie planten, vor allem wenn sie in die sturmreichen 40er und 50er Breitengrade des Südatlantiks führt, müssen drei Voraussetzungen erfüllt sein: eine gut vorbereitete und ausgebildete Crew, genaue navigatorische Vorbereitung und ein speziell für dieses Unternehmen geeignetes Fahrtenschiff mit der entsprechenden Ausrüstung.

Mit einer sechs- bis neunköpfigen Crew zu segeln, war für meine Frau und mich nichts Ungewöhnliches. Die Leidenschaft zum Mannschaftssegeln habe ich aus meiner hamburgischen Studienzeit mitgebracht, in der ich fünf Jahre zur Crew der ORTAC des Hamburgischen Vereins Seefahrt gehörte.

Die letzten fünf Jahre segelten meine Frau und ich jeweils die eine Hälfte unseres Sommertörns zu zweit und die andere mit größerer Crew, so daß wir für das Unternehmen auf einen segelerfahrenen, bewährten Freundeskreis zurückgreifen konnten. Die „Stamm"-Crew wurde in alle Vorbereitungsarbeiten einbezogen.

Wo auf der einen oder anderen Etappe noch Lücken zu füllen waren, halfen wir uns über Inserate und vereinbarten im Winter und Frühjahr vor dem Start Probeschläge auf der Nordsee und im Revier. Insgesamt waren 21 Segler an der Reise beteiligt, davon außer meiner Frau und mir etliche Freunde, die auf mehreren Abschnitten mit von der Partie waren. Es gab auf den verschiedenen Etappen so gut wie keine Reibereien, für mich eins der wichtigsten Ziele dieser Langfahrt.

Natürlich verläuft auch bei sorgfältigster Vorbereitung nicht alles hundertprozentig nach Plan. Der siebente Mann für die Route ab Montevideo bekam zwei Tage vor dem Abflug in Deutschland einen Leistenbruch. Durch die Operation bedingt konnte er erst in Ushuaia (Argentinien) mit vierwöchiger Verspätung zusteigen, blieb aber dafür bis Lima/Peru an Bord. Eine weitere Änderung ergab sich dadurch, daß ich die FREYDIS auch auf dem letzten Abschnitt von Nassau nach Leer entgegen ursprünglicher Absicht selbst skipperte. Mein Bruder und einige Freunde halfen mir in Deutschland, für diesen Abschnitt eine zum Teil neue Crew zusammenzustellen.

YACHT 8/81
Vor dem Start zu unserer Reise fanden wir Mitsegler für die erste Etappe über ein Inserat

Kleine, erfahrene Crew
sucht für sportlichen Törn mit eigener 15-m-SY, von Leer nach Gran Canaria, noch 1–2 Mitsegler.
Start 08. Aug. 81, Dauer ca. 5 Wochen, inkl. 1wöchigem Bade- und Surfurlaub, in NW-Spanien.
Erich Wilts
Postf. 2020, 2950 Leer
Tel. ab 19 Uhr (0491) 22 62

YACHT 22/81
In letzter Minute:
Suche nach dem siebenten Mann für Antarktis und Kap Hoorn

Sechsköpfige, eingespielte Crew sucht noch 1–2 Mitsegler auf einer 15-m-Stahlsloop für folgende Teilstrecken: Montevideo – Kap Hoorn – Valparaiso, vom 15. Dez.–07. Febr. 1982, Nassau – Deutschland vom 1. Juni–15. Juli 1982, nur erfahrene Hochseesegler kontakten über: F. Ukkena, Margarethenhöhe 17, 3300 Braunschweig.

YACHT 7/82
Eine Crew fiel aus:
Mitsegler für
Rückreise
Nassau–Leer
gesucht

Nach gelungener Umrundung von Kap Hoorn (Ost – West) für letzte Rückreise-Etappen von deutscher 15-m-Stahlsloop noch Mitsegler gesucht; ca. 15. 4. bis 15. 5. 1982 Panama – Nassau; ca. 15. 5. bis 30. 6. 1982 Nassau – Deutschland. Erfahrene Hochseesegler kontakten über Fokmar Ukena, Margarethenhöhe 17, 3300 Braunschweig, Tel. 0531/35 01 08 bei Frau Kah.

Wahl der Route

Bei der Ausarbeitung der Reise und der Einteilung der Routen waren unsere wichtigsten Unterlagen die Monatskarten für den Nord- und Südatlantischen Ozean, „Atlas of Pilot Charts South Pacific and Indian Ocean", die Handbücher des Atlantischen Ozeans, „Ocean Passages for the World", „South America Pilot" und „Antarctic Pilot". Für die Reise der FREYDIS ergab sich nach intensivem Studium eine zeitliche Terminierung, die sich an wichtigen Wind- und Wetterbedingungen orientierte.

Wir mußten im Spätsommer starten, damit wir den Kanal und die Biskaya möglichst vor den ersten Herbststürmen im September durchqueren konnten. Weiterhin wollten wir den Nordost-Passat auf dem Nordatlantik bestmöglich nutzen, die Hurrikangebiete in diesem Bereich weitgehend vermeiden und vom Südost-Passat auf dem Weg nach Südamerika profitieren. Danach galt es, Kap Hoorn in den sturmschwächsten Südsommer-Monaten, Dezember/Januar, zu umrunden. Im Südostpazifik wollten wir abermals den Passat optimal zu nutzen suchen und außerdem die Karibik vor Beginn der Hurrikansaison verlassen haben. Damit lagen auch die Termine für unsere Rückreise weitgehend fest.

Aus diesen Gedanken lassen sich vielleicht schon die Gründe für die Kap-Hoorn-Umrundung von Ost nach West, entgegen Moitessiers „logischem Weg" und entgegen dem Weg, den die Berliner mit ihrer JOSHUA wählten, erkennen. Die optimale Nutzung der Passate als halbe und raume Winde anstelle des sonst zwangsläufigen Gegenansegelns oder der großen Umwege, die sich auf der südpazifischen Westseite des südamerikanischen Kontinents ergeben hätten, stand für uns im Vordergrund.

Wir waren uns darüber im klaren, daß die Umrundung der Südspitze von Ost nach West, gleichgültig, welchen Kurs wir nehmen würden, mit größeren Strapazen und Gefahren verbunden war. Mit einer erfahrenen Crew und dem zur Verfügung stehenden Schiff hielten wir jedoch diesen Kurs für machbar und die Risiken für vertretbar.

Für den entscheidenden Abschnitt vom Atlantik in den Pazifik kamen drei Kurse in Frage, die alle in die Vorbereitungsarbeiten einbezogen wurden:
1. die Magellanstraße als der kürzeste Verbindungsweg (zirka 310 Seemeilen) zwischen den beiden Ozeanen. Zu erwarten hatten wir Gegenwinde, starke Gezeitenströme, gefährliche Untiefen und die berüchtigten Williwaws (Fallwinde). Diese Wasserstraße stellt hohe Anforderungen an Navigation und Seemannschaft. Außerdem mußten wir mit politischen Schwierigkeiten rechnen, da es zwischen Chile und Argentinien wegen Gebietsstreitigkeiten ständig kriselt.
2. die klassische Kap-Hoorn-Umrundung, die vom 50. Breitengrad des einen Ozeans bis zum 50. Breitengrad des anderen Ozeans gerechnet wird. Kürzeste Distanz: zirka 900 Seemeilen. Navigatorisch leichter zu bewältigen, dafür aber mit hoher Wahrscheinlichkeit Sturm und Strom von vorne.
3. rund Kap Hoorn auf dem Umweg über die Falkland-Inseln und die antarktische Halbinsel. Damit würde die Kap-Hoorn-Umrundung mindestens 1200 Seemeilen länger. Es war klar, daß dies der schwierigste und gefährlichste Kurs sein würde. Unter günstigen Umständen konnten wir dadurch zwar an die Südseite der durch die Drake-Straße ziehenden Tiefdruckgebiete gelangen und damit möglicherweise Ostwinde für unser Vorankommen ausnutzen. Im übrigen aber mußten wir mit Eisbergen und Packeis rechnen und mit einer ganzen Reihe weiterer Gefahren, auf die der „Antarctic Pilot" gleich am Anfang ausführlich und eindrucksvoll hinweist. Es gibt über die Drake-Passage und die Antarktische Halbinsel so gut wie keine auswertbaren Segelerfahrungen, wenn man einmal absieht von dem Buch des Einhandseglers David Lewis, der 1973 einhand in diesem Seegebiet segelte (und es nicht den mangelhaften Vorbereitungen und der unzureichenden Ausrüstung verdankte, daß er dieses Abenteuer überlebte, sondern mehr einer Reihe von glücklichen Umständen).

Am meisten reizte uns eine Kombination der drei Kurse: Sowohl Kap Hoorn als auch Antarktis und anschließend ein längerer Abstecher in die Kanäle von Feuerland und Patagonien. Dies würde an Crew und Schiff die höchsten navigatorischen und seemannschaftlichen Anforderungen stellen und versprach eindrucksvolle und unvergeßliche Erlebnisse. Auf der anderen Seite mußten wir ganz klar das Risiko sehen. Nur unter bestimmten günstigen Voraussetzungen und bei übertriebener Vorsicht und Gewissenhaftigkeit in Ausführung der Seemannschaft und Navigation lag ein Umweg über die Antarktis überhaupt im Bereich des Möglichen.

Unsere endgültige Entscheidung über den Kurs stellten wir bis zu unserer Ankunft in Montevideo zurück. Wir machten sie abhängig vom Zustand der Crew und des Schiffes, der Ausrüstung und den Wetterverhältnissen (Großwetterlage und Eisberichte), die wir dort vorfinden würden. Vor allem die Eissituation ist nicht nur einem jahreszeitlichen Rhythmus unterworfen, sondern unterliegt auch von Jahr zu Jahr starken Schwankungen.

Vorbereitungen am Schiff und Ergänzung der Ausrüstung

Beim Bau der FREYDIS standen Solidität und Zweckmäßigkeit im Vordergrund. Leichtbauweise kam nicht in Frage. Der Gesichtspunkt der Schnelligkeit war nachgeordnet. Für die geplante Reise hatten wir einige wesentliche zusätzliche Arbeiten vorgenommen:

a) Verstärkung des Rumpfes

Schwachpunkte sind Fenster, Deckshaus und Niedergang.

Für die Fenster wurde eine Notverschalung aus seewasserfestem 20-mm-Sperrholz mit Vorrichtung für schnelles Anbringen gefertigt.

Das nach achtern offene Deckshaus besteht aus 40-mm-Teakplanken, die Fenster sind aus 12-mm-Verbundglas. Diese Konstruktion wurde durch einen Überrollbügel aus Vierkant-Niro-Rohr 40 × 60 mm und eine Mittelstütze aus Niro-T-Eisen 50 × 50 mm verstärkt.

Da trotzdem eine Beschädigung durch von achtern einsteigende „Kavenzmänner" nicht ausgeschlossen werden konnte, wurde der Niedergang mit einem zusätzlichen Steckschott von seewasserfestem 20-mm-Sperrholz gesichert.

An Deck wurde auf dem Vorschiff vom Mast bis zum Bug auf jeder Seite ein Niro-Seil ⌀ 8 mm gespannt, in das man sich während der Arbeiten auf dem Vorschiff einpicken konnte. In den Cockpit-Boden wurde eine Schiene eingelassen, in die sich alle im Cockpit Sitzenden bei schlechtem Wetter mit dem Lifebelt einpicken konnten.

b) Verstärkung des Riggs

Mast, Baum und Verstagung liegen weit über Konstruktionsvorschrift und GL-Norm (u. a. zwei Vorstagen und zwei Achterstagen je 10 mm ⌀).

Vor der Reise wurden zwei Backstagen und ein Fockstag zusätzlich angebracht, so daß aus der Slooptakelung eine Kuttertakelung wurde. Es war vorgesehen, die Sturmfock am neuen Fockstag zu fahren.

Außerdem wurde eine zusätzliche Schiene für das Trysegel an den Mast genietet. Dadurch konnte das Trysegel untergeschlagen werden, auch wenn das gereffte Großsegel noch stand.

c) Leckvorsorge

Starker Wassereinbruch als Folge einer Kollision mit einem anderen Schiff, Treibgut, Wal, Eis oder Grundberührung war eine unserer Hauptsorgen.

Das Schiff ist im vorderen Teil mit einem Kollisionsschott ausgerüstet. Zwei Lecksegelschirme und zwei Lecksegel sind vorhanden.

Zusätzlich zu den vier Lenzpumpen (drei Gusher-Doppelmembranpumpen und eine elektrische Membranpumpe) wurde je eine Hochleistungs-Impellerpumpe an Hauptmaschine und Hilfsdiesel gekoppelt, die mit einem Handgriff in Betrieb zu nehmen sind. Da der Jockel relativ hoch steht und per Hand angeworfen werden kann, besteht auch dann noch Betriebsbereitschaft, wenn das Wasser im Schiff hoch steht und die Elektrik zum Starten ausgefallen ist. Förderleistung je Pumpe: zirka 20 000 l pro Stunde.

d) *Heizung*

Die zu erwartende Kälte und möglicher unfreiwilliger Einschluß im Eis zwingen zu äußerster Vorsicht. Geheizt werden kann mit
einem Refleks-Dieselofen,
einer Eberspächer-Warmluft-Dieselheizung,
drei an den Kühlkreislauf der Hauptmaschine angeschlossenen Heizkörpern,
einer tragbaren Petroleumheizung.

e) *Aufgabe des Schiffes*

Falls die Yacht in den kalten Gebieten des Südatlantiks aufgegeben werden muß, sollen die Überlebens-Chancen in den beiden Rettungsinseln erhöht werden durch folgende in der Nähe des Niederganges gestauten, zusätzlichen Hilfsmittel:
zirka 200 l Wasser in Kanistern,
Destillierapparat,
Zusatzproviant,
Zusatzsignalmittel,
gut sortierter Angelkasten.

f) *Überbord-Fallen*

Die kleinere der beiden Rettungsinseln ist ausklinkbereit an der Seereling befestigt. Vor allem für das schwierige Anbord-Nehmen eines erschöpften Crewmitgliedes soll sie verhindern, daß der Betreffende vor seiner Rettung an Unterkühlung stirbt. Sehr wichtig, wenn zu zweit oder dritt gesegelt wird. Um das Anbord-Holen zu erleichtern, sind zwei Self-Tailing-Winschen als Fallwinschen montiert worden. So kann einer alleine mit dem Fockfall den an Bord Kletternden unterstützen.

g) Persönliche Ausrüstung

Alle Crewmitglieder sind auf den kalten Strecken mit Thermo-Overalls oder -Underalls und Thermoschuhen (wie Snowboots) ausgerüstet. Hinzu kommen zweckmäßige Mützen und Handschuhe.

h) Medizinische Versorgung

Ein Arzt – meine Frau – auf der Gesamtstrecke Gran Canaria – Nassau, ein zweiter Arzt auf der Teilstrecke Montevideo – Kap Hoorn – Puerto Natales. Zwei Koffer mit Medikamenten und ein komplettes Zahnarzt-Besteck.

i) Lenzen vor dem Sturm

Die Ausrüstung wurde ergänzt um zwei Treibanker, $\varnothing$ 3 m, und zwei Autoreifen. Vorhanden sind ca. 350 m Schlepptrosse zwischen 16 und 22 mm $\varnothing$.

k) Kentersicherungen

Jede Koje wurde mit Sicherungsgurten gegen Herausfallen und/oder Verletzen bei extremer Schräglage oder Durchkentern ausgerüstet.
 Das Schwert wurde so arretiert, daß es auch bei Durchkentern nicht in den Schwertkasten fallen und damit die Stabilität beeinträchtigen konnte.
 Zusätzlich zu den normalen Verschlüssen wurden Sicherungsbügel und Riegel vor sämtlichen Schränken, Schapps und Stauräumen angebracht. Die Bodenbretter wurden ebenfalls gesichert.

l) Ersatzteile/Werkzeuge

Es kam eine komplette Werkzeug- und Ersatzteil-Ausrüstung an Bord, die uns Reparaturen an der Hauptmaschine und den übrigen Aggregaten auch unter schwierigen Verhältnissen ermöglichte. Über die gesamte Ausrüstung gab es detaillierte Listen.

REISEABSCHNITT	von ... bis	Tage Gesamt	Tage davon auf See	Tage davon Hafentage	Seemeilen Gesamt	Seemeilen davon Segeln	Seemeilen davon unter Motor	Motoranteil	Ø Geschwindigkeit	Crew
I Leer – spanische Küste – Gran Canaria	08.08.–10.09.81	34	23	11	2 254	1 793	461	20%	5,4 Knoten	8 Personen (ab Bayona 9)
II Gran Canaria – Kap Verden – Salvador	20.09.–22.10.81	33	27	6	3 215	2 863	352	11%	5,5 Knoten	2 Personen
III Salvador – Rio – Montevideo	07.11.–16.12.81	40	27	13	2 062	1 895	167	8%	4,4 Knoten	3 Personen
IV Montevideo – Lima					6 533	5 864	669	10%		
a) Montevideo – Falkland – Antarktische Halbinsel – Falsches Kap Hoorn	21.12.–08.03.82									
b) Kanäle in Feuerland und Patagonien vom Falschen Kap Hoorn bis Estrecho Nelson	21.12.–23.01.82	34	29	5	3 040	2 852	188	6%	4,7 Knoten	6 Personen
c) Estrecho Nelson – Lima	23.01.–05.02.82	12	10	2	670	314	356	53%	4,5 Knoten	6 Personen (ab Ushuaia 7)
	05.02.–08.03.82	32	28	4	2 823	2 698	125	4%	4,8 Knoten	3 Personen
V Lima – Galapagos – Panama – Nassau	21.03.–13.05.82	54	41	13	3 945	3 826	119	3%	4,5 Knoten	2 Personen
VI Nassau – Bermudas – Azoren – Leer	19.05.–30.06.82	43	40	3	4 769	4 723	46	1%	5,6 Knoten	8 Personen (ab Ouessant 9)
Zwischenaufenthalt in Häfen		43	–	43						
GESAMT		325	225	100	22 778	20 964	1 814	7,9%		

Typische Wetterlagen

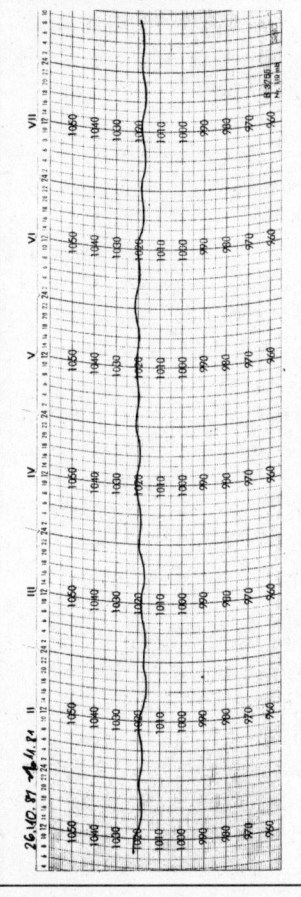

Vom 22.10. bis 7.11.1981: Aufenthalt in Salvador/Bahia und Umgebung. Der Barograph zeichnet die typische Luftdruckkurve der Tropen: regelmäßige tägliche Doppelschwankungen mit nahezu gleich hohen Wellenbergen gegen 10 und 22 Uhr, getrennt durch ebenso gleichförmige Wellentäler gegen 4 und 16 Uhr. Tag für Tag erscheint das gleiche Bild auf der Dose.

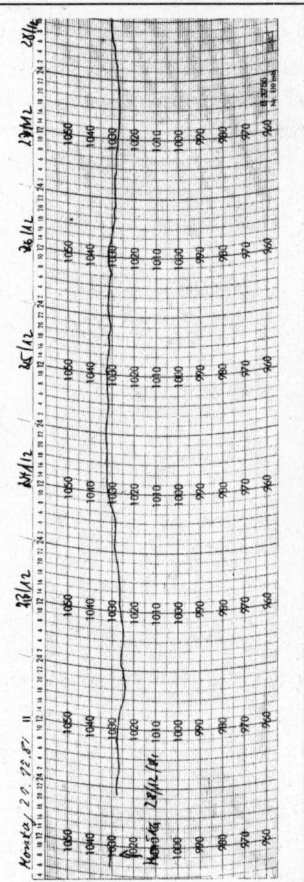

Wir segeln von Montevideo (34° S 56° W) in Richtung Süden. Die Barographenkurve zeigt weder die typischen Doppelschwankungen der Tropenkurve, noch läßt sie sich den folgenden Kurven des Westwind-Gürtels zuordnen. Zwar sind noch Tagesschwankungen zu erkennen, sie verebben jedoch langsam. Es bilden sich statt dessen Zyklen heraus, die über mehrere Tage andauern. Wir sind am Übergang von den Roßbreiten zum Westwind-Gürtel.

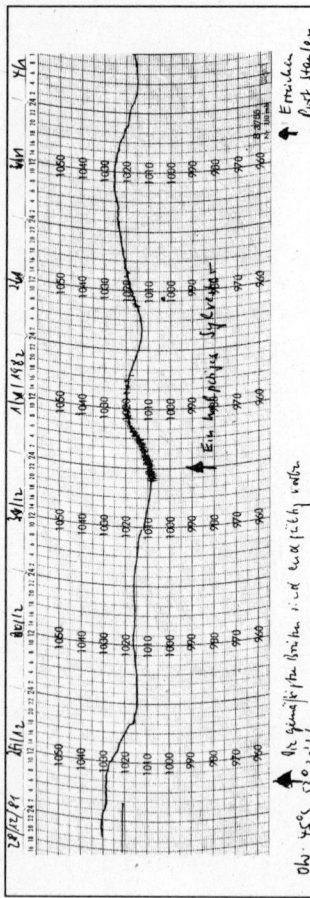

Die gemäßigten Zonen sind nun endgültig vorbei. Der Südost-Passat und die Roßbreiten werden durch die „Brüllenden Vierziger" abgelöst. Von nun an müssen wir uns gegen stürmische Südwestwinde und gegen die Falkland-Strom bis zu den Falkland-Inseln vorankämpfen. Am 29. 12. 1981 befinden wir uns auf 45° S 52° W, als der erste Sturm mit bis zu 9 Windstärken einsetzt. Auch der Abschied vom alten Jahr und die Begrüßung des neuen fallen recht stürmisch aus.

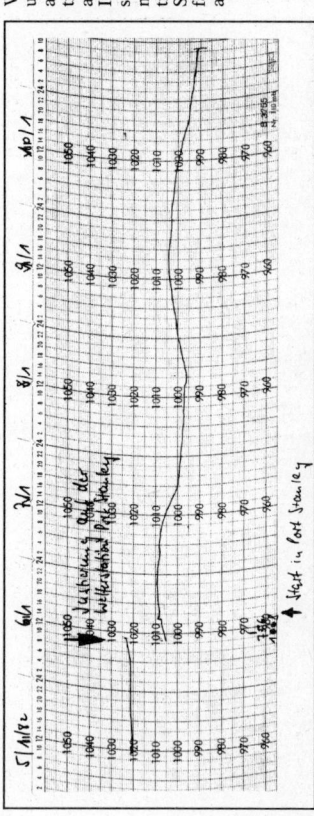

Wir nehmen die Gelegenheit wahr und lassen unseren Barographen am 6. 1. 1982 auf der Wetterstation in Port Stanley neu justieren auf Null Meter über Normal-Null. In den „Schreienden Fünfzigern" segeln wir von Port Stanley weiter nach Süden in Richtung Antarktis. Bei ausgeprägten zyklischen Schwankungen ist die Tendenz fallend. Am 11. 1. sind wir bereits auf 991 mb.

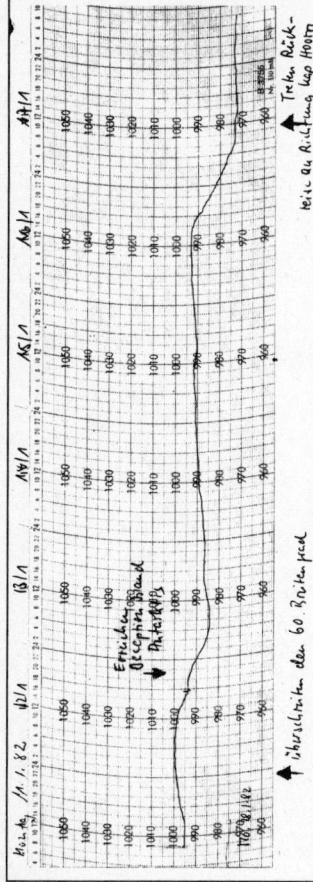

Wir befinden uns in der Nähe des Polarkreises (64° 46' S) und somit in einer Zone niedrigsten Luftdruckes, in der lebhaftestes Wettergeschehen und größere Windstärken vorherrschen. Der steile Druckabfall am 16. 1. von 993 auf 972 mb bringt allerdings nicht den befürchteten Sturm, sondern nur leichte Schneefälle. In der sicheren Obhut der Palmer-Station warten wir so lange, bis der Zeiger des Barographen auf 972 mb stehenbleibt, und treten am darauffolgenden Tag die Rückreise in Richtung Kap Hoorn an.

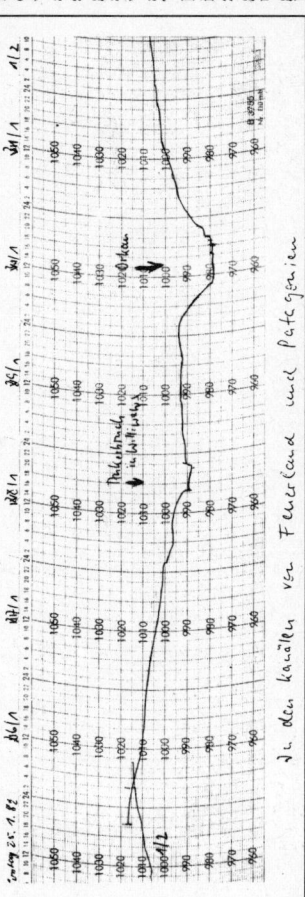

In der Woche vom 25. 1. bis 31. 1. fällt das Barometer unentwegt und erreicht am 30. 1. seinen tiefsten Stand von 978 mb. Ein Orkantief heult über die Berge und durch die Kanäle. Zwar können wir von Glück reden, daß wir nicht auf offener See abwettern müssen, sondern in den Kanälen Patagoniens relativ geschützt sind, aber vor den Williwaws müssen wir ständig auf der Hut sein und auch nachts Ankerwache gehen. Trotz aller Vorsichtsmaßnahmen können wir nicht verhindern, daß in einer Ankerbucht, die plötzlich zum Hexenkessel wird, unser größter Anker in zwei Teile bricht und ein anderes Mal das zweifach gereffte Großsegel einfach aus der Baumnut herausgerissen wird.

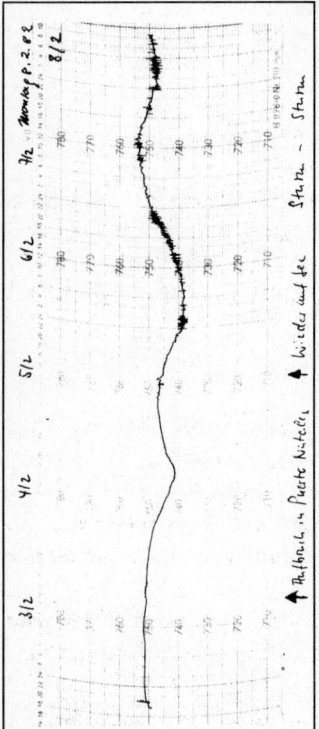

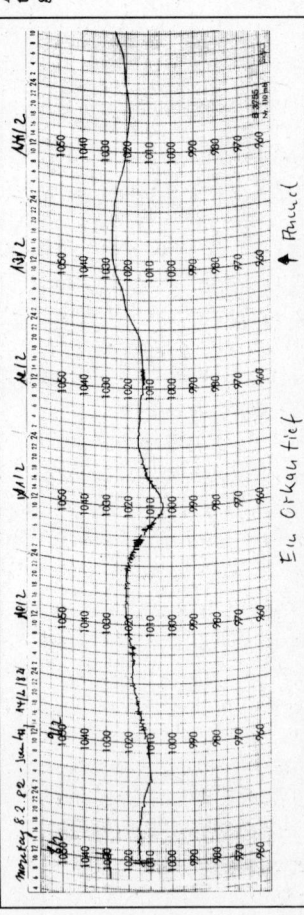

Als wir am 5. 2. 1982 die patagonischen Kanäle verlassen, um an der Westküste Südamerikas nach Norden zu segeln, werden wir von einer typischen Zyklonenfamilie geplagt. Ein Tiefdruckgebiet folgt dem anderen, und am 11. 2. erleben wir den stärksten Orkan der gesamten Reise mit bis zu 12 Windstärken. Als wir am 13. 2. Ancud erreichen, ist die Barometerkurve endlich wieder gestiegen, das Wetter bessert sich.

Seemannschaft auf Blauwasserfahrt

Bei der Schlimbach-Preisverleihung 1984 hielt der Mediziner Dr. Ulrich Krämer (Uli) folgende Rede:

*Sehr geehrte Damen und Herren,
ich spreche zu Ihnen als Crew-Mitglied der SY* Freydis, *mit der wir im Winter 1981/82 in die Antarktis gesegelt sind.*

Hierzu mußten wir – von den Falkland-Inseln kommend – nicht ganz 2000 Seemeilen in der Drake-Passage vor Kap Hoorn kreuzen und zwei Stürme abwettern, deren Windstärken – bezogen auf unsere Breiten – annähernd den winterlichen Orkanen der Biskaya und auch der Nordsee vergleichbar waren.

Wenn ich eben sagte, wir wetterten zwei Stürme ab, so ist dies nicht ganz korrekt.

Wir haben nie beigedreht, nie Trossen nachgeschleppt oder eine andere der sonst üblichen Überlebenstaktiken angewendet.

Vielmehr wurde das Schiff Tag und Nacht in vierstündigem Wechsel von jeweils zwei Leuten bedient und voran gesegelt, einschließlich etwaiger Segelwechsel, Reffmanöver, Reparaturen und nicht zuletzt der Navigation.

In zwei Monaten fast ununterbrochenen Segelns wurde die Freiwache nicht einmal geweckt, so daß die Vorschiffsarbeit in der Regel auch nur von einer Person erledigt wurde.

Auch wenn Sie es für überheblich halten, die anschließende Fahrt durch die patagonischen Kanäle und Teile der Magellanstraße haben wir persönlich als Erholung empfunden.

Und nur in dem Umstand, daß jedes Crewmitglied regelmäßig und ausreichend Schlaf fand und daß jeder pünktlich zweimal am Tag, unter welchen Wetterbedingungen auch immer, eine warme Mahlzeit zu sich nehmen konnte, darin sehe ich den entscheidenden Grund, daß wir diese Reise nicht nur überlebt, sondern in verhältnismäßig guter Verfassung beendet haben.

Ich behaupte, daß eine solche Reise nur mit einer ausreichend starken Mannschaft durchführbar ist, ohne das eigene Leben sinnlos zu gefährden oder wider die Regeln guter Seemannschaft zu handeln, – nicht aber allein oder zu zweit.

Hierzu mehrere Beispiele:

David Lewis ist einhand in die Antarktis gesegelt. Nach zwei Kenterungen erreichte er die amerikanische Forschungsstation Palmer und schrieb darüber sinngemäß: „Ich rief die Calypso an: ‚Ist jemand wach, kann ich längsseits kommen?' Die Salontür flog auf, und eine sehr überraschte Gestalt erschien. Ich warf eine Leine hinüber und holte sie dicht. Die erste Reise eines Einhandseglers in die Antarktis war vollbracht."

So weit – so gut.

Nun, aus persönlichen Berichten einiger Stationsmitglieder von Palmer wissen wir, daß nur durch Zufall das Schiff von Dr. Lewis in der Nähe der Station treibend gesichtet wurde und mit Zodiac-Dingis an die Mole der Station geschleppt werden konnte. Und Dr. Lewis war auch nicht in der Lage, sein Schiff ohne fremde Hilfe zu verlassen.

Naomi James befand sich ebenfalls – wie uns der Hafenmeister von Port Stanley auf den Falklands erzählte – in einer weit schlechteren Verfassung als in ihrem Buch dargestellt.

Die FREYDIS *wäre in dichtem Nebel kurz vor Erreichen der Antarktis mit einem Eisberg kollidiert, wenn nicht permanent und in erforderlichem Wechsel Ausguck, Ruder und Winschen hätten besetzt werden können. Nur dadurch konnte im letzten Moment etwa 30 Meter vor einem riesigen Eisklotz der Untergang des Schiffes abgewendet werden – und es waren nicht nur die beiden Hände des Skippers, die am Ruder gerissen haben.*

Es ist meine feste Überzeugung, daß jemand, der allein oder mit einer erheblich unterbemannten Yacht segelt und der nach einer langen Zeit extremer Belastungen einen Landfall in schwierigen Gewässern wagen muß, in der Regel physisch nicht mehr in der Lage ist, den Gesetzen guter Seemannschaft gerecht zu werden.

So gesehen, ist eine ausreichend große und gut vorbereitete Mann-

schaft die entscheidende Voraussetzung, um Segelreisen in Grenzbereichen überhaupt rechtfertigen zu können, rechtfertigen zu können vor anderen Seglern und nicht zuletzt vor der eigenen Familie – und um zu verhindern, daß Segler in den Ruf von Kamikaze-Piloten geraten.

In einer guten Mannschaft muß sogar der Skipper in gegebenem Falle ersetzbar sein – und er ist es auch.

Die Vergabe eines Skipper-Preises – und der Schlimbach-Preis ist ein Skipper-Preis – muß somit anachronistisch erscheinen. Die Zeiten Erichs des Roten oder eines Kapitän Ahaap sollten vorbei sein.

Nichtsdestotrotz hätte ich mich eines leichten Unbehagens nicht erwehren können, wenn Sie im letzten Jahr den Preis gleichberechtigt an Skipper und Crew vergeben hätten.

Zunächst einmal haben Herr Wilts und seine Frau Heidi das Boot gestellt, wobei noch anzumerken ist, daß es nicht möglich war, für die vorgesehene Reise eine Versicherung zu einem bezahlbaren Preis zu finden. Das Schiff verfügte über eine Ausrüstung, mit der es möglich gewesen wäre, alles bis auf Maschine, Rumpf und die Köchin zu ersetzen.

Die Auswahl der Crew kann dem Skipper nur eingeschränkt zugute gehalten werden, da sich trotz eifrigen Werbens nicht genügend Freiwillige fanden, um ihm die Möglichkeit einer Auswahl zu geben.

Und es gibt noch zwei Gesichtspunkte, die ich exemplarisch darstellen will.

1. In unserem ersten großen Sturm etwa 200 Seemeilen vor den Falkland-Inseln hat Herr Wilts einen von der Crew bereits ins Auge gefaßten Segelwechsel untersagt, weil er lieber ein Vorsegel riskieren wollte als die Gesundheit eines Crew-Mitgliedes. Skipper Wilts hat mir mit der Entscheidung, die Verantwortung für jeden einzelnen von uns über die optimale Besegelung und die größtmögliche Schonung seines Eigentums zu stellen, nachhaltig Respekt abgerungen.

2. Kurz vor Erreichen der Antarktis, etwa zwei Stunden nach der bereits erwähnten Beinahe-Kollision mit einem Eisberg, lichtete sich der Nebel, und wir mußten feststellen, daß wir uns relativ nahe an Land in einem dichten Feld von Riffen und gestrandeten Eisbergen befanden. Zudem war unsere Position nach drei Tagen vollständiger Bewölkung nicht mehr genau bekannt.

Skipper Wilts hat das Schiff aus dieser Wuhling von Felsen und Eis herausgelotst, wobei er drei Stunden, bei null Grad und entsprechend „warmen" Winden, auf dem Vorschiff stand und ununterbrochen seine Anweisungen gegeben hat.

Zudem konnte er die einzigen drei Minuten, in denen die Sonne durchbrach, nutzen, um eine für uns in dieser Situation sehr wichtige Standlinie zu nehmen.

Später haben wir definitv bestimmen können, daß wir uns in den Stromschnellen und zwischen den Riffs einer der gefürchtetsten Passagen durch die Kette der Süd-Shetland-Inseln befunden hatten. In dem Handbuch für die Antarktis, dem „Antarctic Pilot", trägt diese Passage den Namen Devil's End, Teufels-Ende. Ich sage Ihnen das, weil in dieser Phase unserer Reise die von mir propagierte Gleichwertigkeit und funktionale Austauschbarkeit von und zwischen Skipper und Crew nicht mehr gegeben war.

Wenn Sie also in der heutigen Zeit einen Skipper-Preis zu Recht vergeben wollen, dann würde es mir nicht reichen, wenn die interessanteste Reise auf einem gut ausgerüsteten Schiff prämiert wird.

Ich würde auch den Nachweis erwarten, daß der Skipper es durch die Wahl eines geeigneten Schiffes, durch die ausreichende Zahl an entsprechend ausgebildeten Crew-Mitgliedern und zuallererst durch eigene Leistung und Können verdient hat, aus der Mannschaft herausgehoben zu werden.

Ich muß Ihnen neidlos zugestehen, daß dies im letzten Jahr der Fall war, und ich wünsche Ihnen für dieses Jahr den gleichen gekonnten Griff. Vielen Dank.

Soweit Uli Krämers Rede.

*Schlimbach-Preisverleihung 1983: Skipper
Erich Wilts (4. von links) und Frau Heide*

Im folgenden befaßt sich Skipper Erich Wilts mit dem Thema, das ihm sehr am Herzen liegt:

*Seemannschaft auf Blauwasserfahrt,
unter besonderer Berücksichtigung
der Erfahrungen unseres Antarktistörns.*

Für den auf große Fahrt gehenden Yachtsegler gibt es eine Fülle hervorragender Standardwerke, die sich mit Problemen der Seemannschaft auf modernen Fahrtenyachten beschäftigen. Andererseits liegen noch nicht viele auswertbare Erfahrungen von Yachties vor, die in den extremen 50er und 60er Breitengraden auf der Südhalbkugel gesegelt sind, und einige Besonderheiten eines solchen Törns lohnen sicherlich weitergegeben zu werden.

So wie wir selber auf den Erfahrungen von David Lewis, Hal Roth und Götz Schreiber aufbauen konnten, mögen diese Zeilen vielleicht anderen bei der Vorbereitung und Durchführung einer ähnlichen Reise wertvolle Hilfe sein – oder ihnen Eindrücke vermitteln, die sie einen derartigen Entschluß noch einmal sorgfältig überdenken lassen.

Die Crew für die große Reise

a) Mannschaft und Seemannschaft

Es gibt viele Bücher, die sich ganz oder in großen Abschnitten mit der idealen Fahrtenyacht beschäftigen. Im Gegensatz dazu sind die Beiträge über die ideale Fahrtencrew äußerst spärlich – vielleicht deshalb, weil es leichter ist, über die Vorzüge und Nachteile des Materials zu diskutieren, aus dem eine Fahrtenyacht gebaut sein sollte, als über die Kriterien einer idealen Crew und die Anforderungen, die an diese zu richten sind.

Mit der Mannschaft bildet der Begriff „Seemannschaft" eine untrennbare Einheit. Ganz allgemein bedeutet Seemannschaft das Wissen und das Können (einer Crew), wie sie zur Führung, insbesondere zur praktischen Handhabung und Instandhaltung eines Schiffes erforderlich sind. Es gibt also durchaus unterschiedliche Anforderungen, abhängig vom Ziel, das man ansteuert, aber auch vom jeweiligen Bootstyp.

Die „ideale" Crew gibt es also nicht (genausowenig wie das „ideale" Fahrtenschiff). Je nachdem, in welchem Seegebiet oder an welcher Küste gesegelt wird, sind die Anforderungen an die Crewmitglieder sehr unterschiedlich. Eine Crew auf Blauwasser-Fahrt rund um den Globus wird in ganz anderer Weise gefordert als eine Mannschaft, die sich ausschließlich an der heimatlichen Küste mit ihrem Jollenkreuzer bewegt.

Hinzu kommt, daß der sehr komplexe Begriff „Seemannschaft" in den letzten zwei Jahrzehnten eine starke Veränderung erfahren hat. Ursache ist der rasante technische Fortschritt, der dazu geführt hat, daß einerseits von Schiffsführung und Mannschaft viel weniger verlangt wird und andererseits völlig neue oder erweiterte Aufgaben an sie herangetragen werden.

Mit Reduzierung meine ich zum Beispiel, daß die heutigen Segel aus Kunststoff-Tuchen, nach modernen Verarbeitungs-Methoden hergestellt, viel weniger Pflege und Instandhaltung verlangen, als es früher der Fall war. Mit Maschine gefahrene Manöver im Hafen oder auf See stellen nur einen Bruchteil der Anforderungen an den Segler wie die ohne Maschine gefahrenen. Andererseits muß eine Crew sich heute mit Technik, Elektrotechnik und Elektronik auskennen, den Umgang mit den entsprechenden Geräten beherrschen und sie unter Umständen sogar reparieren können.

Vor zwanzig Jahren, als ich das Hochseesegeln auf der Yacht einer Hamburger Segelkameradschaft lernte, gab es auf dem 15 m langen Boot genau wie auf dem noch erheblich größeren Schwesterschiff weder eine Hauptmaschine noch Bordelektrik (außer einer kleinen Batterie für den Grenzwellenempfänger), Sumlog oder elektronische Windanzeige, geschweige denn Hilfsdiesel oder UKW und all das, was heute zum Ausrüstungsstandard auf See gehender Yachten gehört. Trotzdem führten auch damals schon die Langtörns in alle Seegebiete des Nordatlantiks einschließlich der Umrundung von Island.

Doch nun zu unserer in diesem Buch geschilderten Reise. Bei der relativ kurzen Zeit, die uns für unsere Langfahrt zur Verfügung stand, sollte ein planmäßiger Verlauf so weit wie möglich garantiert sein. Das verlangte Vorsorge in zweifacher Hinsicht. Zum einen mußte die Crew zusätzlich zur nötigen Segelerfahrung über Spezialkenntnisse in den oben angesprochenen Disziplinen verfügen, und zum anderen waren sehr hohe Anforderungen an die Ausrüstung, an Vorräte an Ersatzteilen und den Bestand für Reparaturen notwendiger Werkzeuge zu stellen.

Wir konnten zwar Beleuchtung, Kochen und Heizung, wenn erforderlich, auf Petroleum umstellen (zum Beispiel nach einem starken Wassereinbruch), aber es war sicherlich besser, bei Bedarf fachmännisch Lichtmaschinen auszuwechseln oder zu reparieren, Kühlpumpen der Hauptmaschine auseinanderzunehmen und zu überholen oder die Brennkammer der Eberspächer-Heizung selbst zu reinigen.

Konsequenterweise müßte eigentlich vorne im Logbuch nicht nur nach den Führerscheinen der Crew gefragt werden, sondern auch nach weiteren Fähigkeiten aus dem großen Spektrum seemannschaftlicher

Tätigkeiten. Ein Schiffsführer sollte bei der Wahl seiner Mannschaft diesem Gesichtspunkt große Aufmerksamkeit schenken.

Für uns zahlte es sich jedenfalls aus. Bei den auftretenden Schäden blieb nur wenig übrig, was nicht an Bord repariert werden konnte. Außerdem ging nicht kostbare Zeit in den Häfen mit Reparaturen und Ersatzbeschaffung verloren. Eine Ausnahme waren die vier Tage in Montevideo vor dem Start in die Antarktis, an denen wir fast rund um die Uhr arbeiteten.

Wie viele Mitglieder soll eine Crew haben? Vom Standpunkt der Seemannschaft ist das abhängig vom Seegebiet. So waren wir in den Passatzonen, den Roßbreiten und Kalmen des Atlantiks und Pazifiks zu zweit (meine Frau und ich), auf einigen Abschnitten zu dritt. Das geht mit kleiner Besatzung durchaus, wenn man den 200-m^2-Spinnaker im Sack läßt und im übrigen bei den Manövern gut aufeinander eingespielt ist. Zu zweit ist man auch in der Lage, Tag und Nacht konsequent Wache zu gehen, was ich nicht nur für ein formales Gebot der Seestraßenordnung halte, sondern auch für ein Stück unverzichtbarer Seemannschaft.

Bei der Anreise durch Nordsee, Kanal und Biskaya nach Gran Canaria, bei der Durchquerung der Drake-Passage und der patagonischen Kanäle sowie bei der ebenfalls stürmischen Rückreise von Nassau nach Deutschland bestand die Crew aus sechs bis neun Personen. Eine siebenköpfige Crew bietet sich als besonders günstig an, weil dann drei Wachen zu zweit besetzt werden können und der Smut wachfrei ist. Unabhängig von der Schiffsgröße halte ich es für leichtsinnig, Kap Hoorn allein oder mit einer Zwei-Mann-Crew zu runden. Daran sind viele, auch tüchtige Yachtsleute gescheitert oder gerade noch mit einem blauen Auge, sprich: gebrochenem Mast, davongekommen.

Es gibt inzwischen allerdings genügend Beispiele, in denen es einer ein- oder zweiköpfigen Crew gelungen ist, dieses Seegebiet anstandslos zu passieren. Meiner Meinung nach haben sie bei aller Tüchtigkeit ihr Glück arg strapaziert. Es kann gutgehen, aber es kann auch schiefgehen, zum Beispiel, wenn mehrere Sturmzyklonen aufeinander folgen und das unterbesetzte Schiff irgendwann wegen körperlicher und seelischer Erschöpfung der Crew nicht mehr sauber gesteuert werden kann. Und irgendwann, ab acht Windstärken, ist die beste Wind- oder elektronische Selbststeueranlage überfordert. Dann hilft nur noch konzentriertes Rudergehen.

b) Zusammenleben an Bord

Zahllos sind die Beispiele, in denen eine Crew auf Langfahrt ging und schon nach kurzer Zeit heillos zerstritten war. Es muß nicht gerade mit Mord und Totschlag enden, aber es ist schon sehr ärgerlich und bedauerlich, wenn eine solche Reise, auf die sich alle gefreut haben, für einige zum Alptraum wird, wenn langjährige Freundschaften zerbrechen oder sogar Haß den Erfolg eines Törns zunichte macht.

Wenn ich einmal die etwa dreißig Langfahrten der letzten zwei Jahrzehnte Revue passieren lasse, die ich als Crew oder später auch als Skipper machte, dann fallen mir leider genug Beispiele ein, in denen zwar die Reiseziele erreicht und auch von der Crew die erforderlichen Fähigkeiten in bezug auf Seemannschaft bewiesen wurden, aber das Zusammenleben teilweise zur Hölle wurde.

Für die Führung einer Yacht gelten im Grunde dieselben Kriterien wie überall dort, wo zum Gelingen eines Unternehmens bestimmte Führungsstrukturen erforderlich sind. Fangen wir beim Skipper an: Die Fähigkeit, ein Schiff und eine Mannschaft zu führen, ist nicht angeboren, sie muß erlernt werden. Aus eigenen und fremden Fehlern müssen die richtigen Schlüsse gezogen werden, aber auch die Zeit verändert den Führungsstil. Wenn die Yachten der Segelkameradschaften noch genauso autoritär wie vor einigen Jahrzehnten geführt würden, dürfte sicherlich heutzutage keiner mehr bereit sein mitzusegeln. Das gilt spiegelbildlich ebenso für die Mannschaft, von der ja auch mehr erwartet wird, als nur Befehle anzunehmen und auszuführen.

Bei der schwierigen und risikobehafteten Umsegelung Kap Hoorns und bei dem Expeditionscharakter unsrerers Antarktis-Abstechers schweißten die äußeren Gefahren die Crew natürlich mehr als üblich zusammen. Aber auch auf den anderen Teilstrecken funktionierte das Bordleben der jeweiligen Mannschaften sehr gut. Als wir uns am Ende der Reise in Leer und dann später in Cuxhaven und Kiel bei Trans-

Ocean und Schlimbach trafen, waren alle 21 Mitsegler wieder dabei. Und noch heute segeln wir gemeinsam.

Wesentliche Voraussetzung für das Gelingen einer Seereise ist natürlich, daß jeder Teilnehmer Spaß am Hochseesegeln hat. Er muß wissen, daß er auf andere Rücksicht zu nehmen hat, und in der Lage sein, sich mit wenig persönlichem Freiraum zu begnügen. Wichtig war dabei, daß jeder, der Freiwache hatte, auch wirklich in Ruhe gelassen wurde. Bei Hafenaufenthalten legten wir im voraus fest, welche Arbeiten gemeinsam – und auch nicht erst in letzter Minute – erledigt werden sollten. Im übrigen konnte jeder nach Belieben seine Zeit einteilen und seiner Wege gehen.

An Bord ist es sehr eng, und das Gefühl der Enge wird um so stärker, je länger eine Seereise dauert. Schon aus diesem Grund ist es gut, eine große Reise in mehrere Abschnitte zu zerlegen und abwechselnd zu zweit und dann wieder mit mehreren zu segeln. Uns, meiner Frau und mir, hat beides enormen Spaß gemacht, sowohl das Segeln zu zweit als auch das mit großer Crew; aber wir sind uns sicher, ständig mit sieben bis acht Leuten an Bord zu leben, hätte auf die Dauer alle überfordert.

Die Arbeitsteilung an Bord richtet sich natürlich auch danach, ob man zu zweit oder mit mehreren segelt. Sind Heidi und ich allein, dann erledige ich die Arbeit am und vorm Mast, während sie in den Manövern steuert und die Schoten und Niederholer vom Cockpit aus bedient. Eine Arbeitsteilung, die die unterschiedlichen Körperkräfte berücksichtigt, ist sinnvoll; man bedenke nur, daß die Genua 100 Quadratmeter groß ist und die Bäume zum Ausbaumen fast sieben Meter lang. Sind wir mehr an Bord, dann steuert der jeweilige Wachführer, und die anderen gehen für die Segelmanöver aufs Vorschiff.

Vorbereitung auf Schwerwetter und Verhalten im Sturm

Wer auf der sogenannten Barfußroute um den Globus schippert und seine Zeit so einteilt, daß er sich nicht zur Unzeit in Hurrikangebieten aufhält oder jedenfalls Schutzhäfen in der Nähe hat, kann jahrelang durchkommen, ohne einen Sturm oder Orkan abzuwettern. In den extremen Südbreiten aber sind ihm Sturm, Kälte und sehr viel Nässe sicher. Südlich von Kap Hoorn muß man ständig mit Eisberührung rechnen. Selbst in den Sommermonaten Dezember bis Februar liegt die Sturmhäufigkeit bei 25 Prozent und mehr. Eisberge und Packeis gehen bis März zurück und nehmen dann im Südwinter wieder zu. Die Ausdehnung des Eises ist von Jahr zu Jahr sehr unterschiedlich. Hier helfen nur die jeweils neuesten Informationen vor Ort. Wir selber bezogen unser Wissen über Amateurfunk von der BAS (British Antarctic Survey) in Port Stanley auf den Falklands, wo man in täglicher Funkverbindung mit anderen britischen und amerikanischen Antarktis-Stationen steht. Außerdem gibt es in Port Stanley eine Wetterstation, deren tägliche Karten auch das Wettergeschehen in der Drake-Straße aufzeichnen.

Wer sich auf das Segeln in Sturm, Kälte und Nässe einstellen will, hat zum Üben in der winterlichen Nordsee ganz hervorragende Möglichkeiten. In den Wintern vor unserem Langtörn waren wir öfter auch bei stürmischem Wetter draußen und haben dadurch eine Menge an Erfahrungen sammeln können. Worauf wir uns aber nicht vorbereiten konnten und was uns am meisten Sorge machte, waren die zu erwartenden Monsterseen (sogenannte Kavenzmänner), die sich bei einem Orkan südlich Kap Hoorn bilden können. In den acht Wochen, in denen wir uns zwischen dem 50. Breitengrad des Atlantiks und dem 50. Breitengrad des Pazifiks aufhielten, hatten wir mehrere schwere Stürme, an der Westküste von Chile sogar eine ganze Serie durchzustehen, aber nur einmal für einen halben Tag Orkanstärke, veranschaulicht in unseren Barographenkurven auf den Seiten 217–220. Da auf unserem Kurs von Ost nach West die Stürme von vorne kamen, segelten wir, solange es ging, gegenan (bis etwa 8 bis 9 Windstärken) und drehten sonst bei, um keine Höhe zu verschenken.

Zur Ausrüstung unseres Schiffes gehörten zwar große Treibanker, zwei Autoreifen und mehrere hundert Meter Leinen zum Ausbringen. Sie wurden aber nicht eingesetzt. Während der ganzen Zeit sind wir nicht ein einziges Mal vor dem Sturm abgelaufen, sei es unter Topp und Takel oder unter Trysegel, so daß hier die entsprechende Erfahrung fehlt.

Unsere Hauptsorge galt der Notwendigkeit, die FREYDIS im Falle des Durchkenterns und Leckschlagens durch Monsterseen oder Kollision mit Walen oder Eis schwimmfähig zu halten. Daß dies bei einer Verdrängung von mehr als 20 Tonnen nicht mehr mit sich auf Knopfdruck öffnenden, im Schiff untergebrachten Auftriebskörpern möglich ist, leuchtet ein. Doch Verschalungsbretter für sämtliche Fenster, griffbereite Lecksegel und Lecksegelschirme gehörten zur Ausrüstung, ebenso wie eine Vielzahl von Pumpen:

(1) drei starke Handlenzpumpen mit Doppelmembran;
(2) zwei Pumpen für 12 Volt für kleinere Wassermengen;
(3) je eine Impellerpumpe an der Hauptmaschine und am Hilfsdiesel mit einer Förderleistung von ca. 20 t je Pumpe und Stunde. Falls die Elektrik ausfiel, konnte der Hilfsdiesel auch mit der Handkurbel gestartet werden.

Ein Aufgeben des Schiffes wäre für alle Teilnehmer das sichere Ende gewesen. Wir führten zwar zwei Rettungsinseln mit und 200 Liter Wasser in Kanistern sowie Notproviant für mehr als zwei Monate. Wer aber hätte uns dort auffischen sollen, oder wie hätten wir an eine bewohnte Küste kommen können? Auch die wasserdichten Notsender auf Grenzwelle und auf Flugnotfrequenz hätten uns nicht helfen können. Einen Rettungsdienst, vergleichbar mit den Einrichtungen in Nordsee oder Nordatlantik, gibt es dort nicht, und Schiffswege führen ebenfalls nicht durch diese Seegebiete. Von der Problematik, überhaupt Rettungsdienste bei einem solchen Unternehmen in Anspruch zu nehmen, sei dabei einmal ganz abgesehen.

Statt oder in Ergänzung der Rettungsinseln gehört eigentlich zur Ausrüstung ein seeklares Beiboot, das mit einer Notbesegelung auch große Distanzen überbrücken kann. Dies wäre bei einem ähnlichen Vorhaben nach Möglichkeit zu berücksichtigen.

Kleidungsprobleme ergeben sich heutzutage bei entsprechender Vorsorge überhaupt nicht mehr. Die Spezialausrüster liefern inzwischen Anzüge, die auch unter widrigsten Umständen und sogar begrenzte Zeit im eiskalten Wasser das Überleben sichern. Gegen die lästigen eiskalten Füße während der Nachtwachen konnten wir uns erfolgreich mit Snowboots zur Wehr setzen.

Zur Heizung des Schiffes waren mehrere Möglichkeiten vorgesehen: Die an den Kühlkreislauf der Hauptmaschine angeschlossenen Heizkörper, ein Reflex-Dieselofen und eine Eberspächer-Diesel-Warmluftheizung, dazu für den Notfall noch ein tragbarer Petroleumheizofen. Von diesen Heizungen wurde, außer zum gelegentlichen Austrocknen und Durchlüften des Schiffes, so gut wie kein Gebrauch gemacht. Zu große Temperaturunterschiede zwischen dem Schiffsinneren einerseits und dem offenen Deckshaus und dem Cockpit andererseits waren unangenehm und bei der wirkungsvollen Spezialkleidung unangebracht. Da die Kojen trocken waren, zog man sich zum Schlafen allenfalls noch einen Faserpelz zum Wärmen an.

Navigation in Nebel und Eis

An die Navigation werden in der Antarktis besonders hohe Anforderungen gestellt. Die Hauptprobleme:
- (1) See-Eis (Eisberge, Growler, Packeis)
- (2) Eine hohe Anzahl blinder Klippen, Riffe und Untiefen, die sich aus sehr tiefem Wasser erheben
- (3) Instabilität des Kompasses in hohen Breiten
- (4) Ungenaue und unvollständige Seekarten
- (5) Starke, unbekannte Strömungen
- (6) Whiteout (Eisblink)
- (7) Fehlen navigatorischer Hilfen
- (8) Sichtbehinderungen durch Nebel und Schneefälle
- (9) Wenig offener Himmel für Astronavigation
- (10) Eis und Schnee lassen nur wenige Konturen und Landmarken erkennen.

An Hilfsmitteln stand uns außer Kompaß und Sumlog nur der Sextant zur Verfügung. Mangels Funkfeuer kam der Gonio in diesen Gebieten nicht zum Einsatz. Satellitennavigator und Radargerät waren nicht an Bord. Der Einsatz von Radar ist allerdings auch stark umstritten. Von den Offizieren des amerikanischen Versorgungsschiffes HERO, das in den Sommermonaten ständig zwischen Ushuaia und der Antarktis-Station Palmer hin und her pendelt, wurde uns berichtet, daß sie sich bei Sichtbehinderung durch Nebel und Schnee nicht auf das Radar verlassen konnten. Längst nicht alle Eisberge, geschweige denn die Growler (kleine, im Wasser kaum sichtbare Eisberge), würden vom Radar erfaßt. Das einzige Mittel sei es, die Fahrt herunterzunehmen und konzentriert Ausguck zu halten. Von dieser Notwendigkeit brauchten wir nicht erst überzeugt zu werden. Unsere erste Begegnung mit einem Eisberg im Nebel bei Annäherung an die Küste der antarktischen Halbinsel hätte mit einer Katastrophe geendet, wenn nicht einer auf dem Vorschiff Ausguck gehalten hätte.

Darüber hat Heidi ja bereits ausführlich berichtet.

Navigieren muß man an der Küste der Antarktis ähnlich konzentriert wie in den Schärengebieten der Ostsee. Das Problem besteht aber darin, daß es keine Seezeichen gibt und nur sehr wenige Landmarken. Alles ist mit Schnee und Eis überzogen. Eine niedrige Wolkendecke verhüllt charakteristische Gebirgszüge und Gipfel, und dazu wird die Orientierung noch durch „Whiteout" – Eisblink – erschwert. Dabei ergeben die von den Wolken reflektierten Strahlen ein so gleißendes Licht, daß dreidimensionales Sehen praktisch unmöglich ist.

Glücklicherweise gibt es in den hohen Breiten zur Sommerzeit kaum Dunkelheit. Sobald keine Sicht mehr besteht, ist es meist das Beste, beizudrehen und zu warten, bis es wieder hell wird.

Da die Astronavigation die einzige Möglichkeit ist, den gegißten Standort zu kontrollieren, erweitert man seine Fähigkeiten auf diesem Gebiet enorm. Mit einiger Übung erhält man bei fast jedem Seegang verwertbare Standlinien. Es kommt sehr darauf an, die Kimm genau dann zu erwischen, wenn gerade keine See über sie wegläuft. Daß der Sextant dabei mehr als einmal eine volle Ladung Seewasser abbekam, war leider unvermeidlich. Mehrere Beobachtungen sichern natürlich die gewonnenen Erkenntnisse ab, wobei die Auswertung mit dem modernen Taschenrechner beinahe zum Kinderspiel geworden ist.

Bei FREYDIS handelt es sich wie bei der ICE-BIRD von David Lewis um einen Stahlknickspanter. Trotzdem hätte ich nicht den Mut, darauf zu vertrauen, daß, wie er schreibt, bei Druck im Packeis das Schiff „einfach nach oben gehoben" wird. Wir waren deshalb fest entschlossen, es nicht auf einen Versuch ankommen zu lassen, und haben erst dann den Weg zur Palmer-Station auf Anvers Island eingeschlagen, als wir über Funk erfahren hatten, daß die Wasserstraßen dorthin mit Ausnahme von Eisbergen und Growlern frei von Packeis waren.

Medizinische Versorgung an Bord

Mit Ausnahme eines eingeklemmten Ischiasnervs bei Christian, der ihn zwei Tage an die Koje fesselte, gab es bei den 21 Mitseglern auf der gesamten Reise keine nennenswerten Krankheiten oder Verletzungen. Die von Heidi sorgfältig zusammengestellten Koffer mit Medikamenten und Arztbestecken blieben praktisch unbenutzt. Auch die 30 Kilogramm Zahnarztausrüstung, die Uli nach Montevideo mitbrachte, kamen nicht zum Einsatz. Daß zu einem solchen Verlauf auch eine große Portion Gück gehört, zeigte sich bei unserem diesjährigen verhältnismäßig kurzen Törn, als Folkmars Schneidezahn mitten auf der Nordsee stark vereiterte. Obwohl Heidi mit Antibiotika gegen die Entzündung anging, weitete sich die Vereiterung so schnell aus, daß wir gerade noch rechtzeitig Borkum erreichten, um Folkmar nachts mit dem SAR-Hubschrauber zur Operation aufs Festland bringen zu lassen. Verletzungen und Krankheiten gehören nun einmal zu den großen Risiken einer Seereise, mag die medizinische Ausrüstung und Versorgung an Bord auch noch so gut sein.

Extreme Gefahr besteht für jeden Mitsegler darin, über Bord zu gehen. Vorsorge, daß dies gar nicht erst passieren kann, ist wichtig, denn einen über Bord Gefallenen wiederzufinden und an Bord zu hieven, ist außerordentlich schwierig, oft sogar unmöglich. Als in der Karibik eine neue Crew für die Heimreise über den Atlantik antrat, habe ich mich ohne Vorankündigung (in Ufernähe) über Bord fallen lassen. Es hat über eine halbe Stunde gedauert, bis mich die sieben Mitglieder an Bord gezogen hatten, obwohl kaum Seegang herrschte und die Bedingungen für ein Mann-über-Bord-Manöver ideal waren. Also: Außerhalb des Cockpits immer Rettungsweste und Lifebelt anlegen, damit das Risiko, über Bord zu gehen, möglichst klein gehalten wird.

Allgemeine Ausrüstung der FREYDIS

1. *Rumpf* (Besonderheiten)
nach achtern offenes
Deckshaus, drehbarer
Ballastkiel (2,5 t), Bodenplatte
(20-mm-Stahl) zum
Trockenfallen, 4 Lenzrohre im
Cockpit (Niro, $\varnothing$ 60 mm)

2. *Takelage*
überdimensionierte Profile von
Mast und Baum,
überdimensionierte Profile
Wanten und Stagen
2 Vorstagen
2 Achterstagen
2 Backstagen
1 zusätzliches Fockstag,
wegnehmbar
je 1 geschorenes Reservefall
für Fock und Spinnaker

3. *Segel*
Großsegel
Sturmgroßsegel
Trysegel
Genua 1
Genua 2
Genua 3
Fock 1
Fock 2
Fock 3
Spinnaker – 200 m²
Spinnaker 3 – 120 m²
Blister – 150 m²

4. *Hauptmaschine* (HM)
Schiffsdiesel Mercedes WM 80
(62 PS) mit 2 Tanks, zusammen
1200 l
mit a) 2 Lichtmaschinen
    b) 1 Kühlkompressor
    c) 1 Notlenzpumpe

5. *Hilfsdiesel*
Jockel 5 PS (Farymann)
mit a) 2 Lichtmaschinen
    b) 1 Kühlkompressor
    c) 1 Generator für 220 V
       (3,5 KV)
    d) 1 Notlenzpumpe

6. *Decksbeschläge*
6 Schotwinschen (im Cockpit)
5 Fallwinschen (am Mast)
1 Reffwinsch (am Baum)
1 Ankerwinde (Zweigang-Typ)
1 Poller und Klüsen

7. *Anker*
3 CQR-Anker 60/45/25
1 Baas-Ball-Anker 25 kg
Ankerkette 80 m, $\varnothing$ 12 mm
Ankertrosse 50 m, $\varnothing$ 22 mm
2 Drahtvorläufer für
Schlepptrosse

8. *Bilgepumpen*
3 Handmembranpumpen (2
Gusher 25 und 1 × 10)

2 Jabsco-Impellerpumpen mit
Kupplung an HM und Jockel
1 elektrische Membranpumpe

9. *Selbststeuer*
Windsteueranlage Typ Aries
elektronisches Steuer, Typ
Sharp
elektronisches Steuer, Typ
Autohelm 3000 (2 Stück)
elektronisches Steuer Typ
Autohelm 5000

10. *Lampen*
3 wasserdichte
Handscheinwerfer
2 elektrische Suchscheinwerfer,
12 Volt
1 Kabellampe, 220 Volt
1 Neonlampe, 220 Volt
1 Petroleum-Ankerlaterne
3 Petroleum-Sturmlaternen
3 Petroleumlampen, kardanisch
aufgehängt im Schiff
3 Taschenlampen mit Batterien

11. *Alarmgeber*
für a) Gas mit Fühler im
   Maschinenraum und
   unter Pantry
   b) Bilgenwasserstand
   c) Kühlwasser und Öl für
   Hauptmaschine
   d) Kühlwasser und Öl für
   Hilfsdiesel
   e) Kühlkompressoren für
   Kühlboxen
   f) Einbruchsicherung
   (Infrarot und Kontakt)

12. *Elektrische Ausrüstung*
4 Batterien à 180 Ampère
2 Ladegeräte 220 Volt für
Batterien
1 Landanschluß 220 Volt
1 Wellen-Lima Bosch;
Transmission Marke
„Eigenbau", lädt bis zu
12 Amp/h unter Segeln;

13. *Trinkwasser und Sanitär*
2 Pumptoiletten
2 Duschen
1 Gas-Durchlauferhitzer
1 Wasserpumpe mit 4
Zapfstellen
4 Tanks mit zusammen 900 l
Reinigungsfilter und Kristalle

14. *Heizung*
Dieselofen Reflex mit Spirale
und Umwälzpumpe
Eberspächer-Dieselheizung mit
Überlast-Schutzeinrichtung
Petroleumheizung tragbar
Warmwasserheizkörper
(drei Stück am Kühlkreislauf
der Hauptmaschine
angeschlossen)
elektrischer Heizofen für
220 Volt

15. *Pantry*
1 Gas-Kochherd mit Backofen,
halbkardanisch aufgehängt
1 Petroherd mit
halbkardanischer Aufhängung
(in Reserve)
1 Eisschrank, Typ Engel

16. *Sonstiges*
2 Schlauchboote, Typ Metzeler
2 Außenborder, Typ Johnson,
4 PS und 9,9 PS
zahlreiche
Ausrüstungsgegenstände
(Leinen, Taljen, Fender usw.)
Werkzeugmaschinen und
Werkzeuge
Ersatzteile
detaillierte Listen über
Gesamt-Ausrüstung
genaue Beschreibung der
Lenzsysteme, Borddurchlässe,
Decksöffnungen, Kühlkreislauf
der HM, Trinkwasser- und
Dieseltanksysteme – gedacht
für Wachführer und für
Skipper einer
Überführungsfahrt

17. *Navigationsausrüstung*
1 Radioempfänger mit
Grenzwelle DEBEG 7281
1 Reserveempfänger mit
Grenzwelle und Peilstab,
Hitachi KH 1170 E
1 UKW-Empfänger mit
Kassettenrecorder, Typ
Grundig
1 Funkpeiler DEBEG
Automatik Gonio 7480
1 UKW-Sprechfunkgerät
DEBEG 7609
1 Amateurfunkgerät ICoM 720
A mit Automatik Antenne-
Tuner
1 Schiffskompaß Plath Gamma
1 Reservekompaß Silva Marine
1 Reservekompaß Sestrel
1 Reservekompaß White Star
Riviera BW 1
1 Peilscheibe, kardanisch
aufgehängt
1 Echolot Seafarer MK 4
1 elektrisches Sumlog VDO
1 Windmeßanlage VDO mit
Anzeige der Windstärke,
-richtung, -spreizung
1 Anemometer (Hand)
1 Barometer
1 Barograph
2 Thermometer
1 Funkuhr
2 Plath-Trommelsextanten mit
angebautem Chronometer, je 1
Nautisches Jahrbuch '81 und
'82, Tafeln für HO 249
2 Computer TI 58 C mit
Batterie und Netzteile für
220 V und 12 V, Modul
Naviprog von Bobby Schenk
2 Stoppuhren
2 Küchenwecker
Bücher: Gezeitentafeln, Atlas
der Gezeitenströme,
Hafenhandbücher
Ostsee/Nordsee, Sprechfunk
für Küstenschiffer, Handbuch
Seefunk, Tafeln Wetter und
Warnfunk, diverse Bücher für
terrestrische und Astro-
Navigation, Wetterkunde,
Seemannschaft,
Wetterkartenvordrucke,
Sternfinder. Nautischer
Funkdienst Bd. I–III,
Seehandbücher,

Leuchtfeuerverzeichnisse,
Ocean Passages, diverse
englische Seehandbücher
(„Pilots")
Verzeichnis aller an Bord
befindlichen Seekarten

18. *Sicherheits- und
Seenotausrüstung*
9 Stück aufblasbare
Sicherungsschwimmkragen mit
Lifeline,
Seenotleuchteinrichtung, Pfeife
mit Doppelton, Typ Secumar
12 KL, hierzu Ersatzpatronen
und -batterien
2 Stück
Rettungsschwimmkörper an der
Seereling (Secumar 17) mit
Blinkleuchte (Seculux L 70)
und Treibanker
1 Markierungsboje Modell OP
150, 4,60 m lang, mit
Flaggentaschen
1 Markierungsboje mit
Seenotleuchte und
orangefarbener Flagge (Typ L
100)
1 Seenotleuchte Typ Guest
1 Rettungsinsel für 8 Personen,
Typ Autoflug mit Notpacken
1 Rettungsinsel für 4 Personen,
Typ Autoflug mit Notpacken
1 Signalpistole mit 60 Stück
roten Fallschirmraketen und 20
Stück weiße Sterne
20 Fallschirmraketen bei Hand
auszulösen
2 Signalstifte mit roter Munition

1 Wurfleine, schwimmfähig
2 Treibanker mit ⌀ 3 m, Typ
Autoflug
2 Lecksegel aus beidseitig
PVC-beschichtetem
Polyestergewebe dreieckig, mit
Kauschen und Leinen
1 Seenotsender und -empfänger
auf Grenzwelle, Typ Callbuoy
1 Seenotsender für UKW auf
ziviler und militärischer
Notfrequenz, Typ Locat
3 Petroleum-Signallaternen
(Sturmlaternen)
5 Feuerlöscher, im Schiff verteilt
1 Radarreflektor, unter der
Backbordsaling
1 elektrisches Signalhorn
2 Mundnebelhörner
1 Signalhorn mit Gas,
Reservekartuschen
1 Satz Reservepositionslampen
und -energiequelle (kleine
Batterie)
1 Satz Reservefallen am Mast
1 Notruderpinne, falls
Steuerrad ausfällt
1 Satz Notwerkzeuge und
Reserveteile
2 Bolzenschneider
1 schwerer Hammer
1 Beil
1 Brecheisen
diverse Stahlsägen
Leckdichtungsmaterial
Name der Yacht auf
schwimmenden
Ausrüstungsteilen
tragbarer Schiffsname

FREYDIS　　　　　　　　　　　　　　　　　　　　　　　　　　　　SEGELRISS

Großsegel	ca. 37 m²	Selbsttät. Fock	ca. 48 m²	Trysegel	ca. 13 m²
Sturmfock	ca. 21 m²	Genua 2	ca. 60 m²	Spinnaker	ca. 200 m²
Fock 2	ca. 34 m²	Reacher	ca. 80 m²	Genua 1	ca. 95 m²

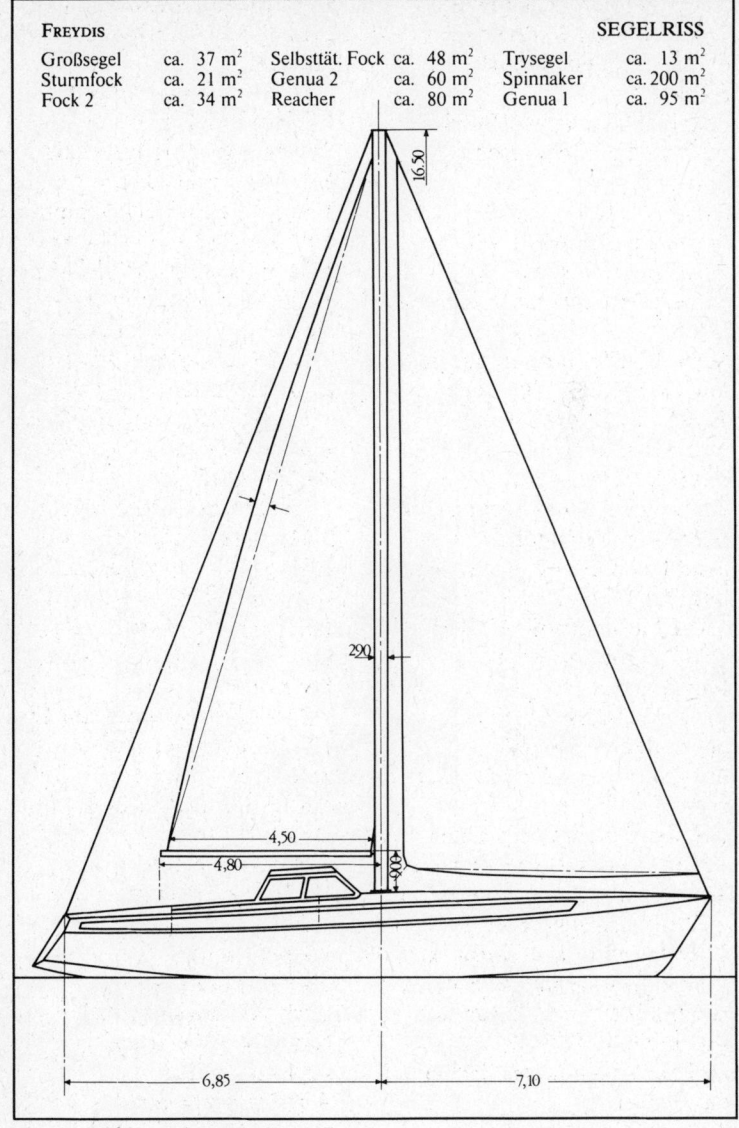

SEITENANSICHT

1 Luke der Achterpiek
2 Notpinne (fest installiert)
3 Achterpiek
4 Schränke
5 Achterkammer
6 Luke Achterkammer
7 Steuerstand
8 Maschinenraum
9 Dieseltank 1000 l
10 Dieselgenerator
11 Maststütze und Schornstein
12 Messeluke
13 Messe
14 Vorkammer
15 Vorluke
16 Vorpiek
17 Kollisionsschott
18 Kettenstauraum, 80 m Kette, Ø 12 mm
19 Schmutzwassertanks
20 Schwertbolzen Ø 90 mm Niro
21 Wassertanks
22 Schwert
23 Wellengenerator
24 Reservedieseltank 20 (in der Ruderhacke)
25 Schraube

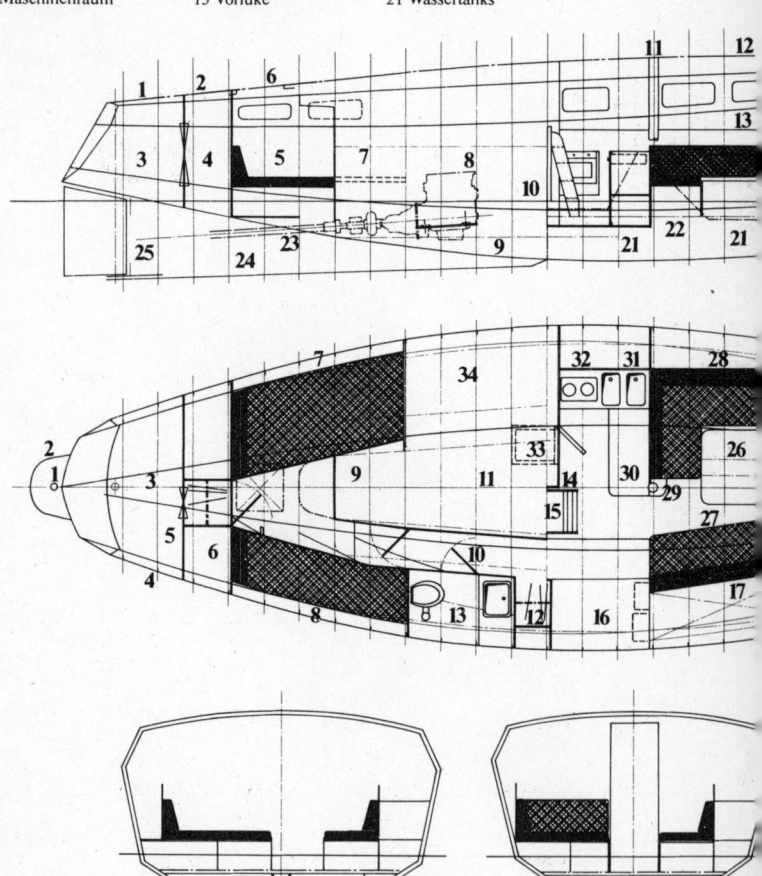

JFSICHT

Aries-Windsteuer
Schutzring für Aries
Rettungsinsel 1
Rettungsinsel 2
(in der Seereling)
Achterpiek
Kleiderschränke
Doppelkoje

8 Koje
9 Steuerstand
10 Durchgang zur
   Achterkammer
11 Cockpit mit Tisch
12 Ölzeugschapp
13 Toilette achtern
14 Schwertwinsch
15 Niedergang
16 Navigation

17 Lotsenkoje
18 2 Kojen Vorkammer
19·20·21 Ersatzteil- und
   Werkzeugschränke
22 Segellast
23 Arbeitstisch mit
   Stehhöhe 1,90 mtr.
24 Kleiderschränke
25 Toilette Vorkammer
26 Messetisch

27 Messebänke
28 Bücherbord
29 Dieselofen
30 Kühlbox
31 Pantry
32 Gasherd mit Backofen
33 Kühlschrank
34 Backskisten

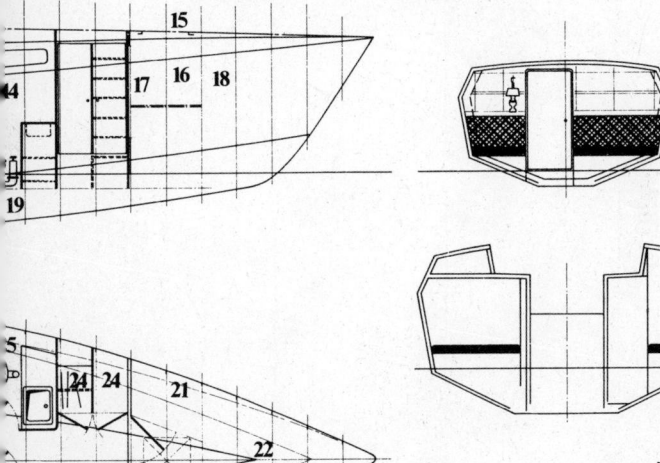

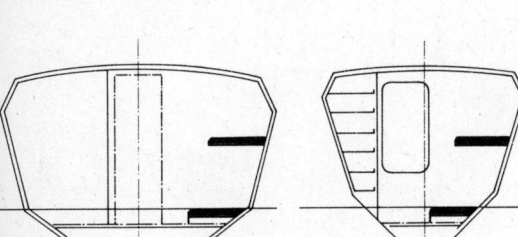

FREYDIS

Länge: 15,00 m
Breite: 4,15 m
Tiefgang: 1,20/2,20

Cecil Scott
Forester

Die
Hornblower-
Romane

Fähnrich zur See Hornblower
Ullstein Buch 22422

Leutnant Hornblower
Ullstein Buch 22441

Hornblower wird
Kommandant
Ullstein Buch 22462

Der Kapitän
Ullstein Buch 22481

An Spaniens Küsten
Ullstein Buch 22502

Unter wehender Flagge
Ullstein Buch 22529

Der Kommodore
Ullstein Buch 22555

Lord Hornblower
Ullstein Buch 22570

Hornblower in Westindien
Ullstein Buch 22598

Hornblower auf der Hotspur
Ullstein Buch 22651

Zapfenstreich
Ullstein Buch 22834

Ullstein

Alexander Kent

Die Richard-Bolitho-Romane

Die Feuertaufe
Ullstein Buch 3363

Die Entscheidung
Ullstein Buch 22725

Zerfetzte Flaggen
Ullstein Buch 3441

Bruderkampf
Ullstein Buch 3452

Der Piratenfürst
Ullstein Buch 3463

Strandwölfe
Ullstein Buch 3495

Fieber an Bord
Ullstein Buch 3522

Nahkampf der Giganten
Ullstein Buch 3558

Feind in Sicht
Ullstein Buch 20006

Der Stolz der Flotte
Ullstein Buch 20014

Eine letzte Breitseite
Ullstein Buch 20022

Galeeren in der Ostsee
Ullstein Buch 20072

Kanonenfutter
Ullstein Buch 22933

Admiral Bolithos Erbe
Ullstein Buch 20485

Der Brander
Ullstein Buch 20591

Donner unter der Kimm
Ullstein Buch 20973

Die Seemannsbraut
Ullstein Buch 22177

Des Königs Konterbande
Ullstein Buch 22330

Mauern aus Holz,
Männer aus Eisen
Ullstein Buch 22824

Ullstein

Spannende Erlebnisse in der Reihe Segeln & Abenteuer

Soeben erschienen:

Wilfried Erdmann
Die magische Route
Als erster Deutscher allein und nonstop um die Welt
Wilfried Erdmann erzählt mitreißend von der Euphorie und den Gefahren seiner Extremreise auf einer der gefährlichsten Routen.
248 S. mit 90 Farbfotos u. 14 Zeichn. u. Karten ISBN 3-7688-0787-8

Horst Haftmann
Oft spuckt mir Neptun Gischt aufs Deck
Das Revier dieses Autors ist „nur" die Ostsee. Aber wie er sie erlebt, ihre Küsten, ihre Häfen und Menschen – das ist mit viel Humor dargeboten.
244 S. mit 16 Zeichn. v. K. Schmischke
ISBN 3-7688-0788-6

Burghard Pieske
Karibisches Eis – arktisches Feuer
Die große Reise des bekannten Seglers von Brasilien durch die Karibik nach Grönland begeistert den Leser von der ersten bis zur letzten Seite.
304 S. m. 40 Farbfotos u. 27 Zeichn. u. 3 Karten ISBN 3-7688-0789-4

Karl Vettermann
Barawitzka und der Taiwan-Klipper
Segelabenteuer in Fernost
Spritzig und mit Witz erzählt Karl Vettermann, wie sein Käpt'n Barawitzka die neue Yacht eines Freundes von Taiwan in die Adria überführt.
328 S. mit 42 Zeichnungen
ISBN 3-7688-0790-8

Außerdem lieferbar:

Wolfgang Hausner
Taboo
Eines Mannes Freiheit
ISBN 3-7688-0597-2

Ernst-Jürgen Koch
Hundeleben in Herrlichkeit
Weltumseglung mit der „Kairos"
ISBN 3-7688-0669-3

David Lewis
Ice Bird
Einhand in Eis und Sturm
ISBN 3-7688-0708-8

Hannes Lindemann
Ein Mann, ein Boot, zwei Kontinente
ISBN 3-7688-0748-7

Bernard Moitessier
Der verschenkte Sieg
ISBN 3-7688-0749-5

Burghard Pieske
Shangri-La
Mit dem Wind um die Welt
ISBN 3-7688-0596-4

Bobby Schenk
Freiheit hinterm Horizont
Die klassische Weltumseglung
ISBN 3-7688-0609-X

Joachim Schult
Yachtpiraten
Kriminalfälle auf See
ISBN 3-7688-0750-9

Karl Vettermann
Barawitzka segelt nach Malta
ISBN 3-7688-0671-5

Karl Vettermann
Die Irrfahrten des Barawitzka
ISBN 3-7688-0710-X

Karl Vettermann
Barawitzka und die See-Amazonen
ISBN 3-7688-0751-7

Hugo Wehner
Tagedieb und Taugenichts
ISBN 3-7688-0711-8

(jeder Band DM 16,80, Preisänderung vorbehalten!)

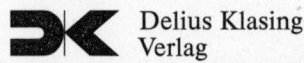

Delius Klasing Verlag